COACHING A HORA DA VIRADA

VOLUME II

Copyright© 2018 by Literare Books International.
Todos os direitos desta edição são reservados à Literare Books International.

Presidente:
Mauricio Sita

Capa:
Estúdio Mulata

Diagramação:
Lucas Chagas

Revisão:
Bárbara Cabral Parente e Daniel Muzitano

Diretora de projetos:
Gleide Santos

Diretora de Operações:
Alessandra Ksenhuck

Diretora Executiva:
Julyana Rosa

Relacionamento com o cliente:
Claudia Pires

Impressão:
Epecê

Dados Internacionais de Catalogação na Publicação (CIP)
(Câmara Brasileira do Livro, SP, Brasil)

```
Coaching : a hora da virada, volume II /
  coordenação editorial Edson de Paula, Mauricio
  Sita. -- São Paulo : Literare Books International,
  2018.

  Vários autores.
  ISBN 978-85-9455-053-8

  1. Autoconhecimento 2. Autodesenvolvimento
3. Carreira profissional - Desenvolvimento
4. Coaching 5. Comportamento humano
6. Desenvolvimento humano 7. Sucesso profissional
I. Paula, Edson de. II. Sita, Mauricio.

18-15363                              CDD-658.3124
```

Índices para catálogo sistemático:

1. Coaching : Administração de empresas   658.3124

Cibele Maria Dias - Bibliotecária - CRB-8/9427

Literare Books International Ltda
Rua Antônio Augusto Covello, 472 – Vila Mariana – São Paulo, SP
CEP 01550-060
Fone/fax: (0**11) 2659-0968
site: www.literarebooks.com.br
e-mail: contato@literarebooks.com.br

Sumário

O processo de mudança comportamental
Adriana Lima 7

Cultura *coaching* 4D: a bússola das organizações
Adriana Telk 15

Uma visão macro sobre o empreendedorismo de sucesso
Alexandre Cury 21

Afinal, é possível realmente mudar e consolidar hábitos por meio de ferramentas do *coaching*?
Alexandre Vieira 27

O *coaching* como ferramenta para a superação
Ana Slaviero 35

Breve história de um casal que realizou um sonho
Andreas Zehe 43

Desperte o poder interior, transforme sonhos em realidade
Carla Lourenço 51

Desenvolvendo sua riqueza com propósito
Carlos Eduardo Bacelar 61

Você é o agente principal da mudança que deseja para sua vida
Caroline do Amarante Tolazzi 69

Ser feliz ou ter razão?
Cyntia Tanaka 75

Superando desafios e realizando sonhos – O papel do *coaching* nessa trajetória
Dr.ª Janáine Vieira Donini 83

Coaching: encontre a efetiva performance!
Edilson Filho 89

A força do hábito: como o *coaching* comportamental auxilia na construção de um novo hábito
Edson De Paula..97

PDCANVAS: uma ferramenta para materialização de sonhos
Eduardo Nomura..105

A hora da virada é agora!
Eduardo Oliveira Guimarães...113

Movimentos rumo à mudança
Eliane Arruda do Nascimento...121

Colherá o que semear
Elsy Ansay Silva & Lilian Ansay Silva...127

Construindo a mentalidade para uma carreira de sucesso
Felipe de Freitas & Danilo Ferreira de Camargo................................135

Coaching: fundamental para o sucesso da transformação da cultura digital
Fernanda Daniel..143

Desafie a sua mente a mudar o foco para obter sucesso!
Helena Santos...151

Você tem emoções ou são as emoções que têm você?
Isabel Stepanski..159

Empreenda sem dor
Janaina Bueno Watanabe..167

O *coaching* na transição de carreira
Karina Krech..175

Descobrindo e redescobrindo seu potencial com o *coaching*
Kathiane Hernandes Nigro..183

Sumário

Coaching, e daí?
Leylah Halima Macluf..191

Amor e medo
Lucia Mendonça..199

Surfando a sua própria onda
Luiz Claudio Vieira Simões..207

O processo de *coaching* e a inteligência emocional
Marcus V. A. de Oliveira..215

A arte de se reinventar
Micheline Sales..223

O poder transformador do *coaching* – *Cases* de sucesso
Palomma Alves de Alencar Barros...231

Virando o foco para você
Paulo César Dioto..237

O *coaching* e a liderança
Paulo Lisboa...245

Service coaching: a importância do processo de *coaching* para o prestador de serviços
Prof. Me. Manoel Garcia Néto..253

O *coaching* na minha virada de vida
Raquel Dantas..261

Conexão como elemento do sucesso na carreira
Ricardo Santos...269

Advogados: como empreender em alta performance
Rose Montenegro...277

Por que você não chega lá?
Samir Trad..285

Fatores, leis e necessidades que governam nossas vidas e que fazem um *coach* ser bem-sucedido!
Sandra Maria Souza e Silva..293

Como o *coaching* ajudou a criar o Programa Desafio Acadêmico
Sérgio Franco Leão..301

DeepCoaching® Metodologia *coaching* associada a técnicas terapêuticas integrativas para a transformação pessoal
Shirley Anne de Lima Regueira...309

Como encontrar felicidade no trabalho
Silvia Mollica 315

O primeiro passo rumo ao seu objetivo: respirar!
Silvio Soledade..323

Missão de vida
Tatiana Denti..331

Transformando suas paixões em um negócio lucrativo
Vanessa Ribeiro..339

Viva de propósito
Yuri Utida...347

1

O processo de mudança comportamental

A proposta deste trabalho é ajudar o leitor a desenvolver seu potencial ao máximo, sem tropeçar em bloqueios ou travas, que consiga clarear sua visão do mundo exterior e do seu universo interior, pois a soma desses dois influenciam nossos pensamentos, ideias, decisões e o curso de nossa vida

Adriana Lima

Adriana Lima

Formada em jornalismo pela Unip, MBA em Comunicação Empresarial pela Universidade Metodista. *Mentoree* orientada pelo Dr. Jô Furlan (2007). Empreendedora no Grupo Hinode (2016). Atua como comissária de voo desde 2006 no grupo VRG Gol linhas aéreas. Com experiências na Europa, América do Sul, América Central, América do Norte, África do Sul e Austrália. Trabalho voluntário com grupo de jovens vinculado a uma denominação evangélica com propósito de auxiliar na construção da autoestima, foco e desenvolvimento de metas para o futuro. Imersão em espanhol na Enforex, Barcelona (2008). Intercâmbio de inglês em Cape Town, África do Sul (2011). Vivência de estudos e trabalho em Perth, na Austrália (2012/2013). Mentoria com Christian Barbosa: Tríade da produtividade (2016).

Contatos
adrianalima.grupotop@gmail.com
Facebook: AdrianaLimaa
Instagram: @adrilima111
(11) 98351-2182

Mentoring é um termo em inglês que significa tutoria; é quando o indivíduo deseja potencializar habilidades com o auxílio de um profissional capacitado, que compartilha as próprias vivências com o objetivo de solucionar as questões em pauta do seu cliente, nas relações humanas e corporativas.

O processo é destinado a líderes, gestores e iniciantes na carreira, focado em encontrar as dificuldades que bloqueiam o sucesso do mentorando, desenvolvendo um sistema de compreensão e gestão emocional no ambiente pessoal e profissional do cliente acelerando o processo de aprendizagem e desenvolvendo um mecanismo de amadurecimento pessoal, melhorando assim as relações interpessoais e aumentando a capacidade de discernimento e gerenciamento de tempo.

A metodologia usa abordagem de resultados de impacto para questões emocionais que interferem no ambiente corporativo, nas finanças e nas relações humanas; não é classificado como terapia, as sessões podem durar de três a seis meses e os frutos serão colhidos ao longo da vida.

O primeiro passo é a escolha de um mentor qualificado, para ajudar o aluno neste novo desafio que inclui mudanças, crescimento, alta performance, descobertas e amadurecimento.

O mentor tem uma visão mais apurada da situação analisada, pois já conhece o processo de técnicas de desenvolvimento comportamental e também está fora do contexto emocional descrito pelo aluno. A emoção e o estado cognitivo do mentorando tem grande importância no processo, pois influenciam de maneira positiva ou negativa o comportamento, baseadas em crenças que foram construídas ao longo da vida. A relação criada entre o aluno e mentor deve ser de extrema confiança entre ambos para formar uma forte aliança.

O mentor apenas conduz ao caminho levando em consideração a bagagem de vida pessoal, profissional, questões familiares, projetos realizados com êxito ou experiências malsucedidas do seu cliente.

A avaliação do cenário é uma análise de estudo conjunto das partes que formam a vida do aluno, para identificar: onde está, desejo real, habilidades disponíveis, ajustes a fazer, o quanto deseja mudar e razão de mudar.

Se uma área está ruim, como as finanças, isso acarreta desequilíbrio em outras áreas, podendo trazer sequelas à saúde como pressão alta, discussões familiares, etc.

Neste momento, o mentor obtém as informações:
1. Objetivo/ propósito definido com clareza
2. Identificar crenças
3. Alinhamento dos níveis
4. Plano de ataque
5. Ponte ao futuro
6. *Mastermind*

1) Propósito de vida deve ser descoberto por cada pessoa individualmente, saber o que é fundamental para a sua existência, algo que tenha significado para sua vida; é por esse motivo que estamos sempre em busca de algo que dê sentido à vida.

É justamente neste ponto que muitas pessoas empacam. Devido ao estresse e à correria da vida moderna, perde-se a conexão consigo mesmo para responder perguntas que possam dar direcionamento e ajudar a encontrar o propósito de vida. É nesse momento que o mentor entra em ação, provocando um questionamento sobre algumas questões do cliente.

Qual sua vocação? Como você pode contribuir com a humanidade? Como você se relaciona com os outros? O que te faz estar motivado? Qual seu grau de satisfação? O que te inspira de verdade? O que você realmente quer?

As respostas que virão deste questionamento levam a definir qual a forma que as pessoas realmente estão vivendo ou desejam viver, traz clareza ao seu objetivo de vida. Nem sempre significa que é necessário abandonar o emprego, e sim repensar sobre esses temas, para ter em mente o que lhe traz sensação e o estado de felicidade, realização pessoal, profissional, etc.

A satisfação aciona um gatilho cognitivo que libera quantidades consideráveis de dopamina no cérebro, um neurotransmissor ligado ao sistema de recompensa, proporcionando sensação de prazer. O cérebro recebe esta mensagem como se fosse um prêmio, criando estado de euforia por um alvo que foi atingido, então o indivíduo busca repetir essa ação para sentir prazer novamente.

2) Para identificar crenças que motivam uma pessoa em sua vida é preciso analisar as raízes dos pensamentos, seus gatilhos emocionais e as limitações de pensamento.

Quando uma criança nasce sua mente subconsciente está em branco, ainda não há registros de acontecimentos; à medida que a criança vai crescendo, passa a imitar outras pessoas ao seu redor, geralmente imitam os pais, parentes, professores, líderes religiosos. A imitação torna-se um hábito fixo, e pode ser uma expressão física, de pensamento ou comportamento.

Hábitos são adquiridos pela repetição (+/-), seja uma maneira de pensar ou uma ação que se fixou no subconsciente e se tornou um padrão de comportamento habitual.

Pensamentos constantes se transformam em hábito mental, que atrairá para sua vida exatamente o que você está sentindo, pois cada pensamento emite uma frequência vibracional no campo eletromagnético, como mostra a física quântica.

Quando a atitude mental é positiva, podemos chamá-la de força do hábito, porém, se a mente está envolvida em constante atitude mental negativa podemos classificar de ritmo hipnótico. Qualquer forma de pensamento que a mente repita por várias vezes acaba formando um ritmo organizado de pensamentos negativos; a mente assume e transforma em algo permanente, dando início a crenças e paradigmas que carregamos ao longo da vida.

Para quebrar crenças limitantes é necessário primeiro identificá-las, para dar sequência ao processo de transformação pessoal. Assim, é necessário conhecer o inimigo que te paralisa, dentre os mais comuns estão algumas formas de medo que dominam a mente negativa:

- Medo da morte
- Medo de receber críticas
- Medo da pobreza
- Medo de perder a saúde
- Medo da velhice
- Medo de perder o amor

Esses sentimentos de medo foram plantados em um indivíduo que vive em um meio desagradável, sem harmonia, lares destruídos, ambientes de trabalho de conflitos que destroem o poder de iniciativa pessoal, tirando energia vital e gosto pela vida, colocando a mente em uma frequência vibracional ruim, que resulta em uma mente confusa, desfocada, descrente, ansiosa, preocupada, julgadora, crítica e passiva, que por sua vez afeta o estado de espírito.

Existe uma maneira de transformar as crenças por meio de alinhamento, que compreende uma ligação entre o cérebro + emoção = fisiologia, para criar, reforçar e ressignificar um evento no histórico do cliente.

3) Alinhamento dos níveis emocional e mental é uma parte do processo cognitivo em que o mentor trabalha em conjunto com o cliente para alinhar desejo + emoção + fisiologia proporcionando maior potencialização energética para maximizar os resultados em questão, por meio de técnicas de abordagem diferentes usando programação neurolinguística, abordagem Ericksoniana, aprendizagem dinâmica, avaliação de risco, julgamento eficaz da situação, neurociência cognitiva, que fornecem acesso ao modelo de interpretação do ambiente (+ -) que o rodeia, gravada por meio dos cinco sentidos, afetam a maneira como cada um interpreta os eventos na vida e têm reações diretamente ligadas aos seus paradigmas; a finalidade é mudar o comportamento.

4) Plano de ataque é o momento mais importante, no qual se cria o alinhamento, como mostra a figura:

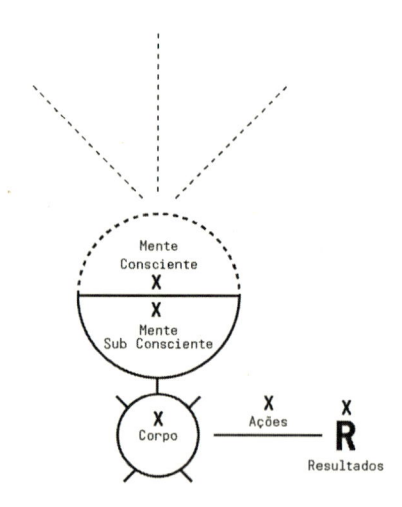

```
           Mente
         Consciente
             X
             X
           Mente
        Sub Consciente

         X         X         X
        Corpo ─── Ações      R
                           Resultados
```

Na mente consciente estão armazenados o aprendizado intelectual, a memória, a consciência, os pensamentos (X= condição presente / Y= envolvimento emocional) captados pelos cinco sentidos, que trazem interferências na tomada de decisão, ação e resultados.

Na mente subconsciente está o cérebro emocional, é um *chip* como um HD de memória de um computador; nele estão os verdadeiros desejos, autoimagem e os hábitos gravados por repetição de pensamentos (X, Y).

Na maioria das pessoas, o desejo (X) não está alinhado com o que ela ama fazer (Y), por exemplo, na carreira trabalha com números, porém ama lidar com pessoas e se mantém no emprego apenas pelo salário, que proporciona insatisfação e baixo nível de realização.

Quando os pensamentos estão em desacordo com os desejos, resultam em sentimentos que geram medo, que provocam maior nível de ansiedade, que levam o indivíduo a ter dúvidas sobre o próximo passo a tomar, que causam insegurança e afetam suas decisões de maneira negativa e trazem mais insatisfação e o fazem permanecer num ciclo vicioso de resultados ruins.

Pensamento (X) + Desejo (Y) = Ansiedade > Dúvidas > Insegurança > Decisões > Insatisfação

O treinador orienta o cliente neste momento do processo de mudança, a desenvolver suas competências para atingir o estado desejado em alta performance, acessando níveis neurológicos para entender profundamente a atividade cerebral do aluno:

- Reação no processo de aprendizagem
- Nível de envolvimento emocional e atenção
- Posicionamento diante das pressões externas
- Emoções predominantes no seu dia
- A maneira que interpreta acontecimentos de vida
- A linha de pensamento constante
- Linguagem e comunicação
- Trazer para si a responsabilidade das decisões
- Sair do estado de vitimização

Para mudar o comportamento é necessário mudar os pensamentos predominantes que são originados no cérebro e se manifestam por meio de expressões, ações e reações.

A mente é a chave do comportamento nas relações humanas. A ciência mostra que o cérebro não tem limites, quem impõe limites é o próprio indivíduo por meio de crenças limitantes, que, por sua vez, constrói uma barreira de medo motivado pelas ideias negativas plantadas na mente.

A neurociência vem utilizando métodos para aperfeiçoar os treinamentos comportamentais de maneira que produz mais qualidade e eficiência aos treinados ativando novas redes neurais do cérebro, para criar e reforçar emoções que proporcionam sustentação de alinhamento entre o nível de pensamento e o desejo interior, resultando em uma nova fisiologia que seja capaz de expressar esse novo posicionamento diante dos eventos da vida. Os neurocientistas observam como o cérebro funciona, efeitos de interação, reação com o meio externo e estímulos internos, algumas vezes por meio de exames como EEG (eletroencefalograma), que mostra o rastreamento das atividades do cérebro, mede a frequência de impulsos estimulados para teste, para observar reações de excitação, afeto-emocionais, aversão, raiva, inveja etc. Com a finalidade de reconhecer os gatilhos que fazem o cérebro reagir positivamente, proporcionando estado cognitivo de *Empowerment*, e reconhecer estados negativos a fim de quebrar esse padrão e se manter em nível máximo de consciência para não permitir que os eventos externos passem a controlar os estímulos internos.

5) Ponte ao futuro é o processo de visualização utilizado até pela NASA, para que o aluno crie a imagem mental do futuro desejado; é um ensaio visual.

Os desejos são impulsos de energia organizada, mesclados com emoção que magnetizam as células cerebrais para recriar isso no equivalente físico.

A imagem idealizada no consciente é gravada na mente subconsciente de forma que o corpo reage a estímulos como se já tivesse alcançado o estado desejado. Assim, o cérebro procura caminhos no universo exterior para reproduzir a imagem mental interior, criada no processo de visualização. Desse modo, deparamo-nos com alguns eventos a que damos o nome de coincidência, sorte ou milagre por não saber a causa daquele acontecimento que foi, na verdade, uma imagem mental reproduzida com sentimento latente associado ao elemento FÉ, um estado de espírito de certeza e confiança.

6) *Mastermind* é a associação com outras mentes poderosas e criativas. O indivíduo que passou por um processo de mudança mental não se encaixa mais nos antigos padrões de comportamento, busca novas possibilidades e parcerias para continuar seu desenvolvimento como pessoa; é provável que neste momento surja a vontade de empreender, iniciar algo novo na carreira.

Nesta fase, o treinado já aprendeu a gerenciar emoções limitantes e a trazer para si a responsabilidade de suas escolhas, as consequências de uma decisão, sai do posicionamento de vítima e passa a tomar as rédeas de sua vida. Deixa de procurar culpados pelos seus tropeços, desenvolve percepção de que aqueles grandes obstáculos eram, na verdade, grandes desafios para o seu amadurecimento emocional.

É capaz de perceber e remover de seu ambiente toda e qualquer influência que possa afetá-lo com pensamentos, hábitos, ações ou reações negativas em sua história de vida e, a partir daí, escolhe caminhos que lhe tragam mais realização.

2

Cultura coaching 4D: a bússola das organizações

No mundo organizacional atual estar em busca de novos métodos legítimos para melhor administrar é sempre muito bem-vindo. É pensando nisso que, juntando minhas experiências, estudos, formações e pesquisas internacionais, foi possível estabelecer a cultura *coaching* 4D, que serve como um norte para as organizações colocarem em prática, pontos-chaves e indicadores, em decisões de performance mais acertadas e profundas, diferenciando-se das demais

Adriana Telk

Adriana Telk

Master Coach certificada em renomadas instituições internacionais e nacionais. Doutora e mestre em Administração; especialista em Gestão de Pessoas com *Coaching*; Administração Estratégica e Docência para a Educação Profissional; graduada em Comércio Exterior. Integra o time de melhores *coaches* mundiais em legalidade e qualidade do *coaching* pela International Coach Federation (ICF). Fundadora da empresa Adriana Telk – *Master Coach*, prestando serviços de *coaching* individual e serviços de *coaching* organizacional. Possui diversas horas de atendimentos em processos de *coaching* com pessoas e organizações nacionais, instituições do Rio Grande do Sul/Brasil e em países do MERCOSUL. Atuante nas áreas de comércio exterior, economia, sustentabilidade, empreendedorismo, liderança, carreira, equipes e vida. Orientada para resultados com ampla experiência nas áreas da administração, gestão com pessoas e comércio exterior, com mais de 20 anos de experiência em empresas e instituições do Rio Grande do Sul.

Contatos
https://www.adrianatelk.com.br
contato@adrianatelk.com.br
(54) 99679-7542

O cenário organizacional está em constante e acelerada transformação e mudança. As organizações precisam se reinventar a cada dia na velocidade da luz para que novas decisões sejam tomadas. E é dentro deste cenário que a cultura *coaching* entra de forma emergente de atuação, para as organizações repensarem sua missão e ampliarem ainda mais seus horizontes. Para começar, é necessário entender os seis principais pontos-chaves.

Primeiramente, compreender que a cultura é subdividida em cultura básica e cultura secundária, juntas formam um conjunto de relações interligadas que sinalizam mudanças e necessidades, devendo ser decodificadas por qualquer tipo de organização. A cultura básica é quase imune a mudanças, já a secundária tende a mudar ao longo do tempo, influenciando na própria pessoa, nas outras pessoas, nas organizações, na sociedade, na natureza e no universo. Neste sentido, as pessoas quando nascem moldam suas crenças, valores (forças vitais) e normas básicas em si mesmas e absorvendo de outras pessoas. Quando integram uma organização, se moldam para seu sustento, o que faz refletir na sociedade por atitudes sociais, colaborando ou não na ação do homem pela natureza e consequentemente seu lugar no universo.

Na cultura *coaching*, as pessoas fazem parte das gerações, os *Baby Boomers*, a Geração X, a Geração Y e a Geração Z, que impulsionam a inovação e desafiam o mercado com produtos e serviços que se conectam diretamente à base de clientes (internos e externos). Dá-se destaque à geração Y, pessoas envolvidas no trabalho, principalmente por autenticidade. Querem estar em um ambiente onde podem ser confortavelmente quem eles realmente são e celebrar os seus aspectos e habilidades únicas. No geral, como líderes ou gestores, a mentalidade deles e do que fazem hoje vai contribuir para o que eles se tornam amanhã, e suas responsabilidades servem para alinhar com os objetivos da organização por completo. É o sentimento de conexão como um profundo sentimento de colaboração! Os laços sociais são profundos porque abraçam diferenças em vez de perspectivas de controle e uniformidade tornando-os mais eficazes. Na continuidade, as gerações exigem das organizações uma atitude firme, positiva, efetiva e forte no mais perfeito administrar times autogerenciáveis por melhores resultados. Para se trabalhar com esses times é necessária a humanização das organizações, visto que pessoas não são máquinas e sim seres humanos com valores, capazes de levar a organização a patamares nunca antes vistos de expansão.

Como as gerações integram os times autogerenciáveis se faz necessário entender ainda mais sobre valores e compreender que o comportamento influencia na cultura e consequentemente na cultura *coaching*. A verdade é que quando há falta de conhecimento sobre si mesmo, há ainda uma enorme falta de conhecimento sobre o comportamento humano como um todo. Mais do que isso: comportamento advém do cérebro, logo se pode aprender mais sobre o comportamento humano e sua interação por meio de uma melhor compreensão, que para o ambiente organizacional, cultura e neurociência estão entrelaçadas. Pesquisas internacionais mostram que o nível de conhecimento sobre o comportamento não só se correlaciona com a capacidade de mudar, mas também torna a mudança mais sustentável criando um ambiente de trabalho emocionalmente mais atraente e capaz de estabelecer conexões.

Para as organizações, o bem mais precioso são as pessoas, e estas devem chegar a um aprendizado por experiência partilhada e mútua, isto é, uma aprendizagem que não pode parar para aumentar seu nível de conhecimento de forma coletiva, interpretando e dando sentido aos comportamentos ou situações para que permitam discussões de um patamar ainda mais efetivas. Já se sabe que as pessoas não gostam de mudar, no geral, mas constantemente estão tentando entender o que está acontecendo ao seu redor ou desvendar mistérios sobre elas mesmas. A neurociência vem com tudo e nos diz exatamente como apaziguar os nossos cérebros e as coisas específicas que podemos fazer para tornar as pessoas mais valorizadas e entusiasmadas com o trabalho, além de acalmar e transformar desafios em ativos funcionais.

Um dos maiores atributos do progresso de uma organização para a implantação da cultura *coaching* é compreendê-la como um organismo vivo, dinâmico, inteiro e em permanente necessidade de desenvolver a tríade corpo/mente/alma. O corpo (visão sistêmica, parte material da organização, formada por produtos, serviços, etc.), a mente (dimensão estratégica, parte da organização que pensa, cuida dos objetivos, das prioridades, das estratégias, do futuro) e a alma (organização é formada por gente, de identidade, de motivação, de comunicação, de trabalho em equipe e qualidade dos relacionamentos). Essa tríade, na cultura *coaching*, vai ao encontro da conexão autêntica. Conexão por meio de propósito e valores organizacionais que gera confiança, aceitação da mudança, melhora a produção e a inovação, mas também constrói objetivos na organização e a autenticidade, de significado fiel à personalidade, caráter, verdade e franqueza. Pesquisadores de Harvard, Amy Cuddy e Brené Brown identificaram em seus estudos e em histórias de vida pessoal e profissional que aqueles que abaixam o "escudo" e mostram alguma vulnerabilidade estabelecem conexões muito mais fortes com seu público. Então, como fazer essa conexão? Se expressar suas próprias ideias originais, se você ouvir o seu próprio ser, você vai ser honesto consigo mesmo e na sociedade em fazer a contribuição para o todo.

Deve haver um acordo com a centralização dentro do próprio ser que gere audácia para não ocorrer, a curto prazo, um ser vazio, e a longo prazo, um ser desanimado, fraco e medroso. Para isso, há formas de atingir autenticamente pessoas em ser autoeficaz. A conexão autêntica começa na compreensão de si mesmo, com aceitação total e completa dentro de um amor incondicional, seguido de uma expressão corajosa e ousada de si mesmo para um amor pelos outros como inseparáveis. E se influências puxam em diferentes direções? Identificar e fazer as próprias conexões autênticas com pessoas, lugares, atividades ou memórias para se relacionar com o interior de cada ser e seguir se capacitando a ser ainda mais autêntico. Quando se sabe que chegou a esse lugar de consciência interior? No momento em que se deu valor à vida, que se encontrou equilíbrio, paz e harmonia dentro de seu ser. E para viver em conexão autêntica, o que é preciso? Declarar quem você é, por meio de atos de bondade, criatividade e puro prazer em experimentar seu próprio bem como a própria vida, um amor que permite viver em harmonia com você e com os outros, e amar corajosamente com todo o coração.

E para acrescentar, o futuro das pessoas e as organizações devem se atualizar para que recursos e resultados estejam associados a uma economia de valor que, subdividindo ainda em quatro, seja: economia criativa com dimensão de conhecimento e experiências; economia compartilhada, passando do que possui para outros usarem; economia colaborativa por equipes de pessoas trabalhando por uma gestão distribuída; e a economia multivalor em otimizar tempo e dinheiro.

Em resumo, apresentam-se os seis principais pontos-chaves:

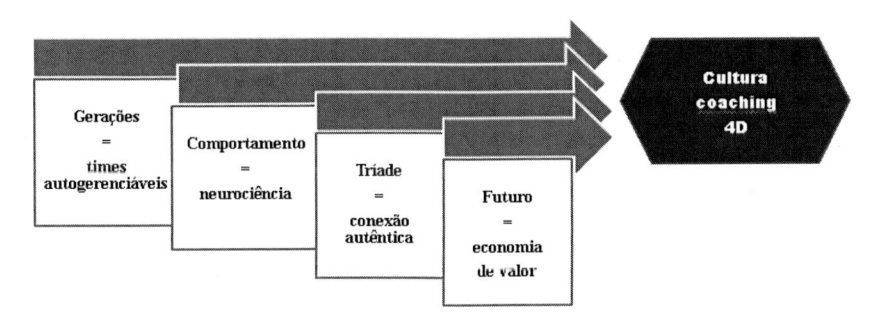

| Gerações = times autogerenciáveis | Comportamento = neurociência | Tríade = conexão autêntica | Futuro = economia de valor | Cultura coaching 4D |

Os pontos-chaves se unificam e, com isso, geram transformações e mudanças dentro e fora das organizações, para as quais se permitam implementar uma cultura *coaching* 4D, em abrir mais seis outros indicadores em:

1) Determinar o desafio a ser resolvido, definindo o objetivo com elevado valor para os clientes, baixo custo e alcance por resultados palpáveis e desejados;

2) Construir e admitir que times autogerenciáveis de gerações estejam envolvidos pela motivação em definir e implementar medidas certas;

3) Gestão ajustável em alinhar metodologias de *coaching* unindo ferramentas, técnicas e tecnologia incluindo-se o comportamento e a neurociência para direção e coordenação;

4) Supervisionar, monitorar e avaliar o progresso estratégico organizacional de curto e longo prazo com determinação por vias de ação, persistência e espírito positivo em toda a gestão ajustável;

5) Continuar inspirando, valorizando e apoiando os times autogerenciáveis para que tenham sua própria capacidade de liderança, se superando a cada dia, explorando potenciais da tríade e da conexão autêntica para trabalhar em unanimidade por metas em comum;

6) Ajustar e/ou limitar metas ou objetivos, estabelecendo constantemente alvos-chaves de mudança na organização para assim definir novas metas, custos e acontecimentos que serão precisos a serem realizados.

Enfim, os pontos-chaves devem estar contidos nesses seis indicadores para uma cultura *coaching* 4D. E que as estratégias organizacionais aliadas à metodologia *coaching* formam uma base firme e forte como "*cases* de sucesso", tudo porque as metas e os objetivos estratégicos são estendidos até os níveis operacionais. Somando-se com esta nova cultura de *coaching*, aqui descrita, que sejam no mínimo alcançados os resultados em competitividade, o aumento de valor no mercado, a aprendizagem constante pela neurociência, a conexão autêntica e o crescimento intelectual amplificado do capital humano.

Pronto para iniciar a cultura *coaching* 4D para você e sua organização? Venha comigo!

3

Uma visão macro sobre o empreendedorismo de sucesso

Acredito que as pessoas podem ser e ter o que quiserem

Alexandre Cury

Alexandre Cury

Escritor, palestrante e empreendedor. Presidente do Grupo Coach, diretor da AC Net, empresa do ramo de transmissão de eventos ao vivo e produção de vídeo. Bacharel em Administração com ênfase em *Marketing*, MBA em Gestão Empresarial pela Fundação Getulio Vargas (FGV), *international master coach* certificado pela Sociedade Latino Americana de Coaching (SLAC), reconhecida pela Organização das Nações Unidas (ONU) e pela International Association of Coaching (IAC), pela Association for Coaching (AC), pela International Association of Coaching Institute (ICI), pela Corporate Coach U, dos Estados Unidos, e pelo BCI Europa – Behavioral Coaching Institute, é analista DISC (avaliação de perfil comportamental), Assess e SixSeconds (inteligência emocional).

Contatos
www.alexandrecury.com
alexandre.cury@grupocoach.com.br
Skype: alexandrecury
+55 (21) 99768-5305

Este artigo tem por objetivo apresentar ao leitor uma visão macro do empreendedorismo de sucesso, do ponto inicial ao ponto de máxima performance. Antes, porém, permito-me frisar que todas as pessoas podem ser e ter o que quiserem. Esse é um ponto básico, mas de suma importância no processo.

Nesse sentido, não basta apenas ter dinheiro ou recursos materiais. É extremamente importante a atitude comportamental. Muitos empresários perdem grandes negócios por falta de atitude. Essas pessoas pecam por apresentarem atitudes de fracasso, como chegar atrasado a reuniões, perder voos, não saber conduzir equipes, dentre outras.

Desse modo, o que materializará seu sucesso ou seu fracasso será sua atitude, e não apenas seu dinheiro ou seu conhecimento acumulados.

E lembre-se: você é quem determina o que acontecerá! Você é o senhor de seu destino! Mas, eis que surge, nesse ponto, um grande vilão: o medo.

Muitas pessoas têm vontade de abrir seu próprio negócio, porém têm medo, especialmente, em épocas de crise. Elas vivem se perguntando se está na hora de empreender. Sim! Está na hora!

Pesquisas revelam que o brasileiro tem empreendido cada vez mais. Por quê? Porque é a saída para o crescimento. Mas, para isso, é preciso vencer o medo, mesmo que já se tenha falhado uma ou mais vezes.

Há, ainda, as pessoas da maré contrária a dizer que nada dará certo. É muito importante superar essas crenças limitantes. E o que são essas crenças limitadoras? São impressões que ficam registradas em nossa mente por meio dos cinco sentidos: visão, audição, tato, paladar e olfato. Esses registros, se não trabalhados, passarão a guiar nossa mente até mesmo rumo ao fracasso.

Como exemplo, cito a pessoa que tem medo de dirigir. Sua história de vida pode ter sido marcada por acidentes e mortes na infância ou na juventude, além das pessoas dizerem que dirigir é perigoso. A partir daí, ela pode carregar consigo crenças autoimpostas ou impostas por outras pessoas de que dirigir é perigoso. Mais tarde, mesmo obtendo carteira de habilitação, essa pessoa pode ainda bater o carro, logo no início de sua "jornada automobilística". Ou seja, sua crença, além de já adotada e herdada, passa a ser vivida. Se eu pedir a essa pessoa que dirija, o gatilho mental é disparado, e as sinapses neurais que se formarão vão conduzi-la ao medo registrado.

E como superar tudo isso? Uma boa forma é perguntar a essa pessoa o que ela ganha com esse medo. Onde ela espera estar daqui a um, três ou cinco anos carregando esse medo em sua mente. Certamente, ela poderá responder: andando de transporte público, de táxi, saindo mais cedo de festas, deixando de participar de eventos e preenchendo a vida com angústias e fracassos. Sabendo disso, desse medo e de suas consequências, pergunte a essa pessoa o que ela quer em vez disso...

Aprender a dirigir! Mais do que isso, o que essa pessoa ganha ao ter coragem para pilotar seu carro? Liberdade, alegrias, realizações... Observe a sensação prazerosa de ter perdido aquele receio! Passando, então, à ação, o que essa pessoa pode fazer para começar a dirigir e atingir seu sucesso? Seguem-se, obviamente, as aulas teóricas e práticas, variados exames e conquistas.

Perceba, assim, que mudanças, reprogramações mentais são possíveis para que você possa se aproximar de seu sucesso.

E lembre-se: nunca deixe ninguém lhe dizer que você não pode fazer algo, nem mesmo seus pais ou quem mais o ama.

Corra atrás de seus sonhos. Não se deixe influenciar pelos fracassados. Isso é reprogramação mental. Identifique o que o impede de se aproximar de seu objetivo e crie sua própria história de sucesso.

Nesse sentido, avance como empreendedor. Aja, fuja do medo. E o primeiro passo é prospectar o mercado. O que o mercado está necessitando? Tenha um campo de visão prospectivo, inovador. Pense em novas utilidades com a tecnologia disponível. Oferte ao mercado o que as pessoas precisam. Esse é o ponto inicial de tudo.

Em um segundo momento, utilize a Roda do Negócio que criei e que se encontra anexa ao final do artigo, para avaliar o negócio que pensa em abrir por meio de 12 indicadores: conhecimento, paixão e experiência no ramo (na área pessoal); relacionamento, equipe e fornecedores (na área profissional); saúde financeira, tempo disponível e baixo risco (na área financeira); e escalabilidade, inovação e alta demanda (na área de produtos/serviços).

Ao terminar seu preenchimento, olhe para sua Roda e se pergunte: o que fazer para melhorar meu negócio para que ele possa avançar?

Outra boa ferramenta de avaliação comportamental, sua e de sua equipe, para ter as pessoas certas no lugar certo, é o DISC, cujas origens remontam a William Moulton Marston e suas pesquisas na década de 1940.

Segundo os estudos de Marston acerca do comportamento humano, foram identificados quatro tipos básicos de resposta dos seres humanos às emoções: dominância, influência, estabilidade e conformidade (DISC). O modelo criado por ele, no entanto, dizia respeito a uma teoria dinâmica, sem rotular as pessoas. Segundo suas pesquisas, todo mundo possui um ou dois principais estilos comportamentais que se destacam sobre os demais, mas todos carregamos conosco os quatro tipos de resposta às emoções.

Após a morte de Marston, o psicólogo americano John G. Geier comprovou a teoria daquele com fatos e evidências empíricas confiáveis e criou, em 1958, o sistema de perfil pessoal DISC.

Assim, por meio dessa poderosa ferramenta de avaliação comportamental, você poderá alocar a pessoa certa para cada função em seu empreendimento: o dominante e direto D; o influente, persuasivo e comunicativo I; o seguro e conservador S; e o organizado, metódico e cauteloso C.

Avaliados esses perfis, vamos ao próximo passo para empreender com sucesso. E a dica é: tudo o que você for fazer, faça com motivação, ousadia, entusiasmo, energia. Automotive-se o máximo que puder.

Feito isso, estabelecido seu empreendimento, como alavancar seu negócio agora? Saia da caixinha! Pense assim: o que as outras pessoas podem fazer para alavancar o seu negócio? Como você pode retribuir? Posso utilizar, por exemplo, o *networking* de um parceiro? Como otimizar tal utilização? E como ajudá-lo igualmente?

Outra forma de incrementar seu negócio é utilizar os chamados gatilhos mentais para construir sua rede de relacionamentos. E a grande sacada é: dê a essa rede o máximo de conteúdos de valor de forma gratuita, fazendo as pessoas parceiras crescerem.

E agora qual é a parte final de uma empresa de sucesso, o ponto de máxima performance da equipe? É a parte documental, a parte sistêmica, de processos, de procedimentos operacionais padrão (POP) que facilita o andamento redondo da empresa, liberando seu tempo como empresário e líder para atividades mais produtivas e criativas.

Lembre-se também da melhoria contínua, de mapear oportunidades e ameaças o tempo todo para que sua empresa continue a prosperar.

E então? Vamos lá? Acredite! Torne-se empreendedor de sucesso! Saia de sua zona de conforto! Entre em contato comigo, saiba mais do assunto e participe da Pílula Empreendedora pelo meu WhatsApp.

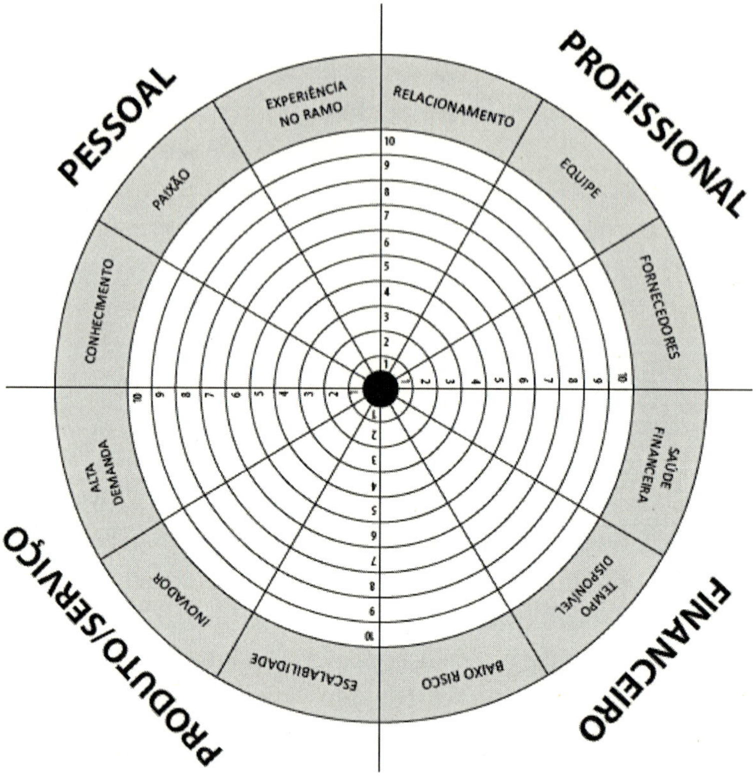
PESSOAL
PROFISSIONAL
FINANCEIRO
PRODUTO/SERVIÇO
EXPERIÊNCIA NO RAMO
RELACIONAMENTO
EQUIPE
FORNECEDORES
SAÚDE FINANCEIRA
TEMPO DISPONÍVEL
BAIXO RISCO
ESCALABILIDADE
INOVADOR
ALTA DEMANDA
CONHECIMENTO
PAIXÃO

4

Afinal, é possível realmente mudar e consolidar hábitos por meio de ferramentas do *coaching*?

Eu também teria dúvidas caso alguém me fizesse essa pergunta, se não tivesse experimentado na própria pele. Nas próximas páginas, querido leitor, apresento-lhe uma história não somente de bonanças, mas um pouco das minhas tempestades e como eu vim parar aqui no capítulo deste poderoso livro. Inspire-se e viva a sua virada!

Alexandre Vieira

Alexandre Vieira

Coach especialista em desenvolvimento de liderança e engajamento de equipes, planejamento estratégico e gestão de projetos. Diretor da Foco Produtivo Treinamentos. Há 15 anos treinando pessoas e organizações, tem tido a oportunidade de ajudá-las a conquistarem seus objetivos e ultrapassar limites. Dedica-se sistematicamente a sua abordagem específica de quatro estações que envolve: identidade corporativa, planejamento estratégico, liderança e engajamento, trazendo segurança e resultados nas organizações por onde tem passado. Líder há 20 anos, é um profundo estudioso do comportamento humano, mais especificamente na gestão de pessoas. Tem lido e escrito sobre Inteligência emocional, PNL, gestão de tempo, psicologia positiva entre outros temas.

Contatos
www.focoprodutivo.com.br
coachalexandrevieira@gmail.com
Facebook: CoachAlexandreVieira
Instagram: coach_alexandrevieira
(84) 99663-8288

Sempre fui apaixonado por crescimento contínuo, desenvolvimento humano e liderança. Pegava-me ainda adolescente, por motivos desconhecidos, folheando revistas de psicologia e com uma vontade enorme de entender o comportamento humano. Talvez tentando me entender, imagino.

A vida foi passando, comecei a estudar e a ajudar outras pessoas. Como cristão, meu contexto era a igreja, grupos, casais, treinamentos e equipes. As responsabilidades foram aumentando, e o desafio de equilibrar família, relacionamentos, saúde, finanças e ainda ter uma espiritualidade sadia se tornava a cada dia mais desafiador.

Foram mais de 15 anos orientando pessoas, realizando e participando de treinamentos. Quando percebi, o mundo parecia estar girando mais rápido do que eu podia dar conta. A rotina passou a se tornar pesada, o estresse só aumentava, ganhei muito peso, já acordava cansado e terminava o dia mais cansado ainda.

A cada dia minhas conexões estavam sofrendo. Os relacionamentos estavam sendo consumidos pelo meu esgotamento. Perdi a vontade de estar com os amigos, percebi que precisava aprofundar mais minha conexão com o Criador, pois estava me tornando um executivo de Deus em vez de um filho. O único lugar que me sentia bem de verdade era na companhia da minha esposa e de meu filho.

Em meio a esse turbilhao, as finanças desmoronaram, dívidas e mais dívidas só aumentavam e comecei a enxergar o que conhecemos como fundo do poço. Hoje sei que esse tal fundo do poço tem muito mais a oferecer do que o fim. Há muitas oportunidades escondidas em meio ao caos. Eu realmente precisava dar uma virada na vida. Mas não sabia como.

A mediocridade e o sonho de andar acima da média

Uma coisa quero deixar clara: não há nada de errado em alguém querer andar na média. Uma vez, meu filho me mostrou sua nota da escola dizendo:

– Pai, tirei 7!

E eu disse com a intenção de provocar uma reflexão:

– Humm, ok! Você percebeu que foi medíocre?

Com um olhar assustado, ele disse:

– Medíocre?

– Sim! – falei. – Medíocre é estar na média.

Naquele momento tivemos uma conversa onde pude começar a explorar em sua mente de criança a possibilidade de sonhar alto e andar acima da média. E repito: não há nada de errado em alguém querer andar na média. Todavia, sem querer hierarquizar pessoas, as histórias de sucesso que conheço vêm de pessoas que decidiram ir além do óbvio, voar alto, andar acima das suas próprias médias estabelecidas. Esse pareceu ser o primeiro problema que identifiquei em minha vida. Percebi que não tinha estrutura mental adequada para o sucesso. Fiquei assustado com a quantidade de crenças limitantes que carregava comigo. Pensamentos como:

"Estou sozinho e sobrecarregado porque as pessoas não gostam de ajudar." "Se estou estressado, tenho que aceitar a vida como ela é e pouco posso fazer, pois não depende 100% de mim." "Fazer atividade física parece ser uma coisa bem chata! Eu acho que não tenho foco nem força de vontade para virar um atleta." "Prosperidade financeira não é pra todo mundo, tem que nascer em berço de ouro."

Outros pensamentos até bem mais sutis permeavam minha mente e linguagem. E se você ainda não sabe, o que você comunica produz um estado interno que gera pensamentos, estes conduzem um ciclo neurofisiológico a produzir sentimentos que, uma vez repetidos, produzem crenças potencializadoras ou limitantes, mantendo o indivíduo num *loop* de vitória ou fracasso.

Tenho percebido em 100% dos meus clientes de *coaching* que o motivo pelo qual eles buscam treinamento está relacionado a dois gatilhos:

1 - A dor que estão enfrentando em alguma área da vida e insatisfação com seus resultados;

2 - E a necessidade de realizarem seus sonhos e encontrarem as ferramentas certas para chegar lá.

Em ambos os casos, as pessoas em nossos treinamentos têm encontrado o caminho para viver acima da média. Bem acima dos resultados que tiveram até então.

Em minha dor, entendi que precisava em primeiro lugar definir minha missão de vida e propósito. Deixar claro o que eu realmente queria, encontrar os mentores certos e a metodologia correta. Na busca por entender o sucesso, passei noites e noites em claro tentando achar essas respostas. Foi quando numa manhã como todas as outras, me levanto e minha esposa me diz: "Tem um homem na TV falando umas coisas e o que ele fala é muito parecido com o que você fala. Ele é um *coach*, você sabe o que é isso?"

Em minhas noites em claro na internet, vi alguma coisa sobre o *coaching*, mas a partir da observação dela decidi investigar melhor. Não imaginava nessa investigação me ver no espelho. Foi a descoberta de uma paixão, uma metodologia que completava o que estava me faltando e que abriria um horizonte maravilhoso pela frente. Decidi ir a fundo provar em mim mesmo todas as ferramentas que o *coaching* poderia me proporcionar. Encontrei meus mentores, viajei para participar de treinamentos, muitas vezes com dinheiro emprestado. Realmente sabia que tinha achado uma solução que me ajudaria a dar a virada que precisava, inclusive profissional. Afinal, tinha contas a pagar!

Descobrindo sua missão de vida

O *coaching* é conhecido como a arte de fazer perguntas poderosas. Descobrir sua missão de vida funciona como uma largada na corrida para uma grande virada. Você realmente precisa saber quem é e por que está na Terra. Comece respondendo às perguntas abaixo.

Seus talentos

- Quais são seus talentos?
- O que as pessoas dizem que você faz bem?

Seus comportamentos e atitudes

- Como você se comporta? Que atitudes toma que outros elogiam?
- Por que em geral as pessoas o procuram?
- No que você se sente útil?

Objetivos nobres

- O que você gostaria de realizar nesta vida?
- Pelo que você gostaria de ser lembrado quando não estiver mais aqui?

O seu desafio é sintetizar as respostas em uma ou duas frases. Depois, deixe visível na parede, no seu *smartphone* ou computador.

Como exemplo, vou deixar aqui minha própria missão:

Minha missão é comunicar, ensinar e motivar. Usando a minha capacidade de ser criativo e altruísta para ajudar o maior número de pessoas a viverem uma vida acima da média, conquistando seus objetivos e vivendo sua missão de vida.

Autorresponsabilidade, a convicção que abre portas

Continuando a jornada, percebi o quanto meus pensamentos responsabilizavam coisas, situações e pessoas pela ausência de bons resultados. Foi nesse momento que comecei a entender a necessidade da autorresponsabilidade.

Ter autorresponsabilidade é ter a certeza de que somos os únicos responsáveis pela vida que temos levado. Tudo o que conquistamos ou deixamos de conquistar está diretamente relacionado com o nosso nível de chamar a responsabilidade para nós mesmos e fazer a coisa acontecer.

Pessoas autorresponsáveis já ultrapassaram a barreira de culpar os outros ou as circunstâncias e ficarem justificando seus erros. Elas assumem a responsabilidade e protagonizam suas próprias histórias. Elas não se apoiam na esperança de mudar ninguém. Pelo contrário, elas mudam a si mesmas e tudo muda a sua volta.

Para o desenvolvimento da autorresponsabilidade, é necessário mudar o padrão de reação mental. Encare esses padrões como princípios e treine-os até se tornarem automáticos.

- Antes de reclamar, pense que sugestão você pode oferecer;
- Antes de achar culpados, procure ser a solução ao problema;
- Antes de criticar os outros, cale-se e reflita;
- Antes de justificar seus erros, aprenda a lição que eles oferecem;
- Antes de julgar os outros, julgue suas próprias atitudes;
- Antes de se fazer de vítima, protagonize seu sucesso.

O problema da força de vontade

É comum para mim ouvir pessoas relatando que tentaram mudar um hábito, no início até conseguiram algum resultado, mas não conseguiram permanecer. Começamos com força total, mas em algum momento da jornada nos perdemos.

Esse é o problema de se apoiar apenas na força de vontade. No início pode ser bom, porém é necessário mais para se manter no padrão de comportamento vencedor. A força de vontade nem sempre está totalmente conectada com nossos reais motivos para uma virada de vida. Por exemplo:

Alguém que quer eliminar 20 quilos normalmente não entende os seus motivos mais profundos e se conecta apenas com os números (20 quilos). Quando a ansiedade aumenta ou outra dificuldade aparece, essa pessoa tem a tendência de se apoiar na força de vontade para vencer "na marra". E é aí que está o problema, pois força de vontade é um combustível que acaba rápido.

Não seria melhor pensar: "Estou pagando o preço porque quero brincar com minha filha e não ficar cansado, quero subir as escadas do meu prédio e não me cansar, quero poder comprar minhas roupas sem dificuldades, quero praticar esportes, quero dormir melhor".

No *coaching*, chamamos essa argumentação de segunda camada. Ou seja, pensar nos motivos mais nobres e que estão mais conectados com os nossos sentimentos. Esses, sim, nos darão toda a força para não desistirmos e avançarmos rumo aos nossos objetivos.

Olá, meu nome é sabotador!

Como muita gente, eu também venci obstáculos. Encontrei minha missão, comecei a emagrecer, me alimentar melhor, controlei o sono, as contas começaram a ficar no lugar e quando tudo parecia estar dando certo, vieram problemas, situações inesperadas e tudo parecia desmoronar.

Foi aí que percebi que precisava entender o que estava acontecendo. Pois via muita gente ter sucesso e pensava: "Se é possível para eles, também é possível para mim". Não baixei a guarda, descobri meus comportamentos sabotadores e comecei a construir mudanças sustentáveis.

Quero deixar aqui um começo! Um caminho para que você possa identificar alguns comportamentos sabotadores.

Identifique possíveis padrões de pensamentos e seus respectivos sabotadores:

Crítico – Encontra defeitos facilmente em si e nos outros.
"O que estou fazendo de errado? Acho que tem algo errado com essa circunstância."

Insistente – Busca exagerada pela perfeição.
"Se não é para fazer perfeito, prefiro nem fazer."

Prestativo – Busca aceitação e afeição por meio de favores, elogios e agrado a outros, perdendo as próprias necessidades de vista.
"Fico incomodado quando as pessoas não reconhecem o que faço por elas, o mundo é muito ingrato mesmo."

Hiper-realizador – Viciado em trabalho e altamente concentrado em sucesso extremo.

"As emoções e relacionamentos atrapalham o meu desempenho. Sou valioso enquanto for bem-sucedido."

Vítima – Usa os sentimentos para conquistar atenção e afeição. Tendência para mártir.

"Ninguém me entende, sou o que sinto. Coisas ruins só acontecem comigo!"

Inquieto – Em constante busca por emoções mais fortes, não fica em paz com a atividade do momento. Vive se ocupando constantemente.

"Não estou satisfeito. A minha próxima atividade tem que ser mais interessante. Por que ninguém consegue me acompanhar?"

Controlador – Necessidade de assumir toda a responsabilidade, centralizador, força os outros a fazerem do seu jeito.

"Ou eu estou no controle, ou fora dele. Logo, tenho que controlar a situação para que tudo transcorra bem e como eu quero. Estou fazendo um favor para todos."

Esquivo – Foco exagerado no positivo e no agradável. Fuga de tarefa e conflitos difíceis e desagradáveis.

"Isso é desagradável demais. Vou deixar de lado e acho que se resolve sozinho. Tenho medo de magoar alguém se eu me meter."

E então, identificou-se com algum desses? Para mim foi libertador, pois me identifiquei e percebi que a vida não era tão fácil assim, mas as soluções eram simples. Vi que minhas falhas do começo estavam escondidas nesses comportamentos. Descobri o que estava me atrapalhando.

A virada definitiva

A partir daí foram só ganhos. Identifiquei meus motivos mais profundos, gatilhos que ativavam hábitos negativos e comecei a mudar e transformar os hábitos necessários. Coisas poderosas foram acontecendo, como transformar o mau hábito de roer unhas (hábito que carregava desde a infância), passei a correr regularmente, voltei a surfar (uma paixão perdida), me tornei *coach* profissional especialista em reprogramação de hábitos, mudei a mente de pagador de contas para investidor, passei a ter um sono reparador e a me alimentar bem sem ser vítima do efeito sanfona. Mudanças são para sempre! Essas e outras mudanças estão acontecendo 24 horas e você pode acompanhar em www.focoprodutivo.com.br. Espero com a minha história ter te inspirado a dar a sua virada e a viver a sua vida acima da média.

5

O *coaching* como ferramenta para a superação

Você se considera uma pessoa feliz? Sente-se realizado em sua vida pessoal e profissional? Como anda o seu humor? Se pudesse separar três momentos maravilhosos de sua vida, quais seriam? E aqueles não tão bons? Se pudesse mudar algo, o que mudaria? O que você quer para si? Responder a essas questões já define o grau de motivação em que você se encontra para se superar e conquistar o que quer!

Ana Slaviero

Ana Slaviero

Palestrante, *coach* de alta performance especialista em carreira e transição de carreira, empreendedora, mentora de *coaches* e escritora. Autora do livro *De freira a coach – Uma história de inspiração e sucesso*. Formada em Administração e Enfermagem, pós-graduação em Gestão Empresarial e MBA em Auditoria em Saúde. *Practitioner/Master* em PNL, *Professional & Self Coaching* (PSC) e Analista Comportamental. Atuou por mais de 25 anos na área da saúde como enfermeira, administradora, consultora e professora, cuidando da vida e saúde das pessoas. Hoje, transforma a vida das pessoas e empresas, por meio dos processos de *coaching*, palestras e cursos na área comportamental, para que conquistem o seu diferencial e os melhores resultados. Com base na sua formação e experiência de vida, vem aplicando, em suas mais de 2.000 horas de atendimentos individuais, seu método próprio, "Os dez passos para a transformação e superação".

Contatos
www.anaslaviero.com
coach@anaslaviero.com
Fanpage: Ana Slaviero Coach
Instagram: anaslaviero_coach
YouTube: Ana Slaviero Coach
Linkedin: https://br.linkedin.com/in/ana-slaviero-coach
(51) 99666-2156

Nas horas de desânimo, precisamos de um *up* para aumentar nossa motivação e capacidade de superação, e é aí que o processo de *coaching* pode fazer a diferença. Excelente aliado para a superação de desafios e mudanças, o *coaching* é uma ferramenta de desenvolvimento humano indicada em qualquer contexto, seja pessoal ou profissional, pois faz uso de técnicas e procedimentos de outras ciências afins, visando maximizar resultados.

Pela aplicação de suas técnicas e ferramentas, é possível mudar comportamentos, eliminar crenças limitantes e alcançar resultados extraordinários. Os benefícios de sua aplicação são inúmeros e vão, por exemplo, do aumento de conquistas pessoais, realização profissional, equilíbrio e harmonia interior até a melhoria da qualidade de vida, equilíbrio entre vida pessoal e profissional, diminuição do estresse e de cargas negativas, autodesenvolvimento e autoestima, passando ainda pelo alinhamento de valores e missão de vida, melhor controle das emoções, etc.

Por meio do processo de *coaching* podem ser obtidos resultados diferentes para a vida pessoal e profissional. Com ele você pode mudar/transformar qualquer área de sua vida, mas por experiência eu afirmo: não há milagres! Em primeiro lugar, você precisa ter consciência do que quer transformar ou mudar em sua vida, com clareza sobre o que quer conquistar. Nesse contexto, entra a inteligência emocional.

Em seu livro, *Primal leadership*, Daniel Goleman, considerado o "pai" da inteligência emocional, sustenta que o processo de *coaching* é um método poderoso para desenvolver a inteligência emocional e cultivar a excelência. Eu, como *coach* comportamental de alta performance, tenho convicção disso. Goleman afirma o seguinte: "Um *coach* ajuda você a descobrir seus sonhos, entender suas forças, proporciona novos entendimentos, traz um grande impacto sobre os outros e nos guia nos passos da aprendizagem". Ao mesmo tempo, se você se mantém fazendo o que sempre fez, com as mesmas estratégias, continuará obtendo o que sempre obteve (ROBBINS).

Todas as experiências e situações que vivenciamos ajudam a criar quem somos e nos moldam, norteando a forma como nos relacionamos e nos compreendemos. O processo de autoconhecimento por meio do *coaching* abre horizontes e confere apoio no sentido de compreendermos quem somos, o que sentimos e desejamos. Assim, aprendemos a desafiar nossas maneiras limitadas e menos conscientes de autoidentificação.

Durante toda a vida, temos a oportunidade de evoluir, em espírito e corpo. Todo problema pelo qual passamos, todas as alegrias que temos, tudo serve para extrairmos algum proveito e evoluir. A vida se baseia em superação e jornada, o que importa é o quanto nos superamos para continuar tocando em frente, como fazemos de cada obstáculo um novo degrau e uma nova janela de oportunidades.

Pensando nisso, a seguir apresento cinco passos para a superação pessoal, embasados em ferramentas e técnicas de *coaching* que vão contribuir para a conquista dos resultados esperados e para transformar seus sonhos em realidade.

Passo 1 – O que eu quero?

O primeiro passo é identificar claramente o que você quer. Use papel e caneta e escreva seu sonho com clareza, o que você quer e tudo o que espera a partir dessa conquista. Nesse ponto, temos algumas situações a avaliar:
- Quais são os resultados que você deseja alcançar em sua vida?
- O que, especificamente, você está buscando no momento atual?
- O que você deseja melhorar, mudar ou conquistar?
- Quando você deseja alcançar estes resultados?

Você já se perguntou os motivos pelos quais algumas pessoas conseguem alcançar seus objetivos e outras, às vezes até com mais preparo, não conseguem? Como fazer? Qual é o segredo? É relativamente simples e, por meio do *coaching*, pode-se trabalhar com um sonho de cada vez. Então, mesmo que você tenha vários objetivos, defina qual é o mais importante e prioritário, comece por ele. Definir objetivos de médio e longo prazo é uma necessidade indispensável para quem quer ser bem-sucedido na vida pessoal e profissional.

Quantas foram as ocasiões em que acreditamos que não éramos capazes de superar os obstáculos e adversidades que surgiram em nossas vidas? Com o auxílio de um *coach* e um trabalho centrado, torna-se simples identificar seus objetivos e torná-los possíveis e realizáveis. O processo de *coaching* é aquela "força extra" que nos ajuda a acessar os recursos internos que estão dentro de nós em qualquer ocasião, facilitando a nossa vida.

Passo 2 – Visualize o estado desejado de seu objetivo/sonho

"Sonhe sonhos grandiosos e, naquilo que sonhar, nisso você se tornará."
(James Allen)

"Você tem que pensar em coisas grandes, enquanto você está fazendo coisas pequenas, de modo que todas as pequenas coisas caminhem na direção certa."
(Alvin Toffler).

Indiscutivelmente somos seres pensantes. Também nosso pensamento é alimentado e potencializado por nossa capacidade imaginativa. A imaginação, visualização e criação de imagens mentais nos permitem projetar o nosso futuro. Podemos antever na mente um determinado resultado ou até visualizar algo, como a casa de nossos sonhos – não há limites para a imaginação. A visualização faz uso da imaginação para que possamos simular da forma mais real possível aquilo que pretendemos que venha a acontecer.

Após identificar seu objetivo, o próximo passo é visualizar o resultado que você quer alcançar em sua mente, como se ele já estivesse presente: quanto mais nítida for essa imagem, mais fácil será sua concretização. Trabalhe no seu sonho imaginando-o. Veja-se e reveja-se nele. Tente simular os sentimentos que virá a experimentar quando alcançá-lo. O que isso mudará na sua vida? Quem vai se beneficiar? Que retorno emocional você terá? Qual o motivo que o leva a querer tornar real esse sonho?

Toda a realização começa na mente. Portanto, o que você vê nela é o que o influencia, é o que o orienta e conduz, ou não, aos resultados desejados. Palavras, pensamentos e imagens positivas potencializam sua mente. Escolha o que pretende criar nela para que isso possa igualmente florescer no mundo real. Clarifique sua visão de sucesso. Exercite diariamente, num momento positivo, a visualização do que quer, mergulhe fundo nos detalhes e sempre finalize seus exercícios de visualização com gratidão. Agradeça como se já tivesse realizado aquilo que deseja.

Quanto mais você praticar, mais bem condicionado seu cérebro ficará e cada vez mais trará os detalhes daquilo que você quer. Quanto mais você imaginar esse desejo, mais real parecerá sua manifestação. Você perceberá que aquilo que anseia é possível, introjetando isso em sua mente. Agora você pode sair e buscá-lo onde quer que esteja, pois no mundo mental isso já é real. Acertar no alvo ou não ocorre, em grande parte, devido à clareza das imagens criadas na sua mente.

Passo 3 – Tenha motivações para superar e conquistar o que você quer

A motivação é uma força que provém de um sentimento que faz com que as pessoas ajam para atingir seus objetivos. Seu termo tem origem no latim *movere*, que significa "mover". É a motivação que fará com que você dê o melhor de si para conquistar o que realmente deseja. A motivação é algo interno, deve, portanto, ser buscada dentro de si. O que o move é o que o faz sentir, e isso está relacionado a seus valores e missão pessoal.

O que o motiva a buscar a superação diante de desafios e obstáculos? Em muitas situações, percebemos que a busca pela satisfação é um fator que nos motiva a sermos melhores e superarmos desafios, porém, também há outros exemplos: a paixão e o reconhecimento pelo que fazemos, a concretização de sonhos, a ajuda a outras pessoas, a criação de um projeto novo, fazendo-nos sentir capazes, etc. Agora eu lhe pergunto: quais são suas reais motivações para você conquistar o que quer?

Superação é uma palavra poderosa; literalmente, significa empreender uma "super ação", ir além das ações ordinárias, dos hábitos cotidianos. Aprender, superar-se e tomar decisões são ações vinculadas à experiência do risco, da mudança e da transformação pessoal.

A motivação interior pode ser alcançada de diferentes formas. Dentre elas, a que proponho está alinhada ao processo estratégico de desenvolvimento, que emprega procedimentos capazes de tornar efetivo e real o seu melhor perfil rumo à conquista de seus sonhos, o *coaching*.

Passo 4 – Consciência da responsabilidade leva à superação

Determinar a responsabilidade sobre um sonho é muito importante, pois o torna algo com potência ainda mais forte para sua conquista. Assumir responsabilidade é uma das melhores medidas do poder e maturidade de uma pessoa. A responsabilidade pode ser identificada por meio da consciência de cada pessoa, e tendo clareza acerca das respostas às seguintes questões: de quem é a responsabilidade para conquistar o que você quer? De 0 a 10, de quanto é a sua responsabilidade para conquistar o seu sonho? O que você responde ante esse questionamento?

Se você responde 10, olhe para o seu entorno, observe nesse contexto o quanto você pode contar com alguém para ajudá-lo no alcance de seu propósito. Se a responsabilidade pode ser dividida, suponha que ela dependa 80% de você e 20% de outras pessoas (amigos, família, rede de relacionamentos, parcerias etc.). Você pode dividir um percentual da responsabilidade, mas sempre é preciso ter consciência de que a maior parte dela será a sua.

O sucesso nasce do querer, da determinação e da persistência. Mesmo muitas vezes não atingindo o alvo, quem busca e vence obstáculos, no mínimo, fará coisas admiráveis.

Passo 5 – Comprometimento 100% resulta em superação

Esta é a última etapa. Avaliar o comprometimento é elementar, pois determina se realmente vale a pena investir tempo e trabalho para atingir o sonho a ser alcançado.

Para avaliar o seu comprometimento com aquilo que você realmente quer, procure responder a seguinte pergunta: de zero a 100%, quanto você está determinado para conquistar o que quer?

Qual é a sua resposta? Seja sincero consigo mesmo. Quem tem mais chance de conseguir o objetivo definido é quem está 100% comprometido ou quem está menos de 100% comprometido? Se você de fato não estiver absolutamente comprometido, dificilmente vai tirar a ideia da cabeça ou do papel para conquistar seu sonho. A partir de agora, pergunte-se constantemente: o quanto eu estou comprometido para transformar o meu sonho em realidade?

É preciso estar 100% comprometido com aquilo que se quer para poder alcançar isso. Você realmente quer que isso aconteça na sua vida (pessoal e/ou profissional)? E se isso acontecer, o que você vai ganhar? Fale consigo mesmo sobre o que de fato você vai ganhar. Eu lhe pergunto: você merece transformar seus sonhos em realidade? Diga! A sua resposta é muito importante para você conquistar o seu sonho, pois precisa se sentir digno disso, então sua resposta tem de ser verdadeiramente: <u>eu sou merecedor!</u>

É o seu grau de comprometimento que determina o seu sucesso ou o seu fracasso. Há apenas duas opções quando falamos de comprometimento: ou você está comprometido ou não está. Quando falamos em comprometimento não existe o artifício de ficar em cima do muro.

Palavras finais

Eu poderia escrever muito sobre técnicas e ferramentas de *coaching*, porém, de nada adianta a teoria se você não assumir o compromisso de mudar e ir em busca do que realmente quer conquistar. Tenha a certeza de que toda mudança é difícil, mas depois a recompensa chega, e aí você sentirá o quanto valeu a pena lutar pelos seus sonhos!

Toda pessoa é capaz de absolutamente tudo o que acredita que possa alcançar, porém é necessário ter consciência de onde se está, de onde se quer chegar, visualizando isso com riqueza de detalhes, tendo motivações, assumindo a responsabilidade, dedicando-se ao máximo, com comprometimento, foco e disciplina para a execução das ações.

Todo processo de superação está relacionado com a ação. E é a ação que produz resultados. O conhecimento é poder potencial até ser transformado em ação efetiva. O *coaching* é um processo transformador em encontro a nossa luz e nossa melhor versão. Eu me sinto honrada e imensamente grata por ter encontrado no *coaching* a minha missão de vida, a minha paixão. Desejo do fundo do meu coração que você realize todos os seus sonhos, celebre muito e seja imensamente grato por tudo!

Saia da sua zona de conforto. Arrisque-se e agarre as oportunidades com fé, força, determinação e persistência, e se supere!

6

Breve história de um casal que realizou um sonho

Sonhos podem ser realizados quando você consegue visualizar o que quer ser ou ter. Uma vez com a imagem clara, resta fazer um planejamento detalhado, realista e com uma priorização das atividades-chave requeridas para chegar à meta. Apoio externo, motivação da família, dos amigos e parceiros podem ser elementos decisivos na realização dos sonhos

Andreas Zehe

Andreas Zehe

Líder, Executivo Sênior com experiência internacional, casado, com filhos, alemão, gosta de pessoas, *coach* profissional certificado pelo Instituto Brasileiro de Coaching e proprietário da Zehe Coaching.
Andreas tem mais de 30 anos de experiência em corporações, mais de duas décadas como líder em funções locais, regionais e globais em empresas europeias e norte-americanas. Viveu e trabalhou na Alemanha, Espanha, EUA, México, Brasil e outros países. Começou como estagiário, trabalhou em vendas e *marketing* e foi escalando os níveis nas empresas que decidiu mudar de rumo após quase dez anos em posições no nível de VP regional, na área Comercial e Finanças e Administração. Durante esse tempo como líder, desenvolveu outros líderes e aprendeu com eles. Andreas é *coach* porque gosta de desenvolver pessoas e atende de forma presencial e *on-line*.

Contatos
contato@azleadercoaching
Facebook: azleadercoaching
(11) 94240-4656

Gabriel mora em São Paulo, tem 29 anos e trabalha há dez na indústria de saúde, na área de vendas. No trabalho está tudo certo, ele já foi promovido um par de vezes e agora é gerente regional de uma linha de produtos. Ele casou no ano passado com Carolina, 25, dinâmica, fez publicidade numa universidade privada na cidade, agora organizadora de eventos que recém começou numa empresa publicitária, acumulando sucessos no mercado.

Gabriel tem um sonho. Ele quer morar fora do Brasil. Esse sonho não é novo. E é um sonho bem legítimo; ele quer conhecer outras coisas, outras culturas. Gabriel já falou para Carolina, já contou para os amigos dele. Mas o sonho não foi em frente...

Um sonho tem mais chance de virar realidade quando ele for mais concreto. Morar fora do Brasil é um sonho; morar em Roma em um apartamento, ter um projeto de emprego de três anos numa empresa que vende produtos farmacêuticos na Itália, é um projeto! Tem que concretizar o seu sonho.

Gabriel aproveita o jantar com Carolina para conversar. Ele está animado e conta as ideias dele sobre viver em Roma, na Itália, para ela. Ele conta o que vai fazer, onde vai trabalhar e o que eles vão fazer nos finais de semana. Só que em vez de chorar de felicidade, Carolina fica assustada – justo agora que o trabalho dela está começando a dar resultado e que ela está assumindo responsabilidades na empresa pequena dela, Gabriel vem com essa ideia de novo. E o que ela vai fazer? E por que Roma e não Lisboa, já que lá se fala português? E por que precisa sair de São Paulo? Não!

Gabriel não entendia nada. A conversa acabou. Ela sempre soube do sonho dele e agora – o que passou? Ele ligou para um amigo para se encontrar no bar da esquina e tomar um chope. O amigo escutou e falou:

— Sonhos são uma coisa legal, são importantes, mas você não está sozinho nesse mundo. Quando você quer realizar o seu sonho, os demais vão te acompanhar e – muito importante – apoiar. Seja o seu parceiro, a sua família, os seus pais, os seus amigos, os seus colegas, sócios, etc. Sonhem juntos e encontrem um sonho em comum. Talvez o seu sonho inicial mude ao compartilhá-lo, mas não importa – segue sendo um sonho legal!

Poucos dias depois, os dois conversaram outra vez. Acontece que Carolina basicamente está aberta para fazer uma experiência em outro país. Ela precisa de mais tempo para pensar, porque não vai sem fazer nada, vai para trabalhar e aprender coisas novas, que sejam úteis para depois usar no trabalho quando voltar. E também quer saber de detalhes: onde, quando, como, dinheiro, moradia, etc.

Você vai concretizando e conversando, acrescentando mais e mais detalhes. Uma vez que você consegue visualizar o seu sonho, sentir como as coisas vão ser quando realizar o sonho, você tem uma base excelente para projetar os próximos passos.

Os dois seguem conversando. O desafio maior é definir o rol de Carolina naquele sonho comum, enquanto isso Gabriel já sabe o que vai fazer – trabalhar em vendas na indústria farmacêutica.

Carolina está passando as noites na internet pesquisando tudo sobre o trabalho de organização de eventos em outros países. Ela está vendo que o trabalho dela também existe em outros países e começa a se empolgar com a ideia de sair. Os dois já concordaram que vai ser um país europeu de língua latina – português, espanhol, italiano. Ela decide falar com uma amiga que tem contatos com brasileiros na Europa.

Agora você já sabe mais sobre o que quer fazer. A sua ideia está cada vez mais robusta. Chegou a hora de consultar os *experts* – pessoas que já fizeram o que você quer fazer, para validar a sua expectativa com a realidade de outra pessoa.

A amiga da Carolina fez o contato com o amigo Rafael. A conversa via Skype estava muito boa. Ele mora na Espanha e trabalha numa empresa no setor automobilístico e disse o seguinte: "Ir viver na Europa é uma excelente ideia. As coisas funcionam de uma forma diferente, mas dá para aprender e se encaixar – basta vir com a mente aberta, muita flexibilidade e o visto".

Cada projeto apresenta desafios, obstáculos que à primeira vista não têm solução. É bom e importante conhecer esses desafios cedo no projeto, porque permitem organizar o seu trabalho de forma que esses desafios recebam suficiente atenção desde o começo. Agora não é o momento de abandonar o sonho, mas para aceitar os desafios, entendê-los e fazer um plano!

Gabriel e Carolina marcaram um horário em cada um dos consulados dos três países, Portugal, Espanha e Itália, e receberam uma lista com os pré-requisitos para obter o visto e a permissão de trabalho. Eles estão vendo que de fato para ter a permissão do trabalho você precisa ter um trabalho.

De repente, o trabalho virou o desafio #1 para a realização do sonho deles.

Chegando em casa, Carolina pegou uma folha grande de papel e colocou na forma de paisagem sobre a mesa. No canto superior direito, ela escreveu: "Contrato de trabalho". No canto oposto, ela escreveu "Início", e colocou abaixo, em letra pequena, a data de hoje. Ao final, ela desenhou uma linha desde a palavra "Início" até a outra, com uma seta ao final. Ela acabou de desenhar a linha padrão para o projeto do sonho do casal – obter um trabalho na Europa.

Quando você tem claro o que precisa ser feito para realizar o seu projeto, começa a colocar a tarefa mais importante num papel e começa a definir as etapas retroativas (começando da meta para trás, até o início). Divide o desafio grande em muitos pequenos. Analisa cada um e começa por ordem de importância, dificuldade e volume de tempo estimado para a sua conclusão.

— Eu não faço ideia – disse Gabriel – de como vou encontrar um trabalho sem saber onde, o que e em que empresa. Carolina ficou sentada na mesa, olhando fixamente no ponto final da linha. Ela já tinha pesquisado algumas informações e decidiu abrir novamente o computador. No Google, ela procurou empresas europeias de publicidade que trabalhavam com o Brasil. Ao mesmo tempo, olhou todas as empresas brasileiras que têm atividades comerciais na Europa. A lógica dela era que se havia empresa de lá trabalhando aqui e vice-versa, bastaria visitar essas empresas e se apresentar.

Quando você está tentando começar a trabalhar no seu projeto, mas não sabe como, busque ajuda para facilitar o primeiro passo.

Na tarde do mesmo dia, Carolina fala com o diretor dela, o Márcio, que quer saber se tudo está bem, como andam os projetos e também para parabenizá-la pelo bom trabalho que ela está fazendo. Quando ela começa a falar do projeto deles e dos desafios para poder sair do país por alguns anos, ele escuta de forma atenta e interessada, e faz perguntas sobre o projeto. No momento em que Márcio quer saber como ela vai encontrar um trabalho lá, ela pergunta: — A empresa tem contatos com outra publicitária, na França, certo?. — Sim – disse Márcio. — Posso aproveitar esse contato de alguma forma para identificar uma posição em aberto que demanda o meu perfil? — Não sei, mas eu vou ver – responde o chefe. — Você trouxe o seu currículo, o seu perfil profissional, seus pontos fortes e pontos de interesse, a sua expectativa?

Em qualquer momento, esteja consciente dos seus pontos fortes e de desenvolvimento. Saiba o que você quer e o que não. Mesmo após ter identificado o desafio principal, antes de sair, tenha uma ideia dos desafios relacionados. Pense em tudo!

Carolina estava brava com ela mesma. Ela conseguiu abrir uma janela de oportunidade para realizar o sonho comum dela e de Gabriel, mas ela não estava preparada para responder as perguntas óbvias (o que você quer fazer lá? Quais são os seus pontos fortes?). Chegou em casa e começou a desenvolver toda a documentação. Gabriel disse: — Amanhã eu falo com o meu chefe para que ele me dê os contatos necessários na Europa, para que me consigam um trabalho lá.

No dia seguinte, ele pediu para falar com William, o seu chefe. Quando os dois estavam juntos e Gabriel fala dos planos deles, William diz: — Muito bem, você já tem data de quando vai pedir as contas? Gabriel ficou sem palavras, pois havia esperado uma reação bem diferente, algo como "muito bom, parabéns, posso ajudar você? Posso acionar meus contatos lá na casa matriz para ajudá-lo?". Mas não foi assim

Estude as ações dos demais, mas tenha cuidado ao copiar. O que funciona bem para um pode ser venenoso para o outro.

O casal ficou na cozinha e Carolina ouviu a história sobre William. — Bom – ela diz — Então vamos nos preparar. Pegou o papel e começou a desenhar tudo o que precisava ser feito entre hoje e o momento de iniciar um emprego novo num país na Europa. Eles colocaram coisas relacionadas à mudança, o que eles iam fazer com o apartamento deles, com os carros, enfim. Naquela noite montaram um plano completo de tudo o que precisava ser feito para poder se mudar para outro país.

Você tem que elaborar um *master plan*, onde coloca tudo que precisa ser feito e resolvido para alcançar a sua meta, realizar o seu sonho. Não se preocupe, melhor escrever demais com detalhes do que faltar informação. Pense sobre cada item na sua lista e decida como vai resolver, quem ou o que pode ajudar para fechar cada uma das pendências. Priorize itens que são muito importantes ou pré-requisitos para que outras possam acontecer. Existem momentos quando outra pessoa realmente pode e quer ajudar, mas o seu plano deve estar baseado em si mesmo e no que vai resolver sozinho.

Quando Carolina entregou os documentos dela a Márcio, ele disse: — Veja bem; você escreveu o que te destaca aqui – mas o que te destaca na Europa? Ela entendeu o que o chefe dela quis dizer; tem uma diferença entre o que faz uma pessoa especial aqui e o que faz lá. Mas o que era isso?

Se o seu sonho inclui alguma mudança de lugar, seja geográfico ou dentro de uma empresa, chegou o momento de ir até lá para entender como vai ser. Saiba também que você vai precisar de algum tipo de ajuda para que dê certo.

Carolina disse em casa que precisa fazer uma viagem para ter uma impressão de primeira mão. Ela queria entrevistar um par de empresas para entender o que faltava para ser competitivo lá. Gabriel, que já entendeu que o sonho dele foi completamente adotado pela esposa, concordou.

No escritório, Márcio concordou também: — Sim, e você vai saber se está preparada para ir agora, ou em algum tempo. Eu vou ajudar você – disse. — Vou ver se consigo fazer um contato com o meu par lá em Paris para que receba você e lhe mostre o mercado.

São nove da manhã em Paris, horário local. Ela vai para a empresa, onde o parceiro do Márcio, o Luiz, a recebe. Ele disse num português bastante sofrido: — Você precisa nos trazer ideias que nós aqui não temos. Você precisa nos trazer um ritmo de trabalho diferente. Você precisa fazer as perguntas que nós nos esquecemos de fazer. E por último, você tem que passar confiança de que vai fazer o seu trabalho bem feito. — Como devo fazer isso? – perguntou Carolina, que já ficou animada. — Não sei, mas me mostre o seu trabalho.

Luiz gostou das peças de trabalho que Carolina mostrou no *iPad* dela. Ele decidiu levá-la para visitar um cliente, para que "ela pudesse sentir o pulso da rua". Ela ficou feliz em ter essa oportunidade. À noite ela falou com Gabriel e contou tudo o que havia visto até o momento: — A visita com o cliente funciona da mesma maneira que em casa, mas é bem mais curta e direta. As pessoas são agradáveis, mas nem todos falam inglês, e quase ninguém português. Então eu não consegui entender muito. Isso vai ser uma das coisas que precisamos enfrentar, Gabriel – disse ela. — Temos que aprender a língua, quanto mais rápido, melhor.

Após dois dias de visita a clientes em Paris e de ter acompanhado as reuniões internas, o Luiz lhe diz: — Amanhã vamos sair cedo de trem e ver outra agência na Holanda, em Amsterdã. Saindo às seis, chegando às oito, eles vão para o escritório da agência num parque de escritórios perto da capital holandesa. Luiz abraça Piet, o proprietário da empresa. Ele apresenta Carolina: — Essa é a pessoa de quem te falei. Converse com ela – e deixou os dois sozinhos.

Ao final, três meses após sua chegada a Amsterdã, Gabriel está trabalhando como representante de vendas numa farmacêutica. O fato de Carolina ter um trabalho fixo numa agência de publicidade local, já bem antes de pisar em chão holandês, ajudou muito na hora de alugar um apartamento e abrir as diferentes contas de banco e contratar serviços como *internet*, água, gás, luz, etc.

Sonhou – concretizou – conversou – visualizou – organizou – planejou – realizou.

7

Desperte o poder interior, transforme sonhos em realidade

Existe um poder dentro de você que o faz mover em direção aos seus sonhos, como um combustível no automóvel com motor potente, que o leva para onde quer ir. Você é o condutor do veículo que é a sua vida e determinará o caminho a percorrer. Quanto mais combustível no tanque, mais longe chegará. Esse poder interior, "combustível", é fundamental para sentir-se empoderado e seguir seu destino confiante naquilo que decidiu realizar

Carla Lourenço

Carla Lourenço

Administradora diplomada pelas Faculdades Integradas do Brasil, especialista em desenvolvimento humano, palestrante, *coach* profissional pelo Instituto Brasileiro de Coaching (IBC), certificada pela European Coaching Association (ECA) e Global Coaching Community (GCC). Presidente da AMPEC Curitiba Norte (Associação de Micro e Pequenas Empresas e de Empreendedores Individuais de Curitiba). Analista comportamental com instrumento *Coaching Assessment*, certificada pela Global Coaching Community (GCC) e Behavioral Coaching Institute (BCI). *Practitioner* em Programação Neurolinguística com Hipnose certificada pelo International Association of NLP Institutes. Foi assistente de André Percia, NLP *Master Trainer, Mastercoach Trainer, Design Human Engineer* no curso *Practitioner* em Programação Neurolinguística com Hipnose. Criadora do método SER e do projeto "Mulheres Empoderadas". Desenvolve trabalhos de desenvolvimento pessoal, profissional, competências comportamentais, empoderamento e crescimento nos empreendimentos. Realiza sessões de *coaching* presencial individual e em grupo em Curitiba-PR e via *Skype* para todo o Brasil e brasileiros no mundo todo.

Contatos
carlalourenco.com.br
coachcarlalourenco@hotmail.com
Facebook: coachcarlalourenco

"Se podemos sonhar, também podemos tornar nossos sonhos realidade."
Walt Disney

Você tem um sonho que ainda não realizou?

Qual é o seu sonho? Pense no seu sonho agora, veja, ouça e sinta o prazer da conquista e de poder celebrar este momento tão especial, imagine como se estivesse acontecendo neste exato instante, perceba todos os detalhes da conquista e me diga como seria para você agora viver e experimentar este momento?

Penso que você conseguiu imaginar seu sonho e até sentiu vontade de vivê-lo agora porque é simplesmente sensacional conquistar o que queremos e como conseguiu imaginar, então, esta leitura é para você porque certamente é capaz de tornar seu sonho realidade, assim como diz a frase do Walt Disney citada acima, exemplo de que realmente é possível, e ter sonhos é essencial, pois são eles a base para nossas realizações.

O *coaching* é uma metodologia mais eficaz de desenvolvimento humano criada especificamente para ajudar o *coachee* a realizar sonhos com o propósito de acelerar os resultados num curto espaço de tempo de maneira segura e confiável, é um processo de transformação do estado atual para o estado desejado que utiliza ferramentas e técnicas poderosas que produzem mudanças significativas na vida das pessoas e empresas.

O que ainda o impede de conquistar?

Sabemos que é possível conquistar e que muitas pessoas como você já realizaram seus sonhos, mas o que ainda te mantém nesta situação? O que ainda falta em você para realmente fazer acontecer e tornar realidade? Já se perguntou por que alguns conseguem e outros não? Imagino que você conheça pessoas que realizaram seus sonhos e outras ainda não, pense nelas agora e perceba, qual a diferença internamente entre elas? Por que umas conseguem e outras não? Será que é "sorte" ou é algo que acontece internamente que as faz seguirem seus caminhos e conquistarem resultados extraordinários?

Entre o estado atual e o estado desejado existe um caminho a ser percorrido, e entre onde está e aonde quer chegar há diversos fatores internos e externos que podem contribuir para facilitar ou dificultar o caminho a ponto de fazê-lo se sentir insatisfeito, frustrado, desorientado, perdido, sem vontade e até mesmo desistir de lutar, impedindo o alcance da realização dos seus sonhos.

Há alguns anos, eu estava nessa situação, me sentia frustrada, perdida, bloqueada, sem saber para onde ir e muito menos como fazer para conquistar meus sonhos. Tudo isso fazia sentir-me insegura diante dos desafios que enfrentava na época, o que impedia o meu avanço, pois estava sem forças para lutar, posso dizer que dentro de mim faltava algo para seguir minha jornada de maneira satisfatória.

O que faz alguns desistirem e outros lutarem por sonhos?

Vou usar a metáfora do automóvel para entender melhor. Pense agora, você sabe o que faz um automóvel sair de onde ele está e ir para onde quer chegar? Aposto que você respondeu "combustível", muito bem, você acertou, este automóvel pode ter um motor potente como de uma Ferrari, porém, a falta de combustível faz parar, estacionar, até que coloque novamente o combustível dentro do tanque e saiba que a quantidade determinará até onde pode ir, quanto mais combustível, mais longe vai.

Com os anos de experiência como *professional coach*, observando e analisando os comportamentos dos meus *coachees*, percebi que existe algo em comum que impede a conquista dos sonhos das pessoas, um certo padrão, e isso me fez estudar ainda mais sobre o *mindset* (modelo mental) e comportamento humano, e descobri a solução para conquistar sonhos de maneira eficaz.

Já observou as pessoas bem-sucedidas? O que elas acreditam sobre si mesmas e sobre a vida? O que faz com que as pessoas de sucesso continuem persistindo, mesmo quando parece que está dando tudo errado, como muitos homens de sucesso na história, que só conseguiram conquistar seus sonhos, porque se mantiveram persistindo e acreditando, como Thomas Edison? Quantas experiências ele fez para inventar a lâmpada elétrica? Foram muitas, e eu te pergunto: que força é essa que o fez continuar persistindo nesta ideia, sem desistir?

E você, o quanto realmente está disposto e comprometido na realização do seu sonho? Será que está convicto de que chegará aonde quer chegar? Ou percebe que ainda falta "combustível" para isso? Acredito que dentro de Thomas Edison existia uma força interior que o mantinha focado em seu objetivo e que acreditava que certamente, a qualquer momento, ia conseguir. Agora imagine se ele não acreditasse nele mesmo e no seu objetivo de inventar a lâmpada elétrica e tivesse desistido? Gratidão a ele por persistir e acreditar, pois isso proporcionou muitos benefícios a ele e ao mundo todo.

Mediante toda observação, percebi que essa força que faz as pessoas continuarem é o poder interior, o "empoderamento", conhecido como *self-empowerment*, e esse poder interior ajuda no fortalecimento, a assumir o controle da vida e a fazer escolhas mais positivas, porque empoderar-se é ser quem realmente é, de forma que tenha um maior autoconhecimento e autoconfiança para ir em direção aos objetivos, de maneira que não prejudique ninguém e, principalmente, a si mesmo.

E por meio dos estudos, percebi que a maioria das pessoas que não tem essa força carece de alguns fatores internos importantes para continuar firme e forte em seu objetivo de alcançar o resultado esperado, como: clareza no que realmente quer, missão ou propósito de vida, autoconhecimento, força de vontade para sair da zona de conforto; conhecer seus próprios valores, crenças fortalecedoras, autoestima elevada, persistência, autodisciplina, autoimagem, entusiasmo, ação imediata e autoconfiança.

O que a falta do empoderamento causa na vida das pessoas?

Existem três elementos fundamentais na composição do combustível que gera o empoderamento, e observando a falta desses três elementos na vida das pessoas ocorrem inúmeras consequências como: medo, insegurança, indecisão, baixa produtividade, má gestão do tempo, desorganização mental, conflitos nos relacionamentos, desvalorização, incapacidade, frustração, limitação, apego, autodestruição, necessidade de aprovação e reconhecimento, carência, dependência, tristeza, culpa, insatisfação, angústia, ansiedade, procrastinação, entre outros que podem dificultar a conquista do objetivo ou até mesmo fazê-lo desistir de realizar o sonho desejado. Portanto, se perceber que está sentindo algo negativo, faça algo para mudar esse cenário, comece a praticar as dicas para elevar o empoderamento como veremos mais adiante e busque um profissional qualificado que use as ferramentas poderosas do *coaching* e da PNL, para acelerar o processo de transformação e do empoderamento.

Como despertar o poder interior e realizar sonhos?

Antes de dizer como despertar o poder interior para transformar seu sonho em realidade, quero compartilhar como aconteceu o meu despertar.

Um belo dia me vi diante de uma grande oportunidade de mudar a história da minha vida para melhor, tomei a decisão de vivenciar o poderoso processo de *coaching*. Com isso, descobri minha verdadeira essência, mergulhei no mais profundo EU buscando respostas dentro de mim e elevando minha autoconfiança de forma empoderada para seguir esta nova jornada que hoje faz todo sentido para mim. Tudo mudou quando o meu mundo interior mudou, e esse é o segredo do sucesso, mudar de dentro para fora, despertando seu poder interior e mantendo constantemente o empoderamento. Acredito muito no processo de *coaching* com PNL porque aconteceu comigo a transformação, e hoje é muito gratificante viver meu propósito e ser um instrumento para transformar vidas, contribuindo para um mundo bem melhor com a intenção de despertar o potencial infinito das pessoas e elevar a autoconfiança de ir além e realizar seus sonhos.

O cenário que experimentei lá atrás ainda é comum na vida das pessoas, quase toda a humanidade vive o dilema que eu vivi, se não tem o que quer, sofre, e se tem o que quer, continua sofrendo, sentindo insegurança, medo de avançar ou até mesmo algo desconhecido. Em razão disso, muitas pessoas, inclusive mulheres empreendedoras, me procuram, pois não conseguem ir adiante em seus planejamentos, projetos e sonhos, por terem a sensação de estar perdidas ou paralisadas como se tivessem um freio de mão puxado. Decidi ajudá-las a despertarem o potencial infinito, elevarem a autoconfiança, empoderando-as e transformando seus sonhos em realidade, por meio de técnicas e ferramentas poderosas de *coaching* e PNL.

No projeto "Mulheres Empoderadas" utilizo o método SER, que criei para potencializar ainda mais os resultados no desenvolvimento de competências comportamentais dos profissionais, pois sabemos que as pessoas são contratadas pelas competências técnicas e demitidas pelas competências comportamentais, além de utilizar nos demais trabalhos de *coaching* em que eu atuo de forma presencial, pelo Skype e em grupo.

É importante saber que o empoderamento é fundamental para a realização, seja por questões pessoais e profissionais, como carreira, relacionamento amoroso, emagrecimento, aumento da produtividade e dos lucros da empresa, reconhecimento no trabalho, abertura de um negócio, entre outros objetivos, e que pode acontecer por meio dos três elementos poderosos que compõem o combustível necessário, denominado "Tríade do Empoderamento", que eu desenvolvi ao longo da minha jornada como *professional coach*, estudando, observando e analisando os pensamentos, sentimentos e comportamentos em 100% dos *coachees*. A intenção é potencializar ainda mais os resultados de maneira eficaz e ajudar pessoas que desejam vencer suas limitações, como medo, insegurança, crenças limitantes sobre identidade, capacidade e merecimento, desânimo, inércia, baixa autoestima, visão distorcida de si mesmo, falta de amor-próprio, procrastinação, entre outras limitações que as impedem de se posicionar como vencedoras, de se sentirem autoconfiantes e realizarem seus sonhos.

Saiba que esses sentimentos e comportamentos são autodestrutivos, e acredito que ninguém age dessa forma conscientemente, uma vez que os sentimentos e comportamentos autodestrutivos são guiados por fatores inconscientes e precisam ser alterados com urgência por meio do seu *mindset*. Tudo está em nossa mente e não adianta mudar a atitude se o modelo mental continua o mesmo, pois o comportamento anterior pode retornar, e o que acreditamos conscientes e, principalmente, inconscientemente trazemos como verdade para nossa vida e, em razão disso, muitas pessoas não conseguem chegar aos seus objetivos.

À medida que for lendo, perceberá o quão é importante o empoderamento, e toda vez que ver, ouvir e sentir sobre o seu sonho na televisão, rádio, jornal, revistas, vai se lembrar do quão poderoso é o empoderamento e dirá "Isso é incrível! Eu realmente preciso despertar dentro de mim, caso eu queira transformar meu sonho em realidade".

Tenho certeza de que com esta leitura você descobrirá como fazer para potencializar ainda mais o que já existe dentro de si, despertar o seu potencial infinito e sentir-se mais confiante para vencer os desafios do dia a dia.

Na ilustração abaixo, apresento a você, de forma resumida, a solução que encontrei para ativar o empoderamento de maneira eficaz, a "Tríade do Empoderamento", que está dentro do método SER. Por meio de ferramentas e técnicas poderosas do *coaching* e da PNL, faz-se uma busca profunda do autoconhecimento, elevando a autoimagem e a autoestima de maneira equilibrada. Na dosagem certa, gera a autoconfiança, se transformando no empoderamento, acreditando mais em si mesmo e com um espírito inabalável, desenvolvendo cada vez mais a vontade de ser, fazer e ter o sucesso, traçando estratégias inteligentes e poderosas, ultrapassando limites e vencendo desafios, que podem aparecer no meio do caminho para conquistar seu sonho, seu propósito, seu objetivo e suas metas, na certeza de chegar ao alvo e obter resultados extraordinários.

Tríade do empoderamento

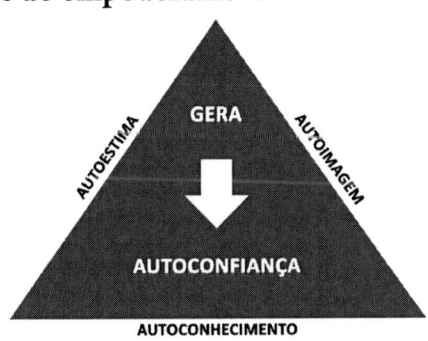

A Tríade do empoderamento é sustentada por três pilares poderosos que ajudarão a gerar a autoconfiança e a transformar o empoderamento constantemente; são três elementos fundamentais para ativar a força, o combustível dentro de você.

Veja o que diz a Bíblia, a sagrada escritura, sobre a confiança:

Em Hebreus, capítulo 10, versículo 35, diz: "Não abandoneis, portanto, a vossa confiança; ela tem grande galardão". Saiba que a palavra "galardão" quer dizer "recompensa", "o prêmio", e qual é a recompensa que você quer ter? Imagine como seria receber a sua recompensa por manter a confiança acesa dentro de você, acreditando seguramente na sua vitória.

Penso que esse versículo quer dizer que para conquistarmos o que desejamos, é necessário carregar dentro de nós a confiança, seja onde estivermos ou em qualquer situação, e jamais deixar de confiar no Deus que existe dentro de nós, porque Ele não entrega nada em nossas mãos sem saber que somos capazes de realizar. Se você tem um sonho em seu coração, é porque Ele sabe que é possível realizar, mas, para isso, também é necessário fazer a sua parte, confiar em si mesmo para pensar, falar, sentir e agir de forma confiante. É essa confiança que te faz despertar o poder interior, sentindo-se empoderado, que aciona o sistema de partida sendo o combustível essencial dentro do automóvel incrível com motor potente que é você, impulsionando-o em direção a grandes conquistas.

O primeiro pilar essencial é o autoconhecimento, é a base que sustenta os outros dois pilares, equilibrando essa trindade, e não permite o desmoronamento e te mantém firme e forte. Por meio do autoconhecimento, você será conduzido a uma autoanálise profunda dentro de si, com perguntas poderosas que levarão à descoberta, conscientização, libertação e transformação.

Cinco dicas valiosas para potencializar o autoconhecimento:

1. Pratique meditação;
2. Busque respostas dentro de você;
3. Identifique seus sentimentos; caso sejam negativos, faça algo que mude para sentimentos mais positivos, como amor, alegria e gratidão;
4. Perceba quais crenças limitantes contribuem para estar neste estado desagradável e transforme em crenças fortalecedoras;
5. Escreva no papel o que verdadeiramente quer para sua vida.

O segundo pilar é a autoimagem, é um combustível indispensável para os resultados porque a maneira como nos vemos em relação a nossa própria identidade, capacidade, crenças, valores e merecimento, faz toda a diferença para que haja a conquista, uma vez que nossa percepção a traz como realidade, e a grande maioria das pessoas tende a ter uma imagem distorcida de si em razão de alguns rótulos que lhe foram impostos desde criança.

Aqui é bem importante remover as crenças limitantes de identidade, capacidade e de merecimento, e ter um novo olhar para si mesmo, buscando ver a sua verdadeira essência, suas capacidades e seus talentos.

Cinco dicas incríveis para elevar a autoimagem:
1. Olhe-se no espelho, olho no olho, e diga a si mesmo: "Eu estou disposto a mudar e ver a beleza que existe em mim, eu me amo, me aceito, me perdoo e mereço viver o meu melhor agora";
2. Liste suas qualidades e capacidades;
3. Identifique os rótulos que colocaram em você e jogue no lixo;
4. Faça afirmações constantemente da nova crença positiva de você;
5. Mude seus pensamentos e sentimentos negativos em relação a si mesmo para positivos.

Saiba que a qualquer momento você pode decidir se ver de forma diferente. Como você quer se ver para chegar ao objetivo? Lembre-se de que é de dentro para fora, pois não adianta buscar fora aquilo que está dentro de você, portanto, mude aí dentro, pois existe uma joia preciosa em você que está escondida e agora é hora de ter coragem e revelá-la, perceba que o tempo todo ela esteve aí e que pode agora mostrar para o mundo essa beleza, esse tesouro escondido.

O terceiro pilar é a autoestima, uma aliada para o sucesso. A autoestima é um dos combustíveis poderosos para o empoderamento pessoal e profissional, porque ela é um dos fatores-chave determinante do seu sucesso ou fracasso. Com a autoestima baixa, a tendência é uma menor produção, sem vontade de realizar, e quando está elevada, é possível perceber o próprio potencial infinito e que é a pessoa mais preciosa que existe. Com essa percepção, vai surgindo o amor-próprio, a autovalorização, o autorreconhecimento, a autoconfiança, entre outros sentimentos maravilhosos que te fazem seguir em frente. Com a autoestima elevada, não depende da opinião de outras pessoas para estar de bem consigo mesmo, e esse sentimento é maravilhoso, porque você se desapega da dependência do outro e vive a vida de forma melhor.

Desperte aquela vontade de ir em direção ao seu objetivo para chegar num curto espaço de tempo, para degustar o quanto antes os prazeres da conquista.

Sete dicas poderosas para maximizar a autoestima:
1. Faça uma lista das coisas que tem e seja grato;
2. Pratique amor-próprio, autovalorização e autorreconhecimento;
3. Faça algo diariamente que lhe dê prazer;
4. Invista em bons relacionamentos;
5. Pare de se comparar com outras pessoas;
6. Evite pessoas negativas;
7. Seja positivo e socialize.

Já pensou como seria despertar o poder interior e sentir-se empoderado para transformar seu sonho em realidade?

Imagino que seria incrível sentir o seu potencial infinito de ir além, autoconfiante, disposto e com muita energia e vontade de vencer, porque sabe o que quer e isso o direciona, como o GPS do automóvel o leva ao seu destino de forma segura e com espírito inabalável. Imagine agora a sua felicidade, satisfação e realização ao ver, ouvir e sentir as pessoas o parabenizando pela conquista, isso é maravilhoso.

Percebeu o quanto esses combustíveis vão te ajudar e o quanto o empoderamento é poderoso? Neste momento, como se sente em relação ao empoderamento? Sente-se empoderado ou percebe que ainda falta combustível para seguir a sua jornada? Quer agora fazer uma autoanálise? Dê uma nota de 0 a 10 para o seu autoconhecimento, autoimagem e autoestima. Podemos utilizar o critério de que 0 é ruim, 5 é bom e 10 é excelente. Qual foi a nota que você se deu? E a sua autoconfiança? Essas notas são excelentes ou percebe que ainda precisa elevar cada uma para conquistar o que deseja? Agora que já sabe a importância do empoderamento para a conquista dos seus sonhos, eu te pergunto: de quem depende tornar seus sonhos em realidade? Aposto que já está com muita vontade de elevar mais ainda o autoconhecimento, a autoimagem e a autoestima para ficar mais autoconfiante, empoderado, entusiasmado, disposto e determinado, e que tenha respondido "eu", porque agora é com você.

"Independentemente do que está sentindo, levante-se, vista-se e saia para brilhar."
Paulo Coelho

Você nasceu para vencer, vencedores jamais desistem de ir em direção à realização dos seus sonhos, então empodere-se! A frase de Paulo Coelho é poderosa porque é exatamente desta maneira que deve agir, independentemente de como está se sentindo, deve se levantar, se vestir do seu sonho e sair confiante na certeza de que nasceu para brilhar e vencer, você tem um potencial infinito, ouse ir além.

Confie em você e na força maior que vem de Deus, erga a cabeça e siga confiante na certeza da sua vitória, pois coisas incríveis vão acontecer na sua vida. O que está esperando? Saia da zona de conforto, o tempo está passando, e quanto mais tempo você levar para decidir, mais tempo vai levar para conquistar o que quer, então, aja agora!

Acorde desse pesadelo e comece a viver a vida que deseja em abundância, traga a responsabilidade para si e seja o condutor da sua vida, então, levante-se agora, deixe de lado todas as desculpas e esteja realmente disposto a conquistar seus sonhos, liberte-se do que te impede de avançar e aumente a quantidade de combustível, porque agora é a hora da virada. Desperte o poder interior, organize sua vida, supere desafios e realize seus sonhos.

Você não está sozinho nesta jornada, conte comigo e se dê a chance de descobrir o seu potencial. Imagine agora que eu estou segurando sua mão, perceba toda a energia necessária para sentir-se seguro, confiante, com coragem e empoderado para ir em frente e vivenciar coisas que ainda não experimentou sentindo amor, prazer, alegria, satisfação e gratidão.

8

Desenvolvendo sua riqueza com propósito

Você deseja ter dinheiro? Sua resposta provavelmente é um "SIM" com todas as letras maiúsculas. Mas, para que você precisa dele? Desenvolver sua riqueza com propósito pressupõe entender que o trabalho é bem diferente de apenas ocupar seu tempo em troca de remuneração. Se você já se sentiu assim, descubra os passos práticos para fazer hoje a sua hora da virada

Carlos Eduardo Bacelar

Carlos Eduardo Bacelar

Coach especialista em finanças e investimentos. Atua ainda como palestrante, escritor e investidor na bolsa de valores. É especialista em Gestão das Organizações pelo Instituto Superior de Gestão (em Lisboa – Portugal) e graduado em engenharia de produção. Já conta com mais de dez anos de experiência como consultor, tendo contribuído para a transformação de milhares de vidas e negócios. É ainda *master coach* formado pela FEBRACIS, com reconhecimento pela Florida Cristhian University (FCU - EUA). Fundou a Valute Finance Consulting, uma instituição que tem como missão "contribuir para que as pessoas sejam livres financeiramente". Transforma a vida de pessoas por meio de cursos, palestras, *coaching* e seminários imersivos, que aliam conhecimento, razão e inteligência emocional para desenvolver uma verdadeira riqueza com propósito. Atua ainda com a formação integral de investidores e *traders* de alta performance.

Contatos
www.valute.com.br
c.eduardo@valute.com.br

Para que você precisa ter dinheiro? Qual o seu propósito em ganhar dinheiro? Espero que não seja o seu caso, mas a maior parte das pessoas nem sequer entende exatamente por que precisa de dinheiro. Não entendem o que significa ter uma riqueza com propósito.

Há algum tempo, um cliente de *coaching*, que chamaremos de João, apresentou alguns sintomas de uma vida sem propósito. Em uma das sessões, perguntei o que ele fazia profissionalmente. Sua resposta foi que trabalhava no setor de logística de uma grande fábrica, mas que estava completamente esgotado física e emocionalmente. Neste momento, decidi ir mais a fundo e fiz mais algumas perguntas a ele.

— Há quanto tempo você realiza essa mesma atividade?
— Há cerca de 15 anos estou na mesma empresa, já passei por alguns setores diferentes, mas basicamente venho me sentindo da mesma forma ao longo desse tempo.

A pergunta seguinte o deixou visivelmente desconfortável: "Se essa ocupação o esgota, por que você continua fazendo isso?" A resposta dele: "Pelo dinheiro... tenho que pagar minhas contas, suprir minha família... para poder viver".

— E para que você precisa viver?
O silêncio tomou conta da sala por alguns segundos.

Esse é o tipo de pergunta que demanda uma clara percepção de propósito, de visão. Sem dúvida alguma, a maior parte da população nunca pensou sobre isso e, portanto, não consegue ter a clareza necessária para respondê-la. É evidente a necessidade que temos de nos vestir, comer, ter uma moradia, desfrutar de lazer, etc., mas certamente a vida é mais do que ganhar dinheiro para subsistir.

Apesar de frequentemente confundidos um com o outro, existe uma grande diferença entre trabalho realizado com um propósito e a mera ocupação em troca de dinheiro.

A definição de trabalho dada pelo dicionário é um "conjunto de atividades produtivas ou intelectuais exercidas pelo homem, para gerar uma utilidade e alcançar determinado fim". Portanto, trabalho está diretamente relacionado à relevância do indivíduo. Essa simples definição torna evidente que nem toda ocupação remunerada pode ser chamada de trabalho.

Em busca do propósito

A grande característica que define quando o trabalho vai além de uma mera ocupação é o vínculo ao nosso propósito pessoal de vida. Todos somos vocacionados a utilizar dons, talentos, habilidades, conhecimentos, valores e emoções a fim de nos percebermos úteis àqueles ao nosso redor. Convivendo profissionalmente com tantas pessoas ao longo dos últimos anos, percebo que cada pessoa tem dentro de si os desejos e talentos que facilitam o exercício do seu propósito.

O propósito é traduzido pela visão, ou seja, a capacidade de ver a linha de chegada, mesmo ainda estando no ponto de partida. A visão está intrinsecamente ligada a quem somos, portanto, considera os padrões de personalidade, comportamentos, preferências pessoais, a forma como comunicamos, pensamos, sentimos e experimentamos o mundo, e todos os demais aspectos que nos tornam seres singulares. O famoso psicólogo Viktor Frankl corrobora sobre a singularidade do propósito do indivíduo ao afirmar que precisa e pode ser cumprida somente por aquela determinada pessoa.

Nossas atividades, incluindo as de cunho profissional, não se constituem ações isoladas das pessoas ao nosso redor. O tempo todo somos influenciados pelo meio e repercutimos em toda a comunidade. Esse é um engano comum, buscar cegamente uma satisfação pessoal, desconsiderando o outro. O escritor Craig Hill explica bem isso:

> Para muitos, hoje, o caráter tem sido substituído pela conveniência. O valor da abnegação, que existia no passado, tem sido trocado em grande escala pelo valor da satisfação pessoal. A falta de uma forte noção de propósito e de destino produz o foco em si mesmo, o sentimento de vazio e a falta de realização na vida.

Remuneração financeira não é um item que compõe a definição de trabalho, mas tão somente a utilidade e um dos resultados da atividade em si. Aqui surge uma questão, pois, ainda que façamos com excelência algo pelo qual nos sentimos genuinamente vocacionados e que seja útil para o mundo, sem a devida recompensa financeira não há como gerar riqueza.

Em busca da riqueza

Para falar sobre riqueza, ocorre-me que alguns costumam dizer que seu principal problema é a falta de dinheiro. Dizem que não conseguem desenvolver grandes ideias e negócios, por não disporem dos recursos financeiros necessários para isso. Estou convencido de que isso é um autoengano. Se você viver seu propósito intensamente, o dinheiro virá naturalmente.

Minha experiência treinando pessoas e fazendo processos de *coaching* tem deixado claro que grande parte delas não acredita ser possível ganhar dinheiro com o que amam fazer. Normalmente, por conta de suas crenças limitantes, entendem que OU terão prazer e realização, OU serão bem-sucedidas financeiramente. Esse pensamento é um grande equívoco, uma desculpa para permanecerem inertes. O propósito exercido gera resultados extraordinários.

Não podemos limitar o significado da palavra provisão a ser remunerado para pagar as contas. O prefixo "Pro" seguido da palavra "Visão" sugere que o dinheiro está "em função da visão". Portanto, a provisão existe como meio para concretizar e expandir o propósito. Se não há visão, não há razão para existir "algo que nos mova para a visão". O dinheiro não tem poder em si mesmo. O poder está naquilo que ele pode realizar e proporcionar, e neste caso, precisa estar alinhado com o propósito de quem o detém.

Uma analogia simples que explica o que conversamos até aqui é pensar na provisão como o combustível físico e emocional para se manter em movimento. O trabalho é representado pelo ato de dirigir esse veículo imaginário. É ele que determina a velocidade e a direção. De tempos em tempos, é necessário abastecer o tanque com a provisão, pois, sem ela, não é possível prosseguir em direção à visão.

Relembrando a experiência de João, ele foi sábio ao usar essas palavras para descrever seu estado: estava esgotado. Seu tanque de combustível não era reabastecido por não estar se movendo em direção à visão. Uma ocupação simplesmente "ocupa" o tempo e dá uma remuneração para a subsistência, enquanto o trabalho tem sua relevância no propósito, e tem como resultado uma provisão.

Pense por um momento na relação de escravo e senhor. O escravo é sujeito ao mestre, aos seus mandos e desmandos. Ele faz suas atividades de acordo com a vontade do seu senhor, ainda que não saiba por que está fazendo isso. Além de estar forçadamente em movimento, ainda é punido com severidade todas as vezes em que não faz o que lhe é ordenado.

Portanto, se o que move suas atividades é apenas o desejo de ganhar dinheiro, sem ter clareza da razão pelo qual o faz ou sem considerar a utilidade de suas atividades para o mundo, está desenvolvendo suas atividades para cumprir a visão de outros. Nesse caso, o dinheiro se torna seu senhor, ditando os rumos de suas escolhas. O contrário também é válido, pois, à medida que você tem clareza do seu propósito, o dinheiro se torna seu escravo, trabalhando em função da sua visão.

Colocando em prática

Deixar de ser escravo do dinheiro exige uma autoanálise profunda. Para algumas pessoas, significa mudar de direção radicalmente, abrindo mão de décadas de ocupações desalinhadas com seu propósito. O *master coach* e escritor Paulo Vieira fala sobre esse início do processo de transformação:

> Quem quer atingir seus objetivos precisa partir de uma autoanálise profunda, uma vez que seu processo de transformação exigirá firmeza de pensamentos e de objetivos, e nós só atingimos esse tipo de certeza ao definir muito bem o que nos faz feliz e o que nos derruba na vida cotidiana.

Nesta jornada de autoconhecimento, o primeiro ponto que merece nossa atenção é a clareza da vocação e visão. A clareza nos dá o poder necessário para iniciarmos as mudanças indispensáveis. Escreva em algumas poucas linhas o que você acredita ser seu propósito de vida. Não precisa ser perfeito, apenas escreva. Se for preciso, você poderá alterar a qualquer momento. Conte com o apoio das pessoas mais próximas a você, e se preciso de um *coach* especializado. Responder as perguntas a seguir certamente irá auxiliar nesse processo.

1. Qual a sua paixão? O que você ama fazer?
2. Em sua opinião, você existe para quê?
3. Em que área você é realmente bom?
4. Que lugares você tem prazer em estar?

Estando com sua declaração de propósito, o próximo passo é reduzir seus pontos focais, eliminando ou atenuando aqueles que produzem menos resultados ou satisfação. Richard Koch, autor do *best-seller A revolução 80/20*, diz que 80% dos resultados que obtemos resultam de cerca de 20% das causas e esforços. Em essência, esse princípio é baseado em duas ideias: a Lei do Foco, que diz que menos é mais, e a Lei do Progresso, que diz que sempre podemos criar mais com menos.

O fato é que ser excepcionalmente seletivo naquilo que escolhe focar exige uma "postura com mais propósito e significado, muito além do que você tinha previamente quando ainda se preocupava com um grande número de questões". Estar alinhado com o seu propósito, com sua vocação e visão pessoal significa ter atividades consonantes aos 20% das causas que resultarão nos 80% de resultados.

Estar distante do seu propósito gera uma recompensa aquém ao esforço empregado. Mudar a maneira como empregamos o tempo que temos, realizando mais daquilo que nos deixa felizes e produtivos, traz significado e relevância. Essas atitudes promovem nossa qualidade de vida. No momento em que concentramos nossa energia no propósito, passamos imediatamente a vivenciá-lo. Responder sinceramente às perguntas abaixo ajudará você a definir quais atividades estão desalinhadas com seu propósito.

1. O que verdadeiramente importa no seu trabalho?
2. Quais atividades você constantemente adia?
3. Quais atividades eliminaria da sua rotina se outra pessoa pudesse fazê-las?
4. Quais atividades não contribuem para o seu propósito?

Por fim, não permaneça estagnado por conta daquilo que ainda não possui. Foque naquilo que você já tem para multiplicar. Zero multiplicado pelo maior coeficiente possível, sempre será zero. O contrário também é válido, mesmo pouco, quando multiplicado por um grande coeficiente, irá gerar frutos significativos. Portanto, não caia na armadilha de trabalhar para ganhar dinheiro. Comece a trabalhar em função da sua visão e coloque o tempo, a energia e os recursos disponíveis para cumprir sua vocação, e uma riqueza com propósito será consequência, mais rápida do que pode imaginar.

Gostaria de compartilhar com você uma ferramenta que tem ajudado centenas de pessoas a desfrutarem de uma riqueza com propósito. Acesse o link: www.valute.com.br/ahoradavirada e use o formulário disponível como um guia prático para alcançar sua liberdade. Nele, todos os passos descritos aqui estão detalhados, inclusive com uma série de vídeos preparada exclusivamente para você. É um presente, como estímulo por você dedicar seu tempo e energia para ser uma pessoa melhor.

O desafio que está a sua frente é por utilizar seus recursos de uma forma diferente. Como já falado por Jim Rohn: "Para que as coisas mudem, você tem que mudar. Para que as coisas melhorem, você tem que melhorar. Para ter o que nunca teve, faça o que nunca fez".

Referências
KOCH, Richard. *A revolução 80/20*, Editora Gutenberg, pp. 57, 2016.
HILL, Craig. *Cinco segredos da riqueza*, Editora Universidade da Família, pp.45, 2014.
FRANKL, Viktor. *Em busca de sentido*, Editora Vozes, pp.124-125, 2017.
VIEIRA, Paulo. *O poder da ação*, Editora Gente, pp.22, 2015.

9

Você é o agente principal da mudança que deseja para sua vida

Se você quer que a mudança aconteça, decida ser o agente da realização dessa transformação. Você pode! Basta tomar essa decisão. E o *coaching* é uma grande ferramenta para isso!

Caroline do Amarante Tolazzi

Caroline do Amarante Tolazzi

Psicóloga, consultora organizacional, *life coach* e docente de cursos de graduação e pós-graduação. Especialista em gestão de pessoas e coordenação de grupos. Mestre em Educação. Formação em *Professional Coach Certification* pela Sociedade Latino-Americana em Coaching (SLAC). Consultora organizacional nos programas relacionados com a área de gestão de pessoas e educação corporativa. Mais de 12 anos de experiência na promoção do bem-estar e no desenvolvimento de pessoas e liderança.

Contato
carolineamarante@icloud.com

Nos tempos atuais, muito se tem falado da necessidade de encarar a mudança como algo essencial para os profissionais que buscam e alcançam o sucesso. E ela tem acontecido cada vez mais rápido! Quando menos esperamos, ela já está batendo a nossa porta, nos obrigando a olhá-la nos olhos e decidir se vamos segui-la ou se vamos deixar passar e esperar a próxima oportunidade.

Sendo a decisão por encarar a mudança e ser partícipe dela, ou decidir por esperar estar mais preparado para vivê-la, uma coisa é certa: que ela trará consequências. E estas consequências podem ser devastadoras em nossas vidas, sem que tenhamos tempo para voltar atrás e tentar trilhar um caminho diferente do escolhido. E isso é perceptível, principalmente quando olhamos para os aspectos das escolhas profissionais e dos rastros de carreira que foram deixados e marcados em nossas histórias.

Claro que não temos a opção, na maioria das situações, de voltar no tempo e decidir ter uma atitude ou escolha diferente da realizada. Ainda mais se considerarmos que a decisão, por vezes, acontece de forma instantânea, sem o amadurecimento necessário. Quantas vezes você falou ou escutou a seguinte frase: "Se vivenciássemos as experiências passadas, com o nível de conhecimento que temos hoje, muito provavelmente as escolhas realizadas seriam diferentes, ou pelo menos não sofreríamos muito para tomá-las". No entanto, não podemos dirigir as nossas vidas, seguir os caminhos que ela nos coloca, olhando pelo espelho retrovisor, para o passado. É necessário olhar para a frente e estarmos dispostos e preparados para, quando a mudança chegar, estarmos aptos para tomarmos a decisão que traga menos prejuízos, melhores resultados e perspectivas!

Pois bem. Como fazer para estar preparado para tomar a melhor decisão? Com certeza há várias formas, considerando a realidade de cada um, e da situação vivenciada. Mas há alguns aspectos que são básicos. Primeiro é ter consciência de que a mudança é necessária. Não podemos mais fugir dela, ou fazer de conta que ela só acontece com o outro. Sim! Ela acontece comigo, com você e com todas as pessoas. A diferença é que muitas vezes não nos damos conta de que estamos em um processo de mudança. Só a percebemos quando ela já aconteceu. E aí, pode ser tarde!

Se olharmos para nossa história, perceberemos que nos últimos anos, tivemos muito mais mudanças nas rotinas, no tipo de exigência profissional, na forma como as pessoas se relacionam, e até na forma como as pessoas pensam! Não é errado afirmar que no último século (talvez nem tanto) tivemos muito mais mudanças do que em toda a história da humanidade.

No entanto, algumas pessoas insistem em viver a famosa Síndrome da Gabriela... "... eu nasci assim, eu cresci assim, vou ser sempre assim". Vivendo e fazendo as coisas sempre do mesmo jeito. E morrendo com sua forma egocêntrica de viver o mundo, muitas vezes com receio.

E aqui entra a segunda parte necessária para estar preparado no enfrentamento da mudança. É cogente enfrentar a mudança. Escolher encarar a mudança, e segui-la, parece ser o mais sensato. Afinal, não somos árvores para ficar parados – enraizados. Somos seres inteligentes e devemos utilizar isso a nosso favor!

E a terceira parte fundamental é o autoconhecimento. Entender o porquê tomamos esta ou aquela atitude, ou por que não a tomamos, torna-se fundamental para quem quer vivenciar a mudança de forma efetiva, buscando tirar dela aprendizados que serão levados para outras vivências. Reconhecer quais são os nossos limites, faz com que aprendamos a ter precaução ao encarar os momentos de alteração da realidade, fazendo com que nos preparemos melhor para este período de transformação. Em contrapartida, ser conscientes de quais são nossas qualificações faz com que nos tornemos mais fortalecidos e confiantes, capacitados para que as tomadas de decisão aconteçam de forma que os resultados sejam os já planejados.

Agente de mudanças... Eu sou um!

Então, considerando que a mudança é algo que já está posta em nossa história de vida, independentemente das consequências que ela proporcionará, podemos passar para a segunda etapa da nossa conversa.

Que tal ser o agente de mudança? Que tal ser o protagonista dessa história? Para isso, é necessário que você tome uma decisão. A decisão de "tomar as rédeas" da sua vida e trazer para si a responsabilidade pelos momentos de mudança, preparando-se para elas, ou melhor: propondo as mudanças que entender ser necessárias e pertinentes ao bom funcionamento dos processos, das relações, do meio, do entendimento... enfim, daquilo que julgar que deve acontecer de forma diferente de como vem acontecendo.

Tomar as rédeas da sua vida significa que não ocupará mais o papel do telespectador, sem o controle remoto nas mãos, vendo a vida passar, vendo as coisas acontecerem, apenas sentindo as consequências da mudança, e, por vezes, sem entender o que está acontecendo. Mas também não esboça nenhum movimento para sair dessa posição, de trocar o canal, a frequência, para ver e perceber se há outras formas de mundo, e outras maneiras de viver.

E o comportamento mais evidente é do estado constante de lamúria total, sem capacidade de entender de fato o que está acontecendo, sofrendo as consequências e as influências de tudo o que acontece, sem que tenha condições de posicionar-se e perceber para qual caminho este tipo de atitude pode levar... Pior é quando as mudanças acontecem e nós nem as percebemos. Continuamos com o discurso de que "no meu tempo as coisas eram diferentes", "no meu tempo as coisas eram mais fáceis"...

Para isso, o grande desafio é tomar a decisão de sair da zona de conforto, buscar novas alternativas para antigas situações. Não adianta tomar sempre as mesmas decisões, escolher sempre o caminho mais fácil, ou aquele que já conhecemos, e esperar que tenhamos resultados diferentes dos já vivenciados. Essa escolha significa que devemos tomar a decisão de ser o protagonista das nossas histórias, reconhecendo as histórias das pessoas com as quais temos contato, e com as quais exercemos e sofremos influência.

E, principalmente, lutar contra o medo que temos de tomar decisões diante das mudanças e nos responsabilizarmos por elas.

Sei que não fomos educados para tomar decisões. Bem pelo contrário. Vivemos em uma sociedade em que a obediência e o não questionamento sempre foram sutilmente valorizados. E isso fez com que desenvolvêssemos um medo no questionamento, por não sabermos o que perguntar, e se perguntar, não saber o que fazer com o peso de uma contrapartida à resposta. Então é melhor deixar como está. Para que mexer em algo que eu não sei o que vai dar? "Se você não sabe o que está fazendo, melhor não se meter"... "Muito ajuda quem não atrapalha"... não são frases que habitualmente ouvimos? Que estiveram presentes na nossa criação por vezes ou outra? E isso contribuiu para que desenvolvêssemos a crença de que, se não tivermos certeza do que estamos falando e fazendo, é melhor ficarmos quietos.

OK! Esta é uma das contribuições para a realidade que temos hoje. No entanto, podemos decidir mudá-la. Reconhecer nossas limitações e o porquê as desenvolvemos é uma etapa importante no processo da mudança, principalmente na decisão de responsabilizar-se por nossas decisões.

Saber que temos a possibilidade da escolha, nos autoriza a tomá-la. Agora, é necessário que ela seja tomada de forma consciente e madura, para que, assim, o processo de mudança ocorra sem maiores prejuízos, pelo contrário, para que os resultados obtidos sejam os planejados.

O *coaching* age como uma ferramenta eficaz nesse processo de autoconhecimento e da busca por desenvolver as competências necessárias para que possamos ser o protagonista das mudanças. Ele permite que encontremos as métricas para balizar nossas ações e afirmar os resultados que estas mudanças ocasionam no presente e como uma projeção de futuro. Possibilita percebermos nossos limites e nos dá ferramentas para superarmos as dificuldades e planejarmos as mudanças que tanto estimamos em nossas vidas. Oportunizar-se verificar em quais áreas de nossas vidas a mudança é mais importante, entender as crenças que norteiam as nossas ações, e criar estratégias para superá-las, a fim de atingir os objetivos, são caminhos reais que o *coaching* proporciona ao *coachee*, para que este decida ser o protagonista da sua vida.

Sim! Você é o protagonista da sua vida. Basta tomar a decisão de sê-lo!

10

Ser feliz ou ter razão?

O que é necessário você ter, fazer ou ser para tomar uma importante decisão na sua vida? Viver do seu sonho parece algo muitas vezes inviável para acontecer, mas com autoconhecimento, amor, comprometimento, foco, planejamento e ação – acredite! –, você está a um passo da hora da virada!

Cyntia Tanaka

Cyntia Tanaka

Master Coach Executivo e de Carreira, *Professional and Self Coach*, *practitioner* em PNL, *Coaching* Ericksoniano, analista comportamental, analista 360º e *Leader Coach* pelo Instituto Brasileiro de Coaching, com certificações internacionais, formada em Psicologia e Pós-graduada em Administração de Recursos Humanos pela FAAP. Cyntia Tanaka vem de uma experiência com mais de dez anos de carreira na área de Recursos Humanos em consultorias de Tecnologia da Informação. Empresária e *trainer* do Decola Líder, uma formação para líderes ou futuros líderes, com objetivo de inserir a humanização e potencializar a melhor versão das pessoas como líder, utilizando a metodologia de *coaching* para as empresas que desejam ter seu diferencial e equipes de alta performance.

Contatos
www.cyntiatanaka.com
coach@cyntiatanaka.com
(11) 98188-0546

> *O sucesso vem para quem produz e não para quem vive ocupado procurando por ele.*
> Cyntia Tanaka

Você já parou para pensar quais são seus valores? Entenda que "valores" é tudo aquilo que é importante para você e faz parte das características que vão governar suas decisões ou comportamentos, sejam eles positivos ou negativos.

Vou falar particularmente de dois valores que eu tenho e que foram muito importantes para enxergar o melhor momento da hora da virada em relação a minha carreira.

A segurança é um dos valores muitas vezes mais importante para os seres humanos, aliada principalmente à família ou a questões financeiras. E por que digo isso? Quando não se é tão jovem ou especialmente quando se tem uma família com filhos, a grande maioria das pessoas, para tomar uma atitude de mudança ou transformação, precisa sentir-se segura, pois o novo é algo que pode causar medo, assustar e limitar a seguir em frente.

Já para outros, o valor do desafio está em uma escala acima da segurança, e sua maior característica é querer abraçar todas as oportunidades que aparecem, sobretudo quando se trata da direção do caminho que querem percorrer, realizar ou conquistar.

Então é possível entender que existe uma hierarquia dos seus valores, pois um sempre irá se sobrepor ao outro em uma tomada de decisão, e os dois acima mencionados foram fundamentais para saber o momento exato para a hora da virada em minha vida.

História

Vou contar um pouco da minha história e dessa trajetória para melhor entender. Até setembro de 2016, trabalhava em uma empresa há oito anos e meio como gerente de Recursos Humanos, onde fui a primeira colaboradora, e há mais de dez anos atuando em Recursos Humanos de empresas especializadas em *outsourcing* de profissionais da área de Tecnologia da Informação. Sem dúvidas, uma trajetória de crescimento, muito aprendizado, maturidade e oportunidades, mas acima de tudo o que me fez chegar até aqui foi o amor pela profissão que escolhi, pois para mim esse é o maior trunfo para se obter o sucesso desejado.

Desde sempre, gosto de trabalhar e liderar pessoas; ajudá-las em seu desenvolvimento pessoal e profissional é algo que me deixa muito feliz, talvez por isso a minha primeira escolha foi certa ao me graduar em Psicologia, pois entender a mente humana e seu desenvolvimento me encantava; foi nesse momento que comecei a me dedicar aos estudos.

Com vinte e quatro anos já comecei a exercer meu papel de líder oficialmente dentro da última empresa. Existem muitos conceitos sobre líder, e não vem ao caso citar, mas acredito que verdadeiramente não existe liderança se não houver preocupação com o capital humano, e trazer humanidade para dentro de uma equipe que busca alta performance hoje está dentro do meu propósito.

Hoje em dia, as empresas dão oportunidades para os colaboradores que estão muito tempo na empresa na parte técnica e os promovem a posições de liderança sem o devido preparo, e se tornam chefes que só mandam e não levam a equipe para lugar nenhum, o que acarreta demissão e custos desnecessários.

Com sorte, ou muito trabalho e dedicação, cumpri meu objetivo com êxito, em que acredito que tive mais acertos do que erros, mas estes me ajudaram a me desenvolver ainda mais. Meu ex-diretor sempre dizia que eu tinha mesmo uma liderança natural. Pensando nisso, não passava pela minha cabeça sair tão cedo da empresa na qual liderava três áreas. Com anos de estabilidade, considerava aquela organização também minha por ter feito parte desde o início e pela qual tenho um apreço até hoje, mas, como nem tudo é para sempre, e como psicóloga, bem me lembro que clinicar era algo que eu já colocava como objetivo em minha vida, assim que tivesse filhos, para ter uma maior flexibilidade de horários e poder acompanhar o crescimento e desenvolvimento das crianças.

Em 2015, nascia meu bem mais precioso, meu filho, e como reconhecimento e gratificação me concederam um ano de licença-maternidade. Um ano fora do ambiente profissional e me dedicando totalmente a ser mãe. Prestes a voltar ao trabalho, decidi que faria a formação de *coaching* e assim continuaria contribuindo com o meu crescimento e o da empresa. Escolhi a maior e melhor instituição de treinamento em *coaching* do Brasil, pela sua metodologia de ensino e por formar *coaches* de alma; me identifiquei justamente pela forma humana que eu tanto prezo. Nascia aí uma nova paixão, e a transformação em mim havia acontecido. Na volta ao trabalho muita coisa havia mudado, a começar pela minha equipe, que havia mudado em cerca de 70%; após um ano ausente, não poderia ser a mesma, claro, eu mesma havia mudado e não era a mesma profissional de um ano atrás. Primeiro, por ter tido um autoconhecimento profundo. Segundo, por ter consciência dos meus valores e da minha missão, sabia do desafio que encontraria e estava feliz com os novos projetos que estavam em andamento.

O crescimento da empresa em um ano fez claramente observar as mudanças, tanto em relação aos investimentos que haviam acontecido, quanto as pessoas e os valores, que a meu ver foi o maior incentivador para a tomada de decisão, mas com dor no coração não me adaptei com o que regia a empresa naquele momento e me sentia triste e estranha, como um peixe fora do aquário, debatendo-se para sobreviver. Como nada é para sempre, e diante de alguns desconfortos, principalmente entre as pessoas, e atitudes que eu não aceitava mais, começar a bater de frente não era algo que poderia resolver, e a decisão de sair da empresa já começou a entrar em meus planos.

Ser feliz ou ter razão?

Após algumas leituras, participação de eventos, formações e palestras, observei que é frente aos problemas e dificuldades que as pessoas tomam suas maiores decisões, de permanecer dentro do problema ou de enfrentar e buscar sair dessa para uma melhor.

Como na minha vida sempre optei por ser feliz em vez de ter razão, comecei a trabalhar minha transição de carreira. A ideia parecia imatura, desafiadora ou necessitava de muita coragem da minha parte, mas busquei ajuda e investi em um processo de *coaching* para me orientar nessa nova jornada que a princípio levaria pelo menos um ano para acontecer.

Voltando aos valores que mencionei lá no começo, tenho os valores da segurança e do desafio, porém o meu valor de desafio na hierarquia está acima da segurança, e entendê-los foi crucial, mas ainda não foi o decisivo para que eu tivesse certeza de manter a ideia de sair da empresa e fazer uma transição de carreira para ser *coach*. O peso maior foi olhar e rever a minha missão de vida e identificar o meu propósito, saber o motivo pelo qual verdadeiramente acordo todos os dias pela manhã, feliz e motivada.

Decisão tomada

Com frio na barriga, a negociação de saída da empresa estava certa, e com o apoio do meu marido parecia fácil tomar a decisão. Quando temos um sonho para ser realizado, entenda que sempre existirão os obstáculos a serem enfrentados, e como já diz um mentor *coach* de *coaches*, Geronimo Thelm: "Se fosse fácil qualquer um faria!". Então acredite, não é tão fácil tomar uma decisão, e no meio do caminho algumas pessoas não acreditavam devido à crise no Brasil. Para eles, eu não deveria sair de um emprego estável para empreender e viver do meu sonho. Essas pessoas podem ser aquelas que você ama ou que não querem que você realize seus objetivos; a sua inexperiência em empreender, o tempo para acreditar que tem o capital para o investimento, tudo passa a ser um obstáculo, mas basta você entender que as oportunidades aparecem justamente quando há problemas a serem resolvidos. Quando você mantém o comprometimento e a determinação para acreditar que é possível realizar seu sonho, tudo começa a conspirar a seu favor, e, para mim, não foi diferente e tenho certeza de que se você tiver as atitudes certas, terá o sucesso que deseja; as peças do quebra-cabeça começam a se encaixar melhor e sua vida começa a fazer sentido.

Metodologia

É de extrema importância e fundamental para tudo o que se propor a fazer ter um método que você possa seguir e ter um direcionamento. Isso serve quando for estudar para se sair bem em uma prova ou exame, para executar seu papel como líder, para poder repassar conhecimentos, para entender o caminho que percorrerá e assim atingir seu objetivo. Quando se tem uma metodologia de trabalho ou de aprendizado, as coisas passam a ter mais clareza e não é diferente para um processo de *coaching*. O *coach* que não tem método dificilmente trará resultados ao seu cliente, e não existe *coaching* sem resultados.

Fiz várias formações de *coaching*, mas para poder consolidar a minha metodologia de trabalho e trazer mais resultados aos meus clientes, participei durante seis meses de um grupo de mentoria, que me possibilitou encontrar meus pontos de melhoria como *coach* e a impulsionar meus *coachees* para o próximo nível de forma consistente e segura.

Clareza

Talvez para os meus pais, um dos melhores dias da vida deles possa ter sido o dia do nascimento dos filhos, assim como para mim o dia do nascimento do meu filho foi o mais especial; meu casamento, a melhor escolha; a minha formatura, a maior conquista, mas descobrir o porquê de eu ter nascido, ter clareza em dizer qual a minha missão de vida sem sombra de dúvidas foi o mais importante.

Ter clareza do seu propósito de vida faz com que siga conforme o planejado, com mais leveza, alegria, resiliência, gratidão e prosperidade.

Clareza é você saber exatamente o que plantar e ser gratificado com a colheita. E tenho a convicção de que hoje em dia muitas pessoas não têm essa clareza, o que as faz infelizes em sua vida pessoal, psicológica e principalmente na carreira.

Gratidão

"Quanto mais eu agradeço mais eu recebo." Já ouviram essa frase?

Meus pais sempre falavam da importância de sermos gratos, principalmente aos nossos antepassados, e sinceramente não era algo que eu praticava todos os dias; passei a agradecer e a valorizar esses ensinamentos bem depois da minha primeira formação de *coaching*. Aprendi na essência o poder da gratidão, e dentro da minha roda da abundância de declarar o que desejo, solicitar ajuda quando necessário, arriscar e agradecer, isso me faz pensar que minha vida só tem prosperado, principalmente por saber doar e aceitar com gratidão tudo aquilo que recebo.

Uma vez li uma mensagem de um autor desconhecido que falava: "A gratidão é a lembrança do coração". Quando se é grato por alguma coisa, sem dúvidas é porque marcou sua vida de alguma forma.

Hoje sou grata por inúmeras coisas e agradeço os detalhes que a vida me proporciona, mas, sobretudo, por viver da minha missão com alegria, saúde e prosperidade.

Resultados esperados

Como uma boa *coach*, abaixo descrevo minha missão de vida com um único objetivo, ser FELIZ!

Minha missão é ser leal e confiável, usando a minha capacidade de respeitar a individualidade de cada um, para poder ajudar a transformar a vida das pessoas em sucesso, fazendo-as realizarem suas metas, objetivos e sonhos pessoais e profissionais, por meio do autoconhecimento, de uma forma mais rápida e planejada, para assim serem felizes de forma genuína.

Hoje eu vivo de *coaching*, tenho meu escritório em uma ótima localização na zona sul de São Paulo e atendo processos individuais ou em grupo com *Coaching* de Vida e Executivo, trabalho nas empresas com avaliação, desenvolvimento e treinamento de líderes e colaboradores com objetivo de implantar a metodologia de *coaching* em suas equipes e transformá-las em alta performance.

Algo importante também são as parcerias de sucesso que faço com pessoas que tenham a mesma missão que a minha e com empresas que direcionam o trabalho de *coaching* para seus colaboradores e clientes.

Não nego que trabalho mais, mas me sinto plena, feliz e realizada. Hoje quem faz a minha agenda sou eu e possuo a flexibilidade de horários que eu desejava no momento em que eu me tornasse mãe, para poder acompanhar o desenvolvimento do meu filho.

Não espere por um problema, dificuldade ou perdas para que tome a decisão e saia da zona de conforto. Nunca se esqueça de que se fosse fácil, todo mundo faria, e é preciso atitude para impulsionar, ousar e ir além.

Sei exatamente o caminho que devo percorrer, sigo conforme o planejado, entro em ação, mantendo a melhoria contínua, mas tudo isso de acordo com a minha missão, visão e os meus valores. E você? Está esperando o que para a hora da virada?

11

Superando desafios e realizando sonhos – O papel do *coaching* nessa trajetória

Sonhar é determinante para alcançar o sucesso!

Dr.ª Janáine Vieira Donini

Dr.ª Janáine Vieira Donini

Personal & Self Coach pelo Instituto Brasileiro de *Coaching*. *Executive & Master Coach* pelo *Development*. Doutora em Agricultura Tropical pela Universidade Federal de Mato Grosso. MBA Em Gestão Estratégica pela Universidade Federal de Mato Grosso. Engenheira Sanitarista Ambiental pela Universidade Federal de Mato Grosso. Gestora Pública. Palestrante.

Contatos
www.janainedonini.com.br
janainedonini@gmail.com

> A pessoa deve definir suas metas, assim pode dedicar toda a sua energia e talento para chegar lá. Com bastante esforço, pode conseguir. Ou pode achar algo que é ainda mais gratificante. Mas no final, não importa qual seja o resultado, saberá que viveu. (Walt Disney)

"Se você tem um sonho, pode transformá-lo em realidade. Sempre se lembre de que tudo isso começou com um sonho e um rato". Esta frase é de Walt Disney, criador de um dos empreendimentos mais bem-sucedidos do mundo, a empresa The Walt Disney Company e a famosa Disneylândia. Ao olhar o império Disney, causa-nos a impressão de uma vida de sucesso sempre, mas antes muitos desafios precisaram ser superados.

O sonho é o início de tudo, a partir dele histórias de conquistas e realizações são construídas. É no sonho que estão depositadas todas as nossas expectativas e esperanças de futuro promissor, o primeiro passo para iniciar uma jornada de sucesso e conseguir resultados extraordinários.

Nossos grandes desafios são ultrapassar as barreiras para conseguir realizar o objetivo almejado. Realizar nossos sonhos não é um objetivo fácil, temos que encontrar uma combinação de esforço e prazer na caminhada rumo ao sucesso e combater as crenças limitadoras existentes. E aí, o *coaching* exerce papel importantíssimo como empoderador e catalisador de nossas emoções e ações.

O processo de *coaching* baseia-se em elevar os níveis de autoconhecimento e autodesenvolvimento do *coachee*, maximizando os resultados e realizando as mudanças necessárias ou desejadas, pautando-se nos valores próprios e em sua forma única de observar e significar o mundo à sua volta. Produzindo o alinhamento de que não é necessário ter todas as habilidades e competências à realização do sonho, mas acreditar que por meio de esforço e planejamento é possível.

O jogo interior enfatiza o princípio da vontade, da intenção ou da responsabilidade, então, onde estiverem seus sonhos estará também sua missão de vida; seus papéis no mundo, a essência de quem você é, sua identidade.

Quando seus sonhos parecerem grandes demais, não se preocupe. Sonhos grandes demais não significam fuga da realidade, sonhos que parecem ser muito grandes significam que sua capacidade de realização desse sonho é do mesmo tamanho, basta que você acredite e se movimente, nenhum mapa é capaz de retratar a variedade infinita na paisagem da interação humana.

Quase todas as pessoas na humanidade que conseguiram feitos extraordinários foram um dia desacreditadas. Toda realização foi, um dia, um sonho de alguém.

Não há a menor dúvida de que nós somos o que pensamos! Tudo isso confirma a importância de sermos positivos e de utilizar nossa mente para criar coisas boas e positivas. O pensamento positivo nos energiza e melhora o nosso sistema imune.

Grande parte das pessoas escolhem manter sua posição inicial, a zona de conforto, a ter que arriscar e lutar pelas metas que desejam alcançar. E isso tem a ver com responsabilidade, que é outra meta do *coaching*, já que ela também é crucial para o desempenho.

A consciência e a responsabilidade são sem dúvida duas características cruciais para o desempenho em qualquer realização, e isso explica porque algumas pessoas conseguem resultados fabulosos, enquanto outros só passam perto. Todo grande sucesso, realização, está relacionado com a ação. É importante ganhar consciência do que necessitamos fazer para suportar os nossos sonhos.

Saber que estamos na rota de nossos sonhos pode ser muito motivador, extremamente desafiante. Há elevado incremento de energia positiva, que nos impulsiona rumo às ações que aumentam a probabilidade de materializá-los.

De forma prática, coloco algumas ações que são significativas no alcance da realização dos sonhos:

- Busque companhias positivas: esteja próximo de pessoas que enxergam e trazem o que há de melhor em você.
- Enfrente seus medos: você é maior do que eles, acredite! Entenda o real motivo, o porquê de tê-los e trabalhe para enfrentá-los. Seja superior a eles e tome o controle de suas emoções.
- Seja grato: agradeça por tudo que você tem, pelas oportunidades que já conquistou. Assim, quando alcançar suas metas e sonhos, saberá dar o real valor pela sua conquista.
- Seja determinado, porém flexível: focar em seu objetivo não quer dizer que você deve ter a mente fechada e deixar sua meta de lado. Analise as oportunidades que aparecerem.
- Trabalhe pelo seu sucesso: dê passos, mesmo que pequenos, mas saia da inércia. Acredite no seu potencial e vá à luta em busca de seus sonhos.

"Para começar, pare de falar e comece a fazer." (Walt Disney)

Outro ponto muito importante é a estratégia a ser tomada, por qual caminho seguir? Após a definição do sonho, dos objetivos e das metas para alcançá-lo, há a necessidade de começar a planejar a trajetória. Elaborar um plano estratégico permite integrar as tarefas e concentrar a atenção no mais importante, o que gera maiores resultados. Pessoas de sucesso focam sempre nas atividades que estão ligadas aos seus objetivos finais, é necessário realizar cada etapa com o máximo empenho. É importante ter claro todas as etapas a serem realizadas, do início ao fim do processo; ter definido quando e quem é responsável por cada tarefa e estabelecer evidências que indiquem o caminho certo.

"Se você consegue sonhar alto, consegue realizá-lo." (Walt Disney)

Com a definição da estratégia, é hora de entrar em ação, de fato transformar os sonhos em realidade. Ação é poder, por ela é construída uma vida de sucesso. Ter as habilidades e competências, ter os recursos necessários não são suficientes se não são colocadas em prática as estratégias. Quanto maior empenho, disciplina e consistência no fazer, maiores e melhores os resultados. Pessoas eficazes, de sucesso, assumem a responsabilidade e o controle de suas ações, com a clareza de que os resultados obtidos geram aprendizado constante, contribuindo para o processo de melhoria contínua. Para uma ação efetiva, é importante sempre pensar nos ganhos e benefícios da realização dos objetivos, a necessidade de avaliação constante, das perdas pela procrastinação e estagnação, que impedem de entrar em ação; lembrar sempre que o maior aprendizado está na trajetória e não na chegada.

"Todos os nossos sonhos podem vir a ser verdadeiros, se tivermos coragem de segui-los." (Walt Disney)

12

Coaching: encontre a efetiva performance!

Convido você, leitor, a conhecer os quatro pilares do Método Governe, a encontrar o seu papel na sociedade e a se tornar um profissional de efetiva performance. Aqui, você entenderá o papel da boa gestão, para que, ainda hoje, possa começar a ter mudanças em sua vida e ir em busca dos seus maiores sonhos

Edilson Filho

Edilson Filho

Procurador da Universidade do Estado do Pará – UEPA. Mestre em Ciências Jurídico-Políticas pela Faculdade de Direito da Universidade de Lisboa/Portugal. *Coach* formado pela Federação Brasileira de Coaching Integral Sistêmico – FEBRACIS. *Soar Practicioner* certificado pela Florida Christian University – FCU. Fundador e pesquisador da Academia do Gestor. Escritor, professor e palestrante.

Contatos
www.academiadogestor.com
edilson@agpx.org
Facebook: academiadogestor
(91) 99331-8796

O Brasil vive um momento de crise econômica, política e social. Claro, isso é fato, basta ligarmos o rádio, o jornal, a televisão ou acessar o *smartphone* em um portal de notícias ou em suas redes sociais. Mas você já parou para se questionar se todos estão nessa crise ou vivem realmente tempos difíceis? Será que não existem pessoas que estão focadas na vida abundante, na construção de uma harmonia em todas as áreas da sua vida, ganhando dinheiro, lendo livros, descobrindo coisas novas, cuidando da saúde e do seu corpo, amando cônjuge, filhos, pai, mãe e irmãos? Ou, quem sabe, se divertindo, confraternizando com os amigos de forma saudável, cuidando dos mais necessitados, ou mesmo agradecendo pela segunda-feira que acaba de chegar?

Esta leitura te convida a mudar de lado, a pular o muro, ou sair de cima dele, e vivenciar uma vida realmente abundante. Neste novo local, você não só começará a conquistar os seus maiores sonhos e objetivos, mas, e especialmente, poderá fazer a diferença, da sua forma, na vida de inúmeras pessoas.

Por ter obtido rápido e relativo sucesso na minha carreira profissional, já que havia me formado em Direito, concluído mestrado e ainda aprovado e empossado no cargo público dos meus sonhos, tudo isso antes dos 30 anos de idade, estava convicto de que meu próprio conhecimento intelectual e as experiências já vividas bastavam para construir uma vida e uma carreira tranquila e feliz. Mas, ao mesmo tempo que não dava ouvidos para os que queriam me ajudar, passei a sentir uma sensação de vazio existencial e uma completa paralisia na minha evolução como ser.

Encontrei minha missão e defini meu papel na sociedade no momento em que comecei a perceber que deveria mudar a forma de pensar e, principalmente, de agir, abrindo a guarda e compreendendo novas informações, conceitos e métodos corretos. Ocorreu um processo de encontro comigo mesmo, pude refletir e chegar as minhas próprias conclusões, e, por consequência, redefini os princípios e valores que regem a minha vida. Mais do que as respostas, tenho plena convicção de que as perguntas poderosas feitas em todas as áreas da minha vida foram as molas propulsoras para um verdadeiro salto, que me fizeram crescer como pessoa e profissional, trazendo, acima de tudo, paz e equilíbrio emocional para dar continuidade à jornada. Essa foi a minha hora da virada.

Primeiro tomei a consciência de que precisava mudar algo e, logo após, apostei que as respostas dos meus questionamentos estavam do outro lado do muro. Saí do lado da crise e das lamentações que afetam grande parte das pessoas e passei para o lado das possibilidades, dos que realizam, que produzem, que buscam uma efetiva performance em todas as áreas da vida.

Nesse ponto, conheci paulatinamente as ferramentas do *coaching*, que me fizeram identificar o meu estado atual, traçar o estado desejado, montar o meu plano de ação e, principalmente, conseguir trabalhar de forma integrada meu lado racional e emocional, eliminando minhas crenças limitantes. O *coaching* trouxe os mecanismos corretos para buscar o estado ótimo em todas as áreas da minha vida.

Tenho a certeza de que você, leitor, também pode entrar em um mundo de possibilidades, pulando o muro e mudando seu rumo, pois como este livro sugere: chegou a hora da virada! Da sua virada. Cabe a você governar sua mente, suas emoções e seus comportamentos para construir uma nova realidade.

À medida que fui compreendendo todos esses novos conhecimentos, comecei a esquadrinhar um método próprio para o meu sucesso em todas as áreas da vida. Passei a pesquisar e modelar grandes líderes, governantes, profissionais, pessoas que realmente possuem destaque em determinado campo de atuação na comunidade onde vivem e formulei o Método Governe, que define quatro pilares essenciais para a construção de uma efetiva performance, com ações direcionadas e valores bem definidos.

Aplicando tal metodologia na minha vida pessoal e profissional, com os meus clientes de *coaching* e parceiros de negócios e de pesquisa, foi nítida a minha evolução e também daqueles que resolveram acreditar na minha proposta de trabalho.

Parto da ideia de que a governança não é exclusiva de grandes empresas, instituições públicas e privadas, grandes negócios ou empreendimentos. A boa gestão é acessível a qualquer um e deve ser utilizada por aqueles que queiram sair do amadorismo e jogar jogo de gente grande. Pelas minhas pesquisas, esse é um ponto fundamental. A gestão, quando permeada de princípios e valores éticos e bem trabalhados, transforma o indivíduo em um grande gestor, ou, como costumo chamar, em um profissional de efetiva performance, bem resolvido e que realmente traz os resultados desejados pelos clientes, superiores, colegas de trabalho e familiares, levando-o a um patamar de destaque.

Será que utilizar um método específico, com objetividade e permeado de bons princípios é só privilégio de alguns? Ou será que isso é o que está faltando na sua vida para você alcançar o nível profissional desejado e encontrar seu lugar neste mundo?

São quatro os pilares do Método Governe para se tornar um profissional de efetiva performance: 1 – Liderança; 2 – Democracia; 3 – Perícia Jurídica; e 4 – Métodos de Gestão.

1 – Liderança

A liderança aqui colocada é definida como a capacidade de se autogovernar e, à medida que for se descobrindo como líder de si mesmo, definir seus reais valores como ser humano, traçar uma visão positiva de futuro e começar a abrir caminho para levar outros a seguirem suas ideias, seus conceitos e seus valores. Primeiro o líder age, transforma, demonstra coerência entre suas intenções e suas ações, dá o exemplo. Inevitavelmente, suprirá as necessidades e solucionará problemas das pessoas, agregando valor ao próximo. Por consequência, haverá o crescimento exponencial dos liderados, que se tornarão seguidores de suas ideias, direta ou indiretamente, ajudando a construir a sua visão de futuro.

Esse modo de liderar coloca a valorização do ser humano como vetor de desenvolvimento e potencializa o cumprimento das metas e objetivos individuais e coletivos, levando um grupo de pessoas a agir de forma assertiva e em uma velocidade progressiva.

Portanto, é necessário refletir sobre as seguintes perguntas: quais são seus reais valores de vida? Há uma coerência entre suas intenções e suas ações? Sua visão de futuro é egoísta ou levará, direta ou indiretamente, benefícios às pessoas que estão com você?

2 – Democracia

O termo democracia, apesar das suas múltiplas acepções, é aqui apresentado como a capacidade do indivíduo de olhar para o seu público, entender seus anseios, suas dificuldades e entregar como produto o necessário para solucionar um problema.

Solucionar problema significa agregar valor, indo além de um mero benefício financeiro. Tenha certeza de que todos nós temos um público. São inúmeros os papéis que exercemos e também as pessoas que influenciamos.

Cabe a você se conectar com cada uma que compõe seu público-alvo e somar seu conhecimento racional e emocional para descobrir a legítima carência de quem você vai servir. Para isso, é preciso primeiro definir e conhecer quem é o seu público, entender o motivo pelo qual você deve cultivar aquela relação e somar forças para contribuir com aquela pessoa, entregando um produto que vai realmente agregar valor e contribuir na vida daquele indivíduo.

Entendo que cada um de nós tem sua função social, somos parte de uma engrenagem que move o mundo. A partir do momento que suas energias são canalizadas para trazer benefícios para um indivíduo ou determinado grupo, seja em termos pessoais ou de negócios, há produção e distribuição de algum tipo de riqueza. Você torna o mundo melhor e passa a ser reconhecido por isso, em todos os campos da vida. A busca por dividir aquilo que temos mais do que outros, sejam informações, técnicas profissionais, lucros, amor, etc., traz mais igualdade ao mundo e nos coloca em um patamar diferenciado, elevando-nos a um papel de destaque, e tudo isso é traduzido em sucesso profissional, financeiro e pessoal. Sucesso por todos os lados que se olhe!

Neste pilar é necessário fazer os seguintes questionamentos: quais os papéis que exerço em minha vida? Qual meu público-alvo? Quais são as características do meu cliente e quais os seus maiores desejos? Qual o meu papel na sociedade em que vivo? Quando estiver no fim da minha vida, poderei olhar para trás e identificar quais pessoas foram beneficiadas com a minha passagem na Terra?

3 – Perícia jurídica

Posso dizer que este pilar te convida a conhecer seus direitos e deveres como cidadão. O direito é essencial para a formação humanística e para entender a evolução cultural de uma sociedade. O ser humano que começa a se reconhecer como cidadão busca suas conquistas particulares, mas vai além e descobre que o verdadeiro sucesso se faz de forma coletiva e só assim podemos avançar como indivíduos.

O direito deve ser visto como uma ferramenta que nos auxilia a percorrer o caminho correto, nos protege de futuras responsabilidades, prejuízos financeiros e preserva nossa liberdade. Se você quer crescer e jogar com os grandes tem que deixar suas atitudes amadoras de lado e buscar conhecimento sobre as normas que regem a área da vida que você busca desenvolver. A Constituição Federal, o Código Civil e as mais variadas leis não foram feitas para profissionais do direito, foram feitas para cada um de nós, como cidadão sujeito de direito e de deveres, e você é o único responsável por utilizá-las da melhor forma possível.

A perícia aqui colocada não significa que você não deve contratar uma consultoria jurídica para ajudar no desenvolvimento do seu projeto. Porém, você precisa atingir, ao menos, o nível um da perícia jurídica. Significa buscar conhecimentos nos canais de informação disponíveis e ter a consciência de que, uma vez contratado um profissional do direito, cabe a você aprender com ele, entender o espírito das normas e não terceirizar suas decisões mais importantes, sob o risco de assumir os erros sozinho.

Ser perito jurídico é entender que o conhecimento das normas que regem os indivíduos e a sociedade não é privilégio apenas daqueles que possuem um determinado diploma, mas está disponível para todos nós e deve ser utilizado.

A pergunta é: qual ponto da minha vida pode ser melhor desenvolvido com o auxílio de ferramentas jurídicas? Quais barreiras encontro por não conhecer meus direitos e deveres na área que busco desenvolver?

4 – Métodos de gestão

Os métodos de gestão são verdadeiros passo a passo para que você gaste o mínimo de energia possível e atinja o máximo de resultados. A utilização de um método é essencial para o direcionamento correto de qualquer conjunto de ações, formulados por aqueles que já percorreram determinado caminho. Essa é a essência do pilar aqui tratado.

Utilizar métodos significa elevar a probabilidade do sucesso e realmente avançar em direção ao objetivo. A maioria das pessoas está gastando energia demasiada e não sai do lugar, por não concluir as tarefas no tempo e na sequência correta, se autossabota e inventa desculpas para não seguir determinado caminho que facilitará a sua jornada.

Mas não podemos confundir métodos de gestão com a própria gestão, ou, como costumo chamar, governança. Os métodos de gestão puros e baseados apenas na razão tendem a falhar em determinado momento. Nessas horas há necessidade de deixar sua criatividade surgir, sua intuição prevalecer, perceber os sentimentos de todos os envolvidos no projeto, ter sensibilidade para compreender os acontecimentos, sob pena de nos tornarmos meras máquinas e não extrairmos a nossa melhor performance.

Não podemos deixar o passo a passo escolhido se sobrepor a nossa inteligência emocional e a essência do ser humano. Nesse momento, o conhecimento aplicado aos pilares liderança, democracia e perícia jurídica se encontra com os métodos racionais de gestão e, juntos, se transformam em resultado efetivo.

Quais os métodos que você conhece e tem aplicado para alavancar sua vida e sua carreira? Qual a sua forma de aplicá-los? O objetivo aqui não é conseguir discorrer e aplicar por completo o Método Governe, mas fazer você entender o papel da boa gestão, para que, ainda hoje, possa começar a ter mudanças efetivas na sua vida e, à medida que for compreendendo as ideias postas, possa buscar mais informações e um aprofundamento sobre cada ideia colocada e suscitar suas próprias provocações.

No momento em que se consegue enxergar a importância desses pilares e agir em direção a eles, sendo essencial a utilização de ferramentas de *coaching*, se obtém não só alta performance, mas o resultado se torna efetivo. Efetivo no sentido de avançar cada degrau, criando um sucesso consistente, espalhando esse sucesso para aqueles que estão ao seu redor, sem a possibilidade de retorno ao patamar anterior, com paz, harmonia e amor a si mesmo, ao próximo e a toda a humanidade.

Referências

DIREITO, Carlos Alberto Menezes. *Estudos de direito público e privado*. Renovar, 2006.

FRANKL. Victor. *Em busca de sentido*. Vozes, 2015.

GOLEMAN, Daniel. *Inteligência emocional: a teoria revolucionária que redefine o que é ser inteligente*. Objetiva, 2012.

HUNTER, James. *O monge e o executivo*. Sextante, 2004.

MIRANDA, Jorge. *Manual de direito constitucional: estrutura constitucional da democracia, Tomo VII*. Coimbra, 2007.

RÉMOND, René. *Introdução à história do nosso tempo*. Gradiva, 2009.

VIEIRA, Paulo. *O poder da ação*. Gente, 2015.

VIEIRA, Paulo. *Fator de enriquecimento*. Gente, 2016.

KAHNEMAN, Daniel. *Rápido e devagar: duas formas de pensar*. Objetiva, 2012.

BARROSO. Luís Roberto. *O direito constitucional e a efetividade de suas normas*. Renovar, 2009.

13

A força do hábito: como o *coaching* comportamental auxilia na construção de um novo hábito

Entender o poder de um hábito – seja positivo ou negativo – é um passo importante para compreendermos porque nossos resultados também são, consequentemente, positivos ou negativos em nossa vida pessoal e profissional. Em momentos de crise, podemos compreender pelo entendimento dos hábitos porque algumas pessoas, empresas e negócios têm tanta dificuldade para conquistar resultados que sejam sustentáveis. Por que algumas pessoas são vitoriosas, enquanto outras sustentam fracasso após fracasso?

Edson De Paula

Edson De Paula

Palestrante, *master coach*, especialista em comunicação e ciência do comportamento, sendo idealizador da Metodologia de *Coaching* Comportamental Evolutivo® no Brasil. Formado em Comunicação Social com MBA em *Marketing* Estratégico e Psicologia Organizacional. É *Certified Master Coach* pela Graduate School of Master Coaches do BCI – Behavioral Coaching Institute e Executive and Leader Coach pelo ICC – International Coaching Council dos EUA, além de ser *Master Trainer* PNL, Consultor Comportamental DISC, Psicanalista Clínico, Hipnoterapeuta e *Master Trainer* em Microexpressões Faciais pelo CBL – Center of Body Language da Europa. É também escritor e coordenador editorial do livro MAPA DA VIDA – *best-seller* da Literare Books –, além de ser colunista em várias revistas e portais como Administradores, Portal RH e Catho. É frequentemente convidado como referência pela mídia quando os temas são *coaching*, comunicação, comportamento e carreira.

Contatos
www.edsondepaula.com.br
www.institutoedsondepaula.com.br

O hábito certo conduz ao sucesso, então, costumo dizer que o hábito faz o monge – diferentemente do ditado popular – exatamente porque não estou me referindo apenas à aparência das pessoas, mas sim ao esforço voluntário para se criar um hábito positivo e da força de vontade e disciplina que constroem uma imagem de sucesso.

Entender como os hábitos são construídos e funcionam é, dessa maneira, essencial para a conquista de resultados sustentáveis, seja em um simples processo de emagrecimento, na construção de uma família e até na criação de novos negócios e oportunidades, ou seja, em todas as áreas da nossa vida.

O *Coaching* Comportamental Evolutivo® é um processo revolucionário, idealizado pelo meu instituto, que tem contribuído, inclusive, para a melhor interpretação dos hábitos das pessoas.

Para os hábitos negativos, entender como desconstruí-los e, em seguida, substituí-los por hábitos mais saudáveis, constituem-se nos primeiros passos para a sustentação de resultados positivos. Mas é preciso persistir no novo hábito, como dizia o filósofo Aristóteles: "Nós somos o que fazemos repetidamente. A excelência, portanto, não é um ato, mas um hábito".

Sendo assim, podemos afirmar que motivação e disciplina são fatores determinantes para a formação de qualquer hábito.

Geralmente, pessoas motivadas visualizam melhor um novo hábito, e com disciplina seguem seu plano de ação. Por exemplo, uma pessoa deseja aprender um novo idioma e se vê estudando diariamente para aprendê-lo.

Estudos comprovam que pessoas que possuem esse *mix* composto de visão, motivação e disciplina são mais propensas a sedimentar novos hábitos. Isso se deve ao uso correto do planejamento e da emoção, ou seja, é preciso visualizar o hábito e criar os passos necessários para obtê-lo, assim como sentir-se motivado para conquistá-lo.

Isso cria um forte vínculo entre uma situação específica – aqui novamente o exemplo de aprender um novo idioma e ter o hábito de estudá-lo – e uma ação impactante e reativa em busca de criar esse hábito.

Lembre-se: um hábito positivo auxilia o alcance de um objetivo. Saiba identificar com precisão aquilo que você deseja alcançar e crie hábitos favoráveis para que isso aconteça, sustentando-os com muita autodisciplina e força de vontade.

Os hábitos são chaves poderosas, construídas pela nossa motivação e disciplina. Em vista disso, todas as mudanças significativas da nossa vida só serão possíveis se construirmos bons hábitos que sustentem essas mudanças.

Como criar um novo hábito

Muitos escritores e pesquisadores já dissertaram sobre como funciona um hábito. Existem várias teorias amplamente divulgadas sobre esse tema, desde a psicanálise clássica, psicologia moderna, PNL, entre outras abordagens comportamentais, sociais e até biológicas.

Para se ter uma noção da antiguidade desse assunto, em 1903, o *American Journal of Psychology*, um dos periódicos mais lidos sobre psicologia e comportamento daquela época, definiu hábito como sendo uma forma mais ou menos fixa de pensar, de querer, que foi adquirida por meio da repetição prévia de uma experiência mental. Em outros estudos comportamentais, o hábito foi amplamente definido como um tipo de comportamento repetitivo e que, na maioria das vezes, tende a ocorrer inconscientemente.

No início de 1980, uma série de experimentos importantes sobre comportamentos habituais foram realizados na Universidade de Cambridge, na Inglaterra, e a partir da década de 90, mais especificamente no laboratório de pesquisas cerebrais e cognitivas do MIT Massachusetts Institute of Technology, o hábito foi estudado sobre um olhar mais clínico, sob o ponto de vista das neurociências.

Várias experiências foram realizadas inicialmente com cobaias, e depois com seres humanos, para se entender quais eram os padrões comportamentais que estimulavam a criação dos hábitos.

A conclusão foi que os hábitos surgem porque o cérebro tem uma função automática de fazer com que o nosso corpo utilize o mínimo de energia possível e, portanto, sua função básica é procurar maneiras de poupar esforços.

Assim, o nosso cérebro tentará transformar qualquer rotina, qualquer ato repetitivo em um hábito, o que permite que nossa mente desacelere com mais frequência, ou seja, um hábito é algo que se torna inconsciente e pelo qual não precisamos pensar muito para agir, é como se fosse uma espécie de "piloto automático" da nossa vida.

Nós não precisamos pensar para andar. Isso é um hábito, compreende? Assim como fazemos várias coisas na nossa vida e depois nos perguntamos: "Por qual motivo agi desse jeito?".

Talvez porque tenhamos adquirido o hábito de agir dessa forma em situações nas quais repetimos os mesmos comportamentos e já nem nos lembramos mais quando tudo isso teve início. É como se acionássemos uma espécie de piloto automático na vida, compreende?

Então, podemos dizer que os estímulos externos provocam nossas ações, e quando reagimos a esses estímulos e os repetimos, contextualizando-os de acordo com os ambientes e situações, criamos um hábito que, com o tempo, se torna um ato inconsciente? A resposta é sim.

Podemos dizer também que os hábitos, com o tempo, se tornam inevitáveis, pois quando surgem, o cérebro atinge o seu propósito de poupar esforços e, com isso, deixa de participar do processo da tomada de decisões, desviando o foco para outras tarefas. Logo, se fazemos isso para criar hábitos negativos – como comer demasiadamente quando nos sentimos ansiosos – poderíamos então utilizar esse mesmo princípio para criar novos hábitos que sejam positivos? Do mesmo modo, a resposta é sim.

Então, vou auxiliar você a criar um novo hábito.

De todos os estudos que adquiri sobre esse tema tão amplo, pude verificar alguns pontos importantes que eram expostos nas diferentes abordagens.

Não pude deixar de me entusiasmar e procurar juntar todas essas informações para poder desenhar também o meu modelo, a minha interpretação sobre como funciona um hábito, ou melhor, como é criado um hábito.

Eu percebi que todo hábito é constituído de três fatores importantes:

1. Todo hábito possui um gatilho;
2. Todo hábito possui rotinas a serem seguidas;
3. Todo hábito busca uma satisfação (do ego).

GATILHO → ROTINAS → SATISFAÇÃO DO EGO

VISUAL
AUDITIVO
CINESTÉSICO

REPETIÇÃO + CONTEXTUALIZAÇÃO

Um gatilho é um estímulo externo que atinge nossos canais representacionais (visão, audição, tato, olfato, paladar). Um gatilho é, então, tudo aquilo que dispara uma ação efetiva para a conquista de um novo hábito.

Exemplificando, se você está adquirindo o hábito de limpar sua casa todos os dias quando chega do trabalho, você pode criar um gatilho de tirar sua roupa de trabalho e vestir uma roupa de limpeza.

Assim, o seu pensamento e suas ações visuais, auditivas e cinestésicas precisam ser direcionadas para esse ato de mudar a roupa e, em vez de pensar todos os dias após o trabalho "vou limpar minha casa", o correto seria pensar algo do tipo: quando eu chegar em casa após o trabalho, vou colocar minha roupa de limpeza, arregaçar as mangas e limpar a casa.

Cada vez que você reforçar esse pensamento, cada vez que você reforçar esse gatilho, trocando de roupa e limpando a casa, você reforçará o novo hábito.

Uma outra maneira de você reforçar o novo hábito é colocar uma música que o inspire a se motivar a limpar sua casa.

Saiba que o bom humor, além do gatilho auditivo, auxiliará você a aliviar as tensões de um dia de trabalho entediante.

É preciso encontrar motivos para ficar bem-humorado diante do exercício de praticar um novo hábito, pois isso exigirá de você o ato de ser consistente em seu propósito.

Revendo suas rotinas

Existirão momentos em que você vai querer desistir, pois é claro que um novo hábito exige um esforço concentrado para sua obtenção e isso às vezes cansa. Então, naqueles momentos em que você tiver aquela sensação de querer abandonar o navio ou de mandar tudo para o inferno, por exemplo, em uma dieta que exige um hábito de boa alimentação e prática constante de exercícios físicos, uma dica importante é rever suas rotinas.

Mudar a rotina pode ajudá-lo a manter o seu hábito. Muitas vezes criamos rotinas entediantes para obter algo que desejamos. Em uma dieta, você pode começar a fazer exercícios físicos sozinho, e então perceber que precisará mudar a rotina praticando um esporte coletivo com um grupo de pessoas.

Aliás, uma outra boa dica aqui é ficar ao lado de pessoas que estão praticando o mesmo hábito, isso reforçará ainda mais a sua motivação e a troca de ideias sobre o assunto, aumentando suas possibilidades de alternativas para novas rotinas.

Faça uma lista das suas rotinas e procure revê-las quando começar a perceber que quer desistir do seu propósito. E, se mesmo assim em algum momento decidir mandar tudo para o inferno, não se culpe. Ao contrário, imediatamente, repense em todo o esforço que fez durante vários dias. Concentre-se fortemente nesses dias de esforço, em vez de ficar pensando no fato que o fez quebrar esse propósito.

Não seja duro consigo mesmo, reveja imediatamente a possibilidade do sucesso, mude a rotina e reinicie o processo. Na verdade, isso é um lindo exercício de autoperdão, pois permitirá que você saia do passado, do comportamento que o fez falhar diante do novo hábito e o impulsionará a se concentrar novamente no seu melhor estado de presença.

Lembre-se: às vezes, a melhor coisa que pode acontecer na sua vida é exatamente levar um escorregão. Se cair, não deixe de sentir a dor do tombo, pois é ela que o deixará com raiva para se levantar novamente. Não importa quantas vezes você cai, o que importa é o número de vezes que você tem coragem para se reerguer e seguir adiante. Desistir um dia do seu novo hábito, portanto, deve ter o mesmo efeito de levar um tombo e ter a coragem para persistir e se levantar novamente.

Com o tempo, o seu cérebro transformará essas novas rotinas, tarefas e comportamentos em hábito e você não precisará mais pensar para agir, ou seja, terá espaço para liberar seus recursos intelectuais e estará apto a novos desafios.

Você se lembra da primeira vez que dirigiu um automóvel?

Como foi difícil... E hoje? Talvez você nem tenha consciência de como faz isso, pois se tornou um hábito na sua rotina. O fato é que os hábitos sempre estarão conectados com as nossas programações cerebrais, o que é um grande benefício, pois imagine se tivesse que reaprender a dirigir seu automóvel a cada vez que fizesse uma viagem. Por consequência, construir um novo hábito é um ato de persistência, paciência e pontualidade. Não desista, vale todo o esforço.

Eu quero oferecer a você um exercício de reflexão.

Primeiramente, peço que você pense em um novo hábito que deseja adquirir ao longo de um tempo, dedicando seu esforço. Pense em algo que seja positivo, ok?

Por exemplo, adquirir o hábito de ler livros, economizar dinheiro, ser mais organizado, enfim, algo que realmente faça a diferença na sua vida. Pense também em qual será a motivação necessária (o gatilho) que irá disparar sua vontade de levar adiante a conquista desse hábito.

Este gatilho poderá ser acionado por qualquer um desses três canais: 1. Uma ação (canal cinestésico); 2. Um som (canal auditivo); 3. Uma imagem (canal visual). O importante é que você crie esse gatilho para sustentar sua proatividade. Daí, basta criar as rotinas. Vou pedir para que você exercite esse procedimento por no mínimo três semanas, ok?

Atividade prática:
Construindo um hábito positivo

Qual será o seu novo hábito? Descreva o hábito que deseja:

Por qual motivo você deseja adquirir esse novo hábito? O que pode auxiliar você a conquistá-lo?

1º passo: identificando o gatilho
Qual será o "gatilho" que irá disparar sua vontade para adquirir o novo hábito? Descreva pelo menos um dos canais abaixo:

1. Ação (canal cinestésico):

2. Som (canal auditivo):

3. Imagem (canal visual):

2º passo: identificando as NOVAS ROTINAS
Quais serão as novas ROTINAS que seguirá para conquistar o seu novo hábito? Descreva pelo menos três novas rotinas:

1.

2.

3.

3º passo: identificando sua real SATISFAÇÃO
O que a conquista desse novo hábito vai possibilitar a você? Qual será a recompensa em obter isso?

14

PDCANVAS: uma ferramenta para materialização de sonhos

O PDCanvas é uma ferramenta que explora as potencialidades do Canvas do Modelo de Negócio (*Business Model Canvas*), do *Canvas* de Projeto (*Project Model Canvas*) e o *Kanban*. Para alimentar o PDCANVAs utilizamos o processo estruturado conhecido como DOFPISA, que favorece a geração de insumos, elementos, subsídio de forma ágil, consistente e consensuada, para configurar ideias e soluções inovadoras

Eduardo Nomura

Eduardo Nomura

Certificado PMP, com formação em *Coach* (SLAC), sempre procurei combinar meu gosto por criação e gestão do conhecimento com as habilidades características do *design* e encarar desafios de maneira criativa e através de lentes centradas no ser humano. Na minha bagagem trago habilidades e competências para cultivo do olhar mais empático, humanizado e prático para gerar soluções em momentos de crise.

Contatos
nomura.eduardo@gmail.com
(61) 99276-2683

Minha reflexão neste artigo está focada em como compreender o futuro do trabalho, concebendo ações efetivas para entregar o futuro, agora, e viabilizar uma cultura da inovação para as empresas.

A tecnologia acelera as mudanças, e as mudanças criam um ambiente de tensão e turbulência. Nesse ambiente, a turbulência em si não é o maior problema, mas sim continuarmos agindo com a lógica do passado. Problemas novos requerem novas soluções. Problemas novos com soluções antigas vão nos trazer experiências que já conhecemos.

O conceito de propriedade versus acesso ao benefício bate a nossa porta. Cito como exemplo a época que comprávamos a fita de vídeo ou o DVD para assistir filmes, em um conceito muito forte de propriedade. A Netflix surgiu oferecendo acesso a um serviço de filmes. O que aconteceu? Como sair desse campo de tensão? Com criatividade e inovação.

Na Cultura da Inovação temos menos gestores e mais líderes, pessoas que busquem o senso de propósito, tenham autonomia para a experimentação, pois errar faz parte, mas errar rápido. Estimulamos o consciente coletivo e utilizamos tecnologias humanas, entre elas, o processo DOFPISA. Estimulamos as pessoas a serem protagonistas de si mesmas, que tenham atitude e manifestem suas indignações. Desenvolvam a confiança criativa para alcançar a transformação pessoal.

Inovação é criar serviços que entreguem um valor relevante percebido pelo cliente, em uma nova experiência e que altere comportamento.

Ao pensarmos em inovação sem o apoio de um processo, continuamos a eternizar nossas ideias em um *PowerPoint*.

O DOFPISA é a abreviação de Desafio, Objetivo, Fatos, Problema, Ideias, Solução e Ação, sob o qual criamos um ambiente de experimentação. O processo é apoiado na CNV – Comunicação Não Violenta, de Rosenberg Marshall e favorece o fluxo da vida.

A CNV nos propõe a criação de um ambiente em que é seguro dizer a verdade. O conflito, nessa nova filosofia, é uma experiência de intimidade e reconexão. É uma oportunidade de perceber as diferenças e o que nos conecta como seres humanos, pois a natureza humana é compassiva.

A CNV estrutura o processo em fatos, que é a capacidade de diferenciar observação de julgamento, os sentimentos onde diferenciamos sentimentos de pensamentos, as necessidades que são a conexão com as necessidades e valores humanos universais e o pedido para expressarmos de uma forma clara e específica o que gostaríamos.

O DOFPISA, o *coach* e o *design thinking* utilizam uma estrutura funcional similar, na qual mapeamos a realidade (imersão) com base na empatia, promovemos a geração de ideias (ideação) com base na colaboração e materializamos os resultados (prototipação) com base na experimentação.

Nas estruturas funcionais, trabalhamos os modelos mentais da divergência (ampliar) e convergência (focar), e que quando não aplicado esse modelo o nosso potencial criativo é reduzido.

A divergência e a convergência favorecem as principais características das pessoas criativas, que são a fluência, que é a capacidade de gerar muitas unidades de informação em um curto espaço de tempo, a flexibilidade, que gera informações sobre o objeto analisado em diversas perspectivas diferentes, e a experimentação, onde errar faz parte do processo e que, ao errar rápido, poderá atingir um alto nível de capacitação e qualidade, sendo muito importante analisar os fatores de um eventual insucesso, pois as evidências poderão gerar novas ideias e descobrir algo inovador.

Perguntas como "Quais são os desejos que as pessoas esperam ser atendidos?", "Quais valores poderemos oferecer?", "Para quem devo oferecer esses valores?", "Quais os serviços e como iremos oferecer?", "Quais recursos humanos e de infraestrutura necessários para realizar os serviços?", "Quais os riscos que esse projeto poderá apresentar?" e "Quais os meus custos e como gerar receitas?" provocam a mente do empreendedor.

Em nossa jornada de aprendizado, integramos as áreas de conhecimento do gerenciamento de projetos, da abordagem do processo DOFPISA e dos métodos ágeis (*Scrum/Kanban*).

Criamos o PD Canvas – *Project Development Canvas*, no qual *Canvas* significa quadro. Um quadro em que você descreve a essência do negócio e todos os elementos necessários para o seu funcionamento.

O PDCanvas é dividido em 14 blocos que se relacionam entre si e que precisam estar em harmonia.

PROJETO:

VALOR AGREGADO (3)	PARTES INTERESSADAS (4)	RISCOS POSITIVOS (6)	RECEITAS (8)
OBJETIVO (2)	SERVIÇOS (5)	RISCOS NEGATIVOS (7)	DESPESAS (9)
PREOCUPAÇÕES (1)	LISTA DE ESPERA (10) / A FAZER (11)	FAZENDO (12)	ENTREGUE (13)

Project for Development Canvas by Eduardo Nomura

Assim como os pilares do *design thinking*, o PD Canvas integra as visões: desejável pelas pessoas (blocos 1, 2, 3, 4, 5), tecnicamente factível (blocos 6, 7, 10, 11, 12 e 13) e economicamente viável (blocos 8 e 9).

Avaliamos que a utilização desse processo favorece a estruturação de projetos inovadores, e apresenta o negócio por meio de uma síntese visual e integrada de todas as fases do projeto.

Recomenda-se que o preenchimento siga a ordem lógica, a fim de promover a conexão das informações.

O primeiro bloco a ser preenchido é o preocupações. Nele mapeamos a realidade (imersão), identificando os fatos e problemas. Na etapa de exploração (divergência), as ferramentas *Brainstorming* e Roteiro do repórter (5W2H) potencializam o levantamento de informações. Na etapa de escolha (convergência), selecionamos as palavras que mais preocupam com a ferramenta *Highlights*, onde assuntos serão priorizados.

O segundo bloco é o objetivo. Com base nas informações do bloco preocupações priorizadas, o grupo definirá qual será o objetivo e os principais desafios do trabalho, e a ferramenta Matriz para meta *smart* traz bons resultados.

O terceiro bloco é o valor agregado e responde a pergunta "Quais valores desejamos entregar?". As preocupações relacionam-se com o valor agregado e deve ser feito na seguinte estrutura: no bloco preocupações registra-se um *post-it* "falhas no controle do estoque", e no bloco valor agregado um outro *post-it*: "melhoria no controle de estoque". Definir valor agregado vai muito além de definir apenas produto ou serviços. É buscar atender uma necessidade latente que muitas vezes o cliente ainda não percebeu.

No quarto bloco, partes interessadas, perguntamos para cada item do bloco valor agregado: "para quem eu entrego o valor agregado xyz?". Neste bloco temos dois perfis importantes. O cliente, aquele que recebe diretamente o valor agregado, e o parceiro, aquele que normatiza ou patrocina.

A partir de cada valor agregado elaboramos uma pergunta de superação de obstáculo, como por exemplo "melhoria no controle de estoque" (valor agregado). A pergunta ficará "De que maneiras nós podemos promover a melhoria no controle do estoque?".

Para preenchimento do quinto bloco de serviços, geramos ideias (ideação) utilizando para a divergência a ferramenta *brainwriting* (*brainstorming* escrito), e na convergência as principais ideias deverão ser selecionadas utilizando as ferramentas *highlights* e *slogan*. Com as ideias selecionadas e os *slogans* elaborados, serviços serão definidos e uma proposta-conceito será estruturada.

Para a representação da proposta-conceito (prototipação) como uma jornada do cliente e o sequenciamento dos serviços, poderá ser utilizada a ferramenta Maquete, com a utilização de legos e *post-its*.

O preenchimento do sexto bloco, riscos positivos (oportunidades), e do sétimo bloco, riscos negativos (ameaças), avaliará os apoiadores e opositores do projeto e gerará um plano de ação para os riscos, o qual será um item a ser incluído no bloco de serviços.

O preenchimento do oitavo bloco, receitas, e do nono bloco, despesas, caracteriza as fontes de recursos. Poderão ser consideradas receitas os benefícios tangíveis e/ou intangíveis como, por exemplo, a melhoria de imagem da instituição. No decorrer do detalhamento do projeto, os itens poderão ser precificados para serem considerados nos cálculos das reservas do projeto.

O PD Canvas é uma síntese visual e integrada de todas as fases do projeto. Quanto maior for o relacionamento do serviço com o valor agregado, partes interessadas, riscos e fontes de recursos, maior a importância de o serviço ser priorizado, uma vez que a sua implementação e entrega trarão ganhos significativos para o ecossistema.

Uma vez que os serviços forem priorizados, o décimo bloco, lista de espera, detalhará as tarefas a serem executadas.

O projeto será dividido em ciclos (maiores que uma semana) chamados de *sprints*. O *sprint* representa um *time box*, dentro do qual um conjunto de atividades deve ser executado.

A partir da seleção das tarefas da *sprint*, o décimo primeiro bloco, a fazer, conterá as tarefas priorizadas com a identificação do que será feito, como será feito, quem é o responsável e quando será o início.

O décimo segundo bloco, fazendo, contém as tarefas em execução. Há reuniões diárias (*daily*), de 15 minutos, onde a equipe compartilha o que foi feito, o que eu farei hoje e se há algum obstáculo. Ao final de cada *sprint*, avalie as atividades registradas no décimo terceiro bloco, entregue e realize a retrospectiva, onde avalie as lições aprendidas e o que poderá ser melhorado na realização do próximo *sprint*.

O PD Canvas é um processo orgânico, permitindo que na retrospectiva as informações do projeto possam ser atualizadas.

Dessa forma, percebo que mais que um processo ágil, temos uma grande oportunidade em nossas mãos. Com o PD Canvas, apoiado pelo processo DOFPISA, temos uma poderosa ferramenta para fomentar a cultura da inovação, a melhoria dos negócios e a qualidade de vida das pessoas por meio do sentimento de realização e pertencimento.

Referências
ROSENBERG, Marshall. *Comunicação não violenta: técnicas para aprimorar relacionamentos pessoais e profissionais*. Ágora Editora, 2006.
BROWN, Tim. *Design thinking: uma metodologia poderosa para decretar o fim das velhas ideias*. Rio de Janeiro: Elsevier, 2010.
HAGEL, John. *The big shift: then, now, and tomorrow*. XMFG - Singularity University, 2016. Disponível em: <https://www.youtube.com/watch?v=if5zKSkHV9c>.

15

A hora da virada é agora!

O que determina nossas vidas? Circunstâncias ou propósito? Vivo hoje como planejei ou parei de pensar e de ter foco no trabalho? Vou viver em um futuro ainda não datado e determinado? Uma fatalidade faria eu agir já? Um pesadelo me incomodaria a tal ponto de não ter escolha e agir? Ou seria um sonho a guiar-me? Como sair de uma "zona de conforto" desconfortável?
Tenha coragem e viva seu propósito!

Eduardo Oliveira Guimarães

Eduardo Oliveira Guimarães

Professional & Self Coach pelo Instituto Brasileiro de Coaching com cinco reconhecimentos e certificações internacionais: ECA - European Coaching Association; IAC - International Association of Coaching; BCI - Behavioral Coaching Institute; GCC - Global Coaching Community; e ICC - International Coaching Association. Economista pela Universidade Federal de Sergipe. Filósofo pelo Seminário Maior Nossa Senhora da Conceição. Gerente Setorial na empresa Petrobras, com curso em Gestão Empresarial pela Universidade Petrobras e ESPM - Escola Superior de Propaganda e *Marketing*. Membro efetivo e perpétuo da Academia Aquidabãense de Letras, Cultura e Artes - AALCA.

Contatos
eduoliguima@gmail.com
(79) 99979-1702

Era uma vez um homem de 65 anos em um dia muito especial: sua aposentadoria. Trinta e um anos dedicados a uma das maiores empresas do mundo; meses de planejamento para uma nova etapa em sua vida; semanas em reuniões, transferindo conhecimentos e redistribuindo suas atividades; e alguns dias recebendo cartões, ligações, e-mails e abraços de seus amigos e colegas de trabalho.

Esse dia "chegou como um ladrão", tomou a manhã desse homem com homenagens no auditório, o almoço com a alta hierarquia da companhia e, finalmente à noite, uma grande festa com os amigos e familiares.

Muito feliz, mas também muito cansado. Aquelas pessoas discursando, abraçando, dando conselhos, fotografando... Sem contar as piadinhas de mau gosto. Sorria para tudo, pois logo esse dia acabaria e ele estaria livre daquilo tudo: agenda de 25 horas, reuniões infindáveis e improdutivas, caixa de e-mails lotada, inúmeras planilhas e contratos a analisar, viagens a trabalho que coincidiam com datas familiares importantes, inúmeros cursos para permanecer no quadro da empresa e mostrar que era um funcionário atualizado e dinâmico, jornada de trabalho que avançava no terceiro turno e nos finais de semana, metas a bater, *feedback* para superiores e subordinados, atender celular que não parava de tocar e tinha sempre que atender (mesmo no banheiro, pois poderia ser o presidente da empresa ou um cliente prestes a assinar um contrato, ou um acidente na empresa). Acabou? Tem mais? Então você, leitor, pode completar a lista antes de continuar a leitura. Insuportável lembrar? Então sigamos.

Após concluir a lista, peço que complete também a lista do parágrafo seguinte. Pode usar a lateral da página, mas não deixe de listar, pois será bem melhor do que a anterior.

Pensava ele: "amanhã será outro dia, poderei fazer atividade física e as sessões de acupuntura, acompanhada com massagens relaxantes. Minha esposa e filhos serão minhas prioridades. Nunca mais perderei uma data importante de meus familiares e amigos, e com isso vou recuperar o tempo perdido e a distância que o trabalho causou. Vou ter tempo para ouvir as minhas músicas preferidas e quem sabe até aprender a tocar violão. Finalmente vou fazer um curso com o qual eu me identifique e não cursos que satisfaçam a corporação. Vou ao litoral e ao campo sempre que der vontade". Preciso fazer uma lista de quantas coisas boas e prazerosas eu vou começar a...

A última palavra não saiu, o equilíbrio lhe faltou e a luz, por um momento, se foi.

E você, caro leitor? Conseguiu concluir a lista? Espero que sim.

A luz voltou, mas as palavras ainda não. Algo mudou no ambiente. Antes, pessoas alegres; agora, pessoas tristes e chorando. Antes, uma festa; agora, um velório. E o moribundo, nosso personagem.

Dessa vez o ar é que falta e novamente a luz, por um momento, se foi.

A luz voltou e dessa vez trouxe de volta a voz. Podia ouvi-la enquanto murmurava. Sentia-se bem, mas estava em um ambiente que não conhecia e com pessoas também estranhas. Eram alegres, calmas, simpáticas e que conversavam entre si. Foi se aproximando e logo estava na conversa. No desenrolar do diálogo entrou no jogo e, com sua perspicácia para entender onde e com quem estava, teve consciência de que estava no mundo dos mortos. Apesar do susto e vertigem, havia uma grande curiosidade sobre aquele estado, ambiente e pessoas.

A conversa fluía até que foi bombardeado pelos outros com perguntas de como ele havia vivido seus sonhos, como trabalhava e se realizava profissionalmente, como vivia com sua família e amigos, como cuidava de seu corpo e espiritualidade, como se divertia, como se desenvolvia intelectualmente, de que maneira ajudava a sociedade e o mundo a ser um lugar melhor, como dormia... Foi realmente um bombardeio, um bombardeio de réveillon.

Que susto! Era réveillon de 2016, ele não estava morto nem prestes a aposentar-se. Tinha "apenas" 40 anos. Num pulo ficou pronto para a foto e o brinde de ano-novo. Todos felizes e ele atônito com aquele "pesadelo". "Acorde! Ainda dorme? Levante! Vamos! Ainda dá tempo!" Era a voz de sua esposa convidando-o para a *selfie* com os fogos ao fundo.

E assim pensou: "Preciso fazer algo para mudar minha história, pois o que estou fazendo com a minha vida? Mas como? Se eu tivesse 18 anos faria tudo diferente! Dezoito anos? E se eu vivesse hoje como se tivesse realmente 18 anos? O que faria de diferente para não ficar na situação atual? Qual carreira eu seguiria?".

Afastou-se e percebeu que não sentiam sua falta, pois estavam acostumados com seu envolvimento com o trabalho. Era um *workaholic* assumido e orgulhoso.

Esse título era exaltado nos hotéis em que se hospedava, havia um *jingle* que anunciava: "... pois temos toda uma estrutura pra você que é *workaholic* e..."

Mas dessa vez, seu afastamento tinha um novo intuito. Era listar em sua agenda de 2016 tudo aquilo que faria: preparar mudança de carreira, dedicar mais tempo à família e amigos, cuidar de seu corpo e espiritualidade... Peço novamente ao leitor para completar a lista.

A agenda cai, e junto aquela anotação em um guardanapo do réveillon. Ele exclama: "Caramba! Estou em julho e nada do que escrevi aqui no réveillon coloquei em prática! É sempre assim todos os anos! Não dá! Preciso fazer algo agora, já!".

Assim começa um novo capítulo na vida de nosso personagem. A lista acabou aumentando, depois diminuiu. Muita coisa foi feita desde então. Na virada de 2016 para 2017, algumas conquistas e uma nova lista.

Terminou 2016 bem mais satisfeito e celebrou a chegada de 2017. Instaurou mudanças internas e externas, desafiou-se, fez *coaching*! E a filosofia do *coaching* começou a estruturar sua vida. Vem aprendendo muito. E um dos principais desafios é que não pode fazer e ter tudo ao mesmo tempo. Só temos tudo ao mesmo tempo nas abas dos computadores e nas telas de nossos *smartphones*. Na vida, temos limitações do tempo e de espaço, de energia, de concentração. Entrou em um processo contínuo de aprendizado para equacionar tudo isso. Precisou abrir mão e escolher para ter foco. Pois, sem foco, andaria em círculo dispendendo energia, conquistando pouco e sem atingir suas expectativas, consequentemente se decepcionando. Então, um grande objetivo por vez é o seu lema.

Aprendeu a ser grato por tudo e a comemorar pequenas conquistas, ampliou sua visão de otimismo e a capacidade de resiliência, recuperou sua espiritualidade enterrada em um ambiente cartesiano, encontrou alegria e prazer nas pequenas coisas, ampliou sua compreensão com as pessoas, despertou para a contemplação. Enfim, uma vida com significado e focada no presente.

Quem o criticava pelo excesso de trabalho, agora o criticava por mudar de carreira. Começar tudo novamente? Aos 40 é só esperar a aposentadoria! Largar o *status* e um pacote vantajoso de benefícios de sua companhia? E a crise atual do Brasil? Onde vai conseguir tempo para desenvolver nova carreira?

Além das pessoas, tinha também que responder suas perguntas internas, seu cansaço, o esforço para recuperar e aperfeiçoar novas habilidades. Foi um desgaste enorme sair de sua "zona de conforto" desconfortável. Chegou a adoecer, seu corpo falhou. E nas pausas de suas licenças médicas pôde refletir e firmar a convicção de que realmente estava no caminho certo, apesar da incompreensão dos outros. Recuperou-se fisicamente, não desistiu de si mesmo. E continua em seu propósito e missão. Isso mesmo, ele se encontrou. E você?

É possível mudar? Sim, é possível!

Muitas pessoas entram no mercado de trabalho cumprindo as expectativas de seus pais. Também devido às circunstâncias diversas relacionadas a oportunidades e necessidade de trabalhar. Outras vezes por desconhecimento ou idealização de uma profissão. Há também aqueles que escolhem as profissões por *status* ou remuneração.

O tempo passa, conseguem conquistas financeiras e materiais, sanam necessidades, mas a realização não vem. É preenchida com lazer e prazer que duram apenas dois dias. E chega a segunda-feira. Por que alguns poucos são felizes e bem-sucedidos e a grande maioria vive no automático? Propósito e missão são para seres iluminados? Sim! No entanto, muitos não têm a consciência de que todos somos seres de luz.

E o nosso personagem? Como descobriu o seu propósito e missão? Posso trilhar o mesmo caminho? Sim e não.

Sim, porque você pode decidir e agir em busca de seu propósito, deixar sua insatisfação movê-lo inicialmente. Mas cada um tem seu caminho. A história de nosso personagem lhe trará, no mínimo, muitos *insights*.

Não, porque cada um tem que trilhar o seu caminho. E o bonito na vida é isso: diversidade de histórias que constroem o grande mistério da vida. Cada um feliz do seu jeito. Como dizemos popularmente: "cada cabeça, um mundo".

Existem algumas técnicas que nos ajudam a encontrar o nosso propósito. Por conta do espaço vou dedicar-me a que o personagem acima se identificou e a utilizou como ponto de partida. É bastante simples e divertida.

O Diagrama de Venn criado pelo matemático John Venn é utilizado para facilitar a demonstração de dados e suas relações de união e intersecção. No Google, você encontrará versões de 3 e 4 conjuntos e com outras variáveis. Aqui utilizaremos o modelo de três conjuntos. Seu propósito é a intersecção dos três elementos que vamos explorar:

1) Em que você é bom ou poderá ser; 2) O que você ama; e 3) O mundo precisa e está disposto a remunerar.

```
    SOU BOM   AMO FAZER

      O MUNDO
      PRECISA    → PROPÓSITO
```

Pegue uma folha de papel e faça uma lista exaustiva de cada um dos pontos. Atenção: a lista do ponto 3 só poderá ser feita após concluir a lista dos pontos 1 e 2. Faça apenas uma lista por vez.

Sugiro que você use realmente lápis e papel e não um meio eletrônico. Imprima sua letra nele, sua persona. Materialize por meio da escrita e do desenho. Faz muito tempo que não faz isso? Vai ser divertido e prazeroso. Aproveite para fazer desenhos, mesmo que considere que não desenha bem. Lembre-se de que ninguém vai te avaliar. Esse momento é seu.

No primeiro ponto você precisar ficar à vontade, pois somente você irá ver a lista. Não seja apressado, espere cinco a dez minutos antes de iniciar a segunda lista. Continue "cavando" dentro de você, permita-se. Se preferir e quiser, passe um dia fazendo as listas 1 e 2 e inserindo informações.

A lista 3 é mais fácil, pois deverá selecionar itens que estão simultaneamente na lista 1 e 2.

O momento agora é de selecionar e separar as finalistas.

Ao ver suas possibilidades de viver, sentirá uma energia e um entusiasmo muito grande. Usufrua desse momento! Visualize-se exercendo-as.

Será que sua profissão atual ou formação está em alguma delas?

Para auxiliá-lo na escolha de uma das finalistas, seguem alguns questionamentos:

– Quais são seus talentos? Quais as ações que os confirmam?

– Fazer isso todos os dias será natural e prazeroso e você não sentirá o tempo passar?

– Vai ser bom para mim, para os outros e para o mundo?

– Caso dinheiro não fosse problema, você usaria assim o seu tempo?

– O mundo está disposto a remunerá-lo por isso?

E então? Você tem direito e merece viver conforme seu propósito? Sim! Você é merecedor! O destino de sua vida está em suas mãos!

Fiquei curioso! Caso queira, permita-me ver o resultado em meu e-mail com o título: Novo capítulo de minha vida!

Claro que aqui é um ponto de partida. Agora você precisa de um planejamento para agir. Mas isso já é tema de outro artigo, são "cenas do próximo capítulo" na história de nosso personagem.

"Acorde! Ainda dorme? Levante-se! Vamos! Ainda dá tempo!"

Foi o que o nosso personagem da história ouviu de sua esposa após o "pesadelo".

E aqui, no meu até logo, você irá ouvir pela terceira vez.

Acorde! Ainda dorme? Levante-se! Vamos! Ainda dá tempo!

Não espere o fim do ano para fazer isso por você.

A HORA DA VIRADA é agora!

16

Movimentos rumo à mudança

É visível e simples observar a dificuldade e a resistência às mudanças, que normalmente são comuns a todas as pessoas nos ambientes pessoal, familiar e profissional. Será que não estamos transformando as mudanças em processos complicados e de grande natureza, que nos impossibilitam de dar o "primeiro passo", e que se fossem superadas nos libertariam e permitiriam esse movimento de forma diferente? Relatarei três situações diferentes que, em sua essência, apresentam a mudança do olhar observador de si mesmo, como fator determinante, em direção a atitudes e resultados diferenciados

Eliane Arruda do Nascimento

Eliane Arruda do Nascimento

Graduação em Administração pela UFMS; Mestrado em Desenvolvimento Local pela UCDB; MBA em *Marketing* pela FGV; Especialização em *Marketing* e Comércio Exterior pela UCDB; Capacitação no Programa de Formação de Consultores de Empresas de Pequeno Porte pela FIA/USP. Formação em *Coaching* Executivo Organizacional pela *Leading Group*/Instituto Opus, *Professional Coach Certification* em *Life Coaching* pela SLAC e PDC *Professional DISC Certification* pela SLAC/HRTOOLS; Facilitadora na utilização da Metodologia Lego® *Serious Play® Methods and Materials*. Formação em Psicologia Positiva, pelo IBRPP e também na utilização da ferramenta *Points of You*™. Professora nas Universidades UNIDERP e UNAES (Ano:2000). Integrante da equipe do SEBRAE MS desde 1995, atuando como gerente nas áreas de: mercado, inovação, educação, *marketing*, crédito, comércio e serviços e atualmente como Analista, especialista em atendimento a empresas de micro e pequeno porte. Diretora Administrativa da ICF-*International Coach Federation* Capítulo Regional Mato Grosso do Sul na gestão 2016-2017 e Presidente da ICF Capítulo Regional Mato Grosso do Sul na gestão 2018-2019.

Contatos
eliane.arruda19@gmail.com
elianeadmin@hotmail.com

Nesta semana tive a oportunidade de participar de um evento, em que mulheres exitosas em suas carreiras relatavam suas experiências enquanto mães, esposas e empresárias, compartilhando suas vitórias, belezas e aflições ao desempenhar vários papéis, nos contextos pessoal e profissional.

Enquanto eu ouvia os depoimentos, as perguntas em minha cabeça começaram a brotar, uma seguida da outra: como é que "estou" lidando com as diferentes situações em minha vida? Confrontando (brigando), dançando (alegre e me divertindo) ou fluindo (como água de rio que faz a curva necessária, dribla os obstáculos, sempre em frente, rumo a um objetivo incerto, ora rápido, ora mais calmo, mas sempre em movimento)?

Creio que um pouco de cada, dependendo da situação e do estado de espírito do momento. Equilíbrio? Tenho dúvidas se é a melhor resposta. Na prática, o equilíbrio é um desafio, tal como um chá quente, que deve ser servido e tomado com cuidado e paciência para não derramar, evitando queimar a si mesmo e ao outro.

Não bastasse tudo isso passando por minha cabeça, surgiu uma pergunta durante a palestra que "incomodou" geral. Tinha uma cadeira vaga no palco e a pergunta foi: "Quem estaria disposto(a) a ocupar aquela cadeira?" Primeiro veio o silêncio e, em seguida, poucas corajosas, num público de mais de 200 pessoas, levantaram a mão.

Como uma flecha lançada, vieram as perguntas em direção ao auditório, para reflexão:

— Quantas vezes já nos foram oferecidas "cadeiras" e não tivemos coragem de assumir?

— E quanto às oportunidades que já nos foram oferecidas, e por nos julgarmos incapazes ou ainda não estarmos preparadas, deixamos passar ou não aceitamos? E mais tarde, nos arrependemos!

— Será que a frase: "Imagina, não precisava!" está sendo utilizada com frequência, embora realmente saibamos que é justo, e que merecemos ou queremos? E se trocássemos por: "Obrigada, fico feliz por receber. Farei o meu melhor!"?

Como tem sido nossos comportamentos, quando justamente precisamos de coragem para assumir riscos que podem provocar mudanças efetivas e grandiosas em nossas vidas?

Escolhas, descobertas, consciência e decisões fazem parte de nossa vida diariamente, e determinam a qualidade de nossos resultados. Cada pessoa terá uma resposta diferente e verdadeira para essas reflexões, mas para aquelas que de fato querem encontrar as respostas, o *coaching* é um caminho que pode facilitar essa descoberta, provocar mudanças e ainda melhores resultados.

Será que é sorte mesmo?*

Carnaval! Alegria, festa, folia, rever amigos, parentes e aquecer a alma de lembranças boas e atualizar "notícias da família"!

Foi assim que fiquei sabendo que meu primo tinha passado em um concurso federal, e sua mãe estava orgulhosíssima, e com uma dose extra de alegria com a conquista do filho. Quando ela me contou, lembrei-me do livro de Homero Reis, *A teoria da decisão*, onde cita: "O que vivemos, o que fazemos são resultados de atos anteriores que nos prepararam para atos outros que virão... todo ato revela a escolha que o observador faz..."(p. 22).

Lembrei-me desse texto, pois todos que parabenizavam meu primo diziam que ele era um "rapaz sortudo"! Que se tivessem a sorte dele, também passariam! Será?

Será que é sorte mesmo? Lembro-me bem de que ele raramente participava das festas da família ou bailes – que eram quase uma obrigação (boa obviamente.) –, porque ele estava sempre estudando, lendo ou participando de cursinhos preparatórios. Era considerado sempre o "chato" da família, afinal não fazia o que "todos" faziam, e agora era o "sortudo"!

Não importa se ele realmente tem sorte ou não, mas fato é que somado aos esforços realizados, ele alcançou um objetivo desejado por muitos, mas atingido por poucos.

Naquele momento em que todos comentavam sobre o êxito de meu primo, fiquei a me perguntar:

— Será que os demais também estariam dispostos a fazer escolhas diferentes e pagar o preço por essas escolhas, em favor de seus objetivos?

— Que atitudes eles precisariam mudar, para alcançar um objetivo que realmente almejam?

— O que seria diferente para eles, se eles também conseguissem atingir algo desafiador e desejado?

— Qual seria o verdadeiro impedimento para que cada um deles também atingisse seus objetivos desejados?

Refletir sobre essas questões e conhecer minimamente as respostas possivelmente já seria um belo começo para se tornarem também "sortudos ou sortudas!

Não consigo cumprir prazos!

Tenho o hábito de reunir-me com algumas amigas semanalmente. É sempre um momento de compartilharmos as novidades. Assuntos não nos faltam! Dessa vez, uma delas estava estranha, mais calada e pouco interagia com as demais.

Vendo que ela estava um pouco desconfortável, eu lhe perguntei se estava tudo bem. As demais, que também já a tinham observado, voltaram a atenção para ela e o silêncio ficou absoluto na mesa.

Não tardou para que ela desabafasse:

— Estou triste e brava comigo mesma, pois novamente perdi o prazo para entrega de um trabalho. Toda vez é a mesma coisa!

Então eu perguntei:

— Você quer falar um pouco mais sobre esse assunto? Podemos te ouvir.

Não demorou e ela desatou a falar:

— Eu sempre acabo deixando tudo para a última hora! Meus trabalhos na universidade, chego sempre atrasada na empresa, nas reuniões, nos encontros familiares e até para arrumar a mala quando tenho que viajar, deixo para o último minuto! São poucas as vezes que não tenho problemas com horários e datas.

Após esperar que ela comentasse mais alguma coisa, falei:

— Se entendi direito, há momentos, então, que você consegue cumprir os prazos/horários e outros não. É isso?

Ela: — É isso mesmo! E depois vem uma sensação de culpa, de não realização e fico me perguntando o porquê sempre repito isso. Eu queria muito fazer diferente.

Eu: — Você alguma vez já observou as coisas que consegue cumprir e as que não consegue?

Ela: — Não, como assim? Me dê um exemplo.

Eu: — Liste nessa folha que está aí com você, todas as situações em que não tem conseguido cumprir o prazo. Procure listar ao máximo, todas elas.

Após alguns minutos fazendo a lista (e não era pequena), ela estava com a expressão fechada. Observando-a naquele momento, pedi que escrevesse na outra folha as situações em que ela tinha cumprido o prazo, sem pressa ou mesmo se antecipado à data de entrega. Imediatamente ela escreveu e acabou. Era bem menos que a outra lista, mas seus olhos brilhavam e o sorriso no rosto já aparecia.

Então, pedi que ela observasse a lista maior e verificasse se tinha algo em comum nas ações ou atividades daquela lista.

Ela olhou, demorou um pouco, como se estivesse voltando para cada ação daquelas e falou:

— Eu não quero e nem queria fazer ou estar em nenhuma dessas situações. Fiz porque tinha que fazer! – E já pegou a outra lista. — E nessa outra são coisas que amo fazer! Me dão prazer e me fazem sentir realizada!

Nesse momento, uma das amigas comentou que aquilo também acontecia com ela e começaram os comentários, e a situação se mostrou comum em diferentes situações para todas que estavam reunidas naquele momento.

Considerando que a conversa retornou para o grupo, começamos a conversar e algumas alternativas começaram a surgir:

– Estão claras as situações que fazemos porque "queremos", e aquelas que "temos" que fazer, para então tomarmos uma decisão?

– Se fosse possível eliminar algumas coisas que fazemos e não gostamos, quais seriam elas?

– Realmente "temos" que fazer ou "escolhemos" fazer algo?

– Que atitudes diferentes poderiam ser adotadas para começarmos a cumprir os prazos, sem atrasos e sem sofrimento?

E, assim, a conversa continuou, surgindo vários outros questionamentos e possibilidades de situações e soluções para melhor lidar com o cotidiano, ocorrendo uma resposta diferente para cada uma, pois somos seres únicos e a resposta é singular para a realidade, capacidade e escolha de cada uma de nós, que lá estava.

As reflexões propostas nesses textos são propositalmente provocativas, simples, que ocorrem em nosso cotidiano, que se forem conscientemente observadas, possibilitarão respostas e atitudes surpreendentes.

17

Colherá o que semear

"Tudo tem o seu tempo determinado e há tempo para todo propósito debaixo do céu... tempo de plantar e tempo de colher o que se plantou." (Rei Salomão)

Elsy Ansay Silva & Lilian Ansay Silva

Elsy Ansay Silva & Lilian Ansay Silva

Elsy Ansay Silva
Personal Coach & Líder *Coach*. Mestranda em Psicologia Clínica e da Saúde, pós-graduada em Metodologia do Ensino da Arte Educação, graduada em Gestão de Recursos Humanos; palestrante: grupos de Tabagismo, Saúde Mental, Formação e valorização de equipes, Música, Arte e Teatro com a comunidade local, cadeirantes, deficientes visuais, surdos, transtornos intelectual e mental. Autora do *e-book A arte no espelho - O encontro do inconsciente com a arte.*

Contatos
ansayelsy@hotmail.com
(41) 99204-5349

Lilian Ansay Silva
Musicoterapeuta – Clínica e social - formada pela Faculdade de Artes do Paraná – Curitiba - PR. Especialista em Educação Musical. Projetos Prefeitura municipal de Ponta Grossa - PR: SMGRH - Musicoterapia Laboral, Musicoterapia Clínica e individual com funcionários e FASPG Musicoterapia Social com a pessoa idosa – "Envelhecer com sabedoria". Serviço de convivência e fortalecimento de Vínculos crianças de 0 a 6 anos, e mamães) "Vinculo mamãe/bebê", "Cuidando do cuidador".

Contatos
musicoterapiaansay@hotmail.com
(42) 99833-6338

O que plantamos e o que colhemos? Muitos de nós não somos agricultores ou pessoas acostumadas a lidar com os cuidados do plantio, e apenas "colhemos" nas prateleiras dos supermercados, ou nas quitandas, sem a necessidade deste processo de espalhar as sementes e cultivá-las para a colheita.

A Lei da semeadura e da colheita não é apenas para colher o que vamos comer, ela serve para todos os parâmetros das nossas vidas, que são as nossas "escolhas". É necessário dar atenção para tudo que acontece, desde o nosso acordar até a hora do nosso descanso diário, para que haja entendimento desta semeadura e, que no tempo certo, esta colheita sirva para aprendermos mais sobre os cuidados que devemos ter com cada grão, cada palavra ou atitudes semeadas. Sementes que um dia nós mesmos plantamos em nosso cotidiano, a nossa forma de ser, agir, pensar e até mesmo de viver. Somos o que escolhemos ser.

Quando fiz minha formação de *coaching* e me encontrava em processo de *autocoaching*, eu, Elsy, não imaginava que estava semeando algo tão precioso em minha vida e comecei a ser estimulada a traçar metas, e a escolher minha Missão de vida, tudo era muito novo para mim. Estava sendo capacitada para contemplar o belo, traçar objetivos, "transformar o que já é perfeito em algo deslumbrante". Sendo motivada a impactar vidas, transformar a teoria em prática, agregar valores, ultrapassar limites, comprometimento e, assim, fazer a diferença.

Foi quando refletia sobre minhas escolhas e hábitos comportamentais, que escolhi o espelho como instrumento para iniciar um despertar de "encontros e desencontros" para me tornar uma pessoa melhor, e tomei a decisão de reescrever minha história. Percebi que esse processo estava colaborando para "entrar em contato com minhas emoções", iniciar uma viagem para dentro de mim, e sabia que não seria nada fácil. Queria "ver", sem distorções, a beleza escrita nos livros e colocar em prática algumas ferramentas que estava aprendendo. Mas neste pensar subjetivo, quando me olhava no espelho, me deparava com uma imagem que parecia "uma obra inacabada". Assim, percebi desilusões, crenças limitantes, conflitos, um refletir, algumas vezes cruel. Deparei-me com esta frase: "A solução para muitos problemas está bem debaixo do seu nariz". Olhava no espelho e pensava: "como assim?" E estudando esse assunto, compreendi que a boca fala do que está cheio o coração. E de que forma poderia modificar essa situação? Qual seria a ferramenta que eu iria iniciar? Toda essa reflexão estava promovendo em mim uma comunicação mais efetiva com meu interior; foi quando pensando na ferramenta "Pensar, sentir e agir", observando o que saía da minha boca, nasceu a ideia de uma ferramenta com o nome: Utilizar o princípio da "Lei da semeadura e da colheita", para um efeito majestoso. Convidei uma musicoterapeuta clínica e social para fazermos parceria com o projeto "Colherá o que semear", pois unindo as competências do processo de *coaching* com os processos de ressignificação propiciadas pela musicoterapia, por meio desta interlocução de saberes, pode-se potencializar estratégias de conflitos.

Uma explanação da musicoterapeuta

A musicoterapia é uma terapia expressiva. O profissional estimula o potencial criativo e a ampliação da capacidade comunicativa, mobilizando aspectos biológicos, psicológicos e culturais (MILLECCO, 2001, p. 80). Este profissional pode perceber, escutar, as várias linguagens manifestadas pelos participantes, e se necessário interagir, mobilizar, e por meio da possibilidade de "abrir canais para expressões inconscientes" permite a revelação e a restauração da alma humana.

Tendo em vista o musicoterapeuta clínico ser um terapeuta com práticas expressivas, seu olhar, percepção clínica, sua escuta terapêutica e utilização de atividades expressivas, tem a faculdade de estimular emoções mais profundas, propiciando construções de subjetividades. O profissional deve compreender que neste projeto social deverá ter intervenções unicamente sociais. Não deve ultrapassar o limite da sua atuação, e sim desenvolver o seu papel como facilitador, respeitando o "divisor de águas", ou seja, o trabalho dos demais profissionais, com intenções de somar para o desenvolvimento de um trabalho mais efetivo. Todas as atividades, quando trabalhadas com mais profissionais, devem ser planejadas com a equipe, unir saberes para atingir os mesmos objetivos. É necessário que cada profissional tenha clareza de suas competências, percebendo que as ferramentas, estratégias, abordagens deverão ter objetivos claros, para possíveis intervenções de cada competência. Busca-se refletir as competências de cada profissional, partindo desses conhecimentos, de que forma, por meio de uma interlocução das diferentes metodologias e aplicabilidade, dentro de um planejamento visando a demanda, e respeitando a ética e os bons costumes, potencializando estratégias para amenizar e até buscar resoluções de conflitos.

Pode-se refletir que a expressão humana se dá a partir das percepções de ideias, costumes, símbolos, crenças, que demandam manifestações que objetivam dar significado às emoções, sensações, que comuniquem e relatem seus sentimentos. A expressão sonora musical corporal é um veículo em que o ser humano pode expressar seus sentimentos e comunicar como se relaciona com o mundo.

De que maneira esta expressão sonora musical está sendo utilizada para manipulação de massas, com a intenção de "adormecer" a análise racional, permitindo acesso ao inconsciente e induzindo comportamentos preestabelecidos? Os meios de comunicação entendem e conhecem como utilizar este meio, de forma manipuladora. Se estamos preocupados com nossos clientes, devemos buscar um movimento em direção ao cliente, por meio da escuta, possibilitando que este entre em contato com sua subjetividade, criatividade, habilidades e venha a utilizar seus recursos internos, liberando seu fluxo natural em uma relação adequadamente conduzida. Objetivando o desenvolvimento do ser, a consciência de si mesmo, na experimentação de forma plena da descoberta do seu próprio potencial. Dessa forma, acreditamos em uma melhor qualidade de vida, maior rendimento em aprendizagem e um relacionamento interpessoal mais adequado.

Algumas atividades executadas na musicoterapia e no *coaching*

Relaxamento – promover encontro consigo mesmo, feito por meio do foco na respiração, no corpo e no estado mental, aprendendo a se conhecer e a se ouvir. Quando a mente se acalma e a pessoa é capaz de desacelerar ou fazer cessar atividades mentais desnecessárias, as células e tecidos do cérebro e do corpo podem repousar e recuperar-se, gastando menos e armazenando mais energia. O padrão de nossas energias se eleva, permitindo maior clareza mental, e quanto melhor o padrão dos nossos pensamentos e de nossos sentimentos consegue-se uma melhor qualidade de vida.

Prática instrumental – o integrante deve reconhecer que seu comportamento influencia em seu desempenho. Mesmo que a proposta não venha a ser um conjunto instrumental profissional, existem atribuições que o integrante precisa executar. Avaliar sua "performance" sem se sentir superior ou inferior aos outros integrantes, mas sabendo que o sucesso ou fracasso e o desempenho do conjunto instrumental dependem do seu comprometimento de fazer o "seu melhor". (Todos são necessários, desde instrumentos melódicos, como teclado, violão, como os de percussão, carrilhão, triângulo etc.).

Vocalizes e aquecimento corporal e vocal – expressão corporal com vocalizes – com finalidade de consciência e construção da imagem corporal, exercícios de respiração (entrar em contato com o aparelho fonador), exercícios vocais (ajudar dicção, afinação, emissões vocais).

Músicas com danças e exercícios rítmicos – gestos e movimentos, com intenção de estimular atenção, prontidão e pulsação interior.

Cânone – aprimorar concentração, atenção, escuta.

Parlendas – para dar ênfase ao ritmo das palavras e dos movimentos.

Modulações e expressões faciais – dando ênfase a personagens e a situações.

Aperfeiçoar a técnica do canto – aprimorá-lo, respeitando a tessitura, e o registro vocal de cada integrante, com objetivos de desenvolvimento melódico e rítmico.

Perceber os talentos – incentivá-los a desenvolver seu potencial musical artístico.

Pela interlocução entre as competências de processo de *coaching*, e os processos de ressignificação propiciadas pela musicoterapia, pode-se potencializar o autocuidado, a percepção do seu mundo interno, direcionar estratégias de resoluções de conflitos, iniciando uma nova caminhada em direção a novos sonhos. Iniciou-se, assim, diante da "riqueza" dessa parceria, um divisor de águas.

A Lei da semeadura e da colheita, quando compreendida e aplicada, é poderosa e capaz de trazer resultados surpreendentes. O profissional irá amparar o cliente a aplicar esses princípios, escolhendo melhores sementes, objetivando uma relação mais harmoniosa consigo mesmo e com o outro. Ampliando a visão desse cliente, promovendo um desenvolvimento do ser, a consciência de si mesmo, buscando fazê-lo experimentar de uma forma plena a descoberta do seu próprio potencial.

Primeiramente, o profissional propõe uma reflexão sobre o princípio da Lei e, diante do entendimento desta, colocam-se em prática os demais princípios; assim o cliente poderá experimentar melhores "colheitas", por meio do "pensar, agir e sentir". E o que vem a ser esse princípio?

Lei da semeadura e da colheita

"Pois aquilo que o homem semear, isso também ceifará". "Pois a bondade é a colheita produzida pelas sementes que foram plantadas pelos que trabalham em favor da paz. Se uma pessoa pronunciar palavras de amor, colherá amor; quem plantar ódio, colherá ódio". Colherá o que semear, simples assim.

Profira palavras de bênção, plante boas sementes para colher bons frutos. Para iniciar uma boa semeadura é necessário primeiramente decidir. Decida preparar a terra e tirar as ervas daninhas. Perdoe a si mesmo; perdoe a quem lançou espinhos em seu coração, tire o lixo. Procure compreender que somos movidos por um universo interior simbólico. Os nossos sentidos detectam estímulos externos, transformando-os em impulsos eletroquímicos que transmitem informações sensoriais ao sistema nervoso central. Construímos nossas "realidades" de acordo com nossas percepções, ou seja, nossas crenças, nossos paradigmas, formando uma cadeia repetitiva, onde investimos grande parte da nossa energia psíquica, dando sentido ao que julgamos real. (GRIFO NOSSO)

Com uma representação mental diante de um acontecimento doloroso, simultaneamente surge uma emoção aflitiva que o acompanha. Quando o sentimento fica "martelando" e não quer nos deixar, é como a música do Fagner que diz: "Sentimento ilhado, morto e amordaçado volta a incomodar". Falamos que o assunto está morto e enterrado, mas não queremos resolver, enfrentar, (tirar o lixo). Colocamos em risco cada sentimento que pode ser aflorado e vir à tona com o passar do tempo, nos sabotando e inibindo o florescimento e o desenvolvimento do nosso ser. É impossível colher amor, se a semeadura for de ódio; impossível colher perdão, se a semeadura for de rancor; impossível colher paz, se a semeadura for de guerra; impossível colher amizade, se a semeadura for de intriga. Precisamos analisar, cuidadosamente, que tipo de sementes estamos espalhando.

Seja o jardineiro desta nova plantação, escolha boas sementes, como amor, respeito, perdão. Cultive com carinho as novas sementes, não permita que pessoas venham plantar espinhos que atrapalhem o bom desenvolvimento do que plantou.

Descobrir – dar o melhor de si na tomada de decisão- criar e sustentar o que quer profundamente

Descobrir: tornarmo-nos conscientes – que temos um universo interior simbólico, movido por nossas crenças e paradigmas.

Decisão: decida preparar a terra e tirar as ervas daninhas, e plantar sempre boas sementes.

Criar e sustentar o que quer profundamente: busque autoconhecimento, novas escolhas, mudança de hábito, "sempre selecione as sementes, que você permite entrar neste jardim". Reflita, amplie seu repertório de sementes boas como: amor, alegria, paz, longanimidade, benignidade, bondade, fidelidade, mansidão, domínio próprio (São os frutos do espírito – Gálatas 5:22), sementes de respeito, compreensão, amizade, alegria, perseverança, justiça, empatia, responsabilidade, planos definidos, persistência, bom relacionamento interpessoal e intrapessoal, entre outras.

Ao mesmo tempo em que havia em meu coração boas sementes plantadas, havia ervas daninhas, que permiti serem semeadas. Eu, Elsy, comecei a observar as palavras que saíam da minha boca. Pois a mesma boca pode "abençoar" ou "amaldiçoar". Escolha abençoar! Nossas palavras devem edificar e transmitir amor aos que as ouvem e as sentem. A vida é uma escolha.

Eu escolhi mudar o canteiro da minha vida e transformá-la em um *habitat* para novas sementes.

E agora! Quais são as "sementes" que você irá semear hoje?

Referências
BÍBLIA VIVA: (Gl 6:7); (Ec 3:1,2); (TG 3:18); (Cl 4:6); (Gl 5:22).
FILHO, Milleco *et al. É preciso cantar – Musicoterapia cantos e canções*. Rio de Janeiro: Enelivros, 2001.

18

Construindo a mentalidade para uma carreira de sucesso

Embora sucesso seja algo bem pessoal, pois cada um tem seu termômetro para medir exatamente o que é, aqui falaremos dele. Porém, a relação que faremos com o sucesso está atrelada a como gerar resultados relevantes e sustentáveis e de que maneira o *coaching* pode alavancar a performance para a carreira ser pautada por resultados e transformações

Felipe de Freitas &
Danilo Ferreira de Camargo

Felipe de Freitas & Danilo Ferreira de Camargo

Felipe de Freitas

Felipe, administrador com carreira focada em *Supply Chain* há mais de dez anos atua profissionalmente em grandes multinacionais apoiando a alta liderança na tomada de decisões estratégicas por meio do desenvolvimento organizacional, do aumento de produtividade e da gestão de grandes projetos. Atua como *trainer* pela LeaderArt Internacional, palestrante, *Life* e *Executive Coach* membro da International Association of Coaching, além de Analista Comportamental em diversas metodologias.

Danilo Ferreira de Camargo

Um Engenheiro mecânico que encontrou o seu propósito e amor no apoio à transformação de pessoas. Atual Diretor presidente do Instituto Fair Fox, um centro de educação voluntária. Há mais de oito anos, Danilo atua apoiando o desenvolvimento de produtos, tomada de decisão estratégica e gestão de projetos com o PMI. *Trainer* licenciado no Brasil pela LeaderArt Internacional, certificado como *Life Coach* pela International Association of Coaching e analista comportamental nas ferramentas DISC e LPPA.

Contatos
www.alemdaperformance.com.br
contato@alemdaperformance.com.br
(11) 96471-9603
(11) 97343-4845

Num contexto em que todas as empresas e investidores enxugam custos, reduzem investimentos e buscam ter equipes multidisciplinares, a demanda por mais qualidade, agilidade, com metas cada vez mais desafiadoras, com concorrência muito mais acirrada geram a necessidade de resultados rápidos. Isso exige que toda a equipe esteja sempre entregando alta performance, como se fossem verdadeiros atletas.

Este cenário nos cobra, enquanto profissional, um posicionamento até o momento jamais visto no mercado, no qual não só as competências técnicas e experiências profissionais combinadas geram diferenciação, mas a necessidade de explorar o conhecimento do eu enquanto gerador de resultados e relações.

Em nossa experiência desenvolvendo profissionais de alta performance, identificamos uma similaridade nos fatores que limitavam o desenvolvimento profissional dos nossos clientes. Para suprir essa demanda do mercado, desenvolvemos o programa *High Performance Impact*, um combinado de metodologias que na maioria do tempo questiona o padrão de pensamento e tomada de decisão, além de potencializar os talentos e principais capacidades das pessoas.

A metodologia segue um plano de desenvolvimento onde é feita a desconstrução do objetivo e entendimento de onde exatamente ele quer chegar, as motivações e os prazos. Trabalhamos o indivíduo para que ele passe por transformações de comportamento provenientes do conhecimento do seu eu e dos seus próprios porquês.

Entendendo exatamente onde se está e para onde ele quer ir, o trabalho agora é traçar seu plano de voo, analisando todas as opções que podem ser exploradas e os desafios que devem ser superados. Ainda nesse momento de planejamento, análises de ambiente e de inovação são feitas, criando assim novas opções para atingir o objetivo traçado.

Passada toda a fase de autoconhecimento e planejamento, desenvolvemos competências de liderança, pois essas serão o embasamento real para execução do plano, fazendo com que o que fora desenhado no plano de voo efetivamente seja implantado com disciplina.

Autoconhecimento – Como eu me conecto com o mundo

Alguns fatores são cruciais quando se quer construir uma carreira de sucesso. O principal fator que se deve desenvolver é o autoconhecimento. Ele nos permite perceber como os estímulos externos repercutem em nossas decisões e como nossa comunicação com o mundo influencia em nossas ações.

Não menos importante, o entendimento do seu propósito de vida, do motivo pelo qual nossa existência foi permitida no mundo, traz à tona nossos talentos e clarifica quais atividades nos trazem prazer, no que nós nos identificamos.

Nesses anos de atendimento, quando nossos clientes atingiram o conhecimento sobre seu próprio eu e sobre suas principais habilidades, os resultados começaram a aparecer exponencialmente, pois suas relações com o mundo e consigo foram para outro nível.

Isso não é tão simples quanto parece, pois alguns dilemas são criados nesse processo de entendimento sobre a posição do indivíduo no mundo. Ele já é adulto e tem um conceito formado de como consolidar relações, gerar resultados e compreender fatos. Tem um padrão próprio/particular de pensamento que foi criado a partir de suas experiências e/ou ensinamentos do ambiente no qual ele fora criado, assim formando suas crenças que podem, em situações específicas, ser limitantes ou fortalecedoras.

Quando somos crianças, nossa formação enquanto seres é constituída pelas experiências vivenciadas, pelos conceitos sobre o mundo provenientes dos nossos pais e pelas competências técnicas que nos são inseridas mecanicamente na escola que, combinados, moldam o tipo de profissional que seremos no futuro.

O que se demorou a perceber e ainda engatinha no Brasil, pois poucas instituições promovem em suas grades, é o desenvolvimento de habilidades socioemocionais na formação de nossos futuros profissionais. Porém enxergamos essas habilidades como essenciais para a construção de profissionais de alta performance.

Crescemos e chegamos ao mercado de trabalho sem o entendimento de como o nosso eu reage às emoções positivas e às negativas, às pressões, às angústias, às frustrações, às vitórias e às derrotas e afins.

Como seres humanos, passamos todo o tempo fugindo do que nos traz dor e buscando o que nos traz prazer. Essa relação faz com que inconscientemente tomemos decisões que ora nos sabotam, ora nos favorecem, de acordo com nossa relação emocional com um fato semelhante que aconteceu no passado e nos tornou esse ser maravilhoso com uma percepção única do mundo em que vivemos.

> Embora preferíssemos negar, persiste o fato de que nosso comportamento é guiado pela reação instintiva à dor e ao prazer, não pelo cálculo intelectual. Em termos intelectuais, podemos acreditar que comer chocolate é ruim para nós; apesar disso, continuamos a comer. Por quê? Porque não somos guiados tanto pelo que sabemos intelectualmente, mas sim pela maneira como aprendemos a associar a dor e o prazer no sistema nervoso. (ROBBINS, 1992, p.75)

Sem essas competências, que podemos chamar de inteligência emocional, ficamos como um barco à deriva, dependente de ventos para nos mostrar a direção e o caminho para onde iremos.

Autoconhecimento e propósito são extremamente cruciais, pois dão o diagnóstico claro da condição atual do indivíduo, de onde ele efetivamente está quando comparado aos seus anseios pessoais e profissionais.

Planejamento – Desenhando meu plano de voo

O planejamento para uma carreira de sucesso segue algumas diretrizes. Conhecendo seus talentos, seus padrões de pensamento, como você estabelece e mantém suas relações, você passa a saber quais são os fatores que o motivam e assim tem um arsenal de ferramentas que fatalmente facilitará o desenho da sua jornada rumo ao sucesso.

Determinado qual o próximo passo e entendido sua posição atual, estudar o percurso é a próxima ação para a construção de uma carreira vitoriosa. Responder algumas perguntas nesse momento é importante para clarificar o caminho e ter alguns *insights*.

O que você precisa fazer para chegar ao próximo nível? O que pessoas que tinham o mesmo objetivo que você fizeram para alcançar a realização profissional? O que seus pares estão fazendo de positivo que você também pode fazer? Algumas respostas estarão relacionadas à capacitação contínua, senso de dono, bons relacionamentos, entregas relevantes e afins. Esse conjunto de informações deve ser organizado cronologicamente com prazos reais e possíveis.

Ao longo desses anos, de experiência em desenvolvimento humano e de estudos, entendemos que profissionais de alta performance entregam acima da média e superam expectativas. Isso parece um tanto quanto óbvio, porém o grande desafio dessa entrega excepcional é fazer isso construindo relacionamentos.

Por muitas vezes, realizamos coisas extraordinárias, porém desgastamos uma série de relacionamentos ao longo do caminho. Um profissional de excelência realiza entregas que superam expectativas e constroem relacionamentos ao tempo que as entregas acontecem.

E para colocar a cereja no bolo, após fazer uma realização que deixou muita gente impressionada, superando expectativas, respeitando e garantindo que os relacionamentos à volta desse projeto fossem fortalecidos, um profissional de alta performance tem a sensibilidade de gerar valor a suas realizações, tocando os envolvidos e os impressionando. Resumindo, profissionais diferenciados entregam acima da média, constroem relacionamentos e são exímios vendedores da sua imagem e da sua entrega.

A combinação do conhecimento do seu eu, do seu propósito, dos seus talentos e das coisas que te motivam, do sentimento de que você precisa se capacitar constantemente e de que precisa abraçar a ideia de que você é de fato o dono da sua carreira e da sua transformação te colocará num patamar onde nada te segurará. Além disso, você começará a perceber as pessoas a sua volta te perguntando o que você está fazendo de diferente e te falando do quanto você tem mudado.

Liderança – Assumindo o protagonismo da minha carreira

As fases se conectam e sua ordem, se respeitada, traz resultados extraordinários. Impossível que um planejamento para uma carreira de sucesso seja eficaz se você não se conhece e se não é possível entender o comportamento do seu eu aos estímulos e relações.

Compreender seu eu e desenhar seu plano de voo, por si só, não garante o sucesso dessa jornada. É necessário comprometimento com o plano e disciplina para a execução das ações que foram determinadas nele.

Liderança não é ter o poder para dar ordens, um líder trabalha para servir à equipe e o propósito de ambos se conecta.

Partindo desse pressuposto, ser líder é inspirar, é mover pessoas pelo exemplo. Você só é cobrado pelo que assume. Quando fez o desenho do seu plano de voo, você assumiu um compromisso com sua vida, com sua felicidade e, em grande parte das vezes, com pessoas que você ama e que podem ter suas vidas impactadas com o sucesso desse plano.

Um verdadeiro líder assume seu propósito e luta por ele até o final. Ele se torna protagonista do sucesso da sua carreira, dos seus resultados e das suas relações.

As pessoas, na maioria das vezes, sabem o que precisa ser feito, têm conhecimentos e habilidades para as realizações, e não as executam por quê? Falta atitude, comprometimento e sentimento de protagonismo.

Durante nossos anos de atendimento, nosso maior desafio com nossos clientes foi despertar o "eu protagonista", a pessoa que assume e faz. Em nossos *cases* de sucesso, a principal similaridade entre eles é a capacidade de realizar com disciplina, engajamento e felicidade o planejamento que foi realizado.

Você não tem a vida que gostaria de ter e nem a carreira que gostaria? Qual semente você está plantando ou plantou para que elas acontecessem? Se ainda não fez algo que realmente potencializasse a mudança, espero que seguindo nossas três dicas você consiga alcançar a vida e a carreira que sonha. E se entender que não consegue seguir essa jornada sozinho, não hesite em pedir ajuda. O *coaching* é a metodologia mais moderna no desenvolvimento de comportamentos de alta performance e de liderança.

Sucesso, com certeza nos veremos no próximo nível.

Referência

ROBBINS, Anthony. *Desperte o gigante interior.*

19

Coaching: fundamental para o sucesso da transformação da cultura digital

Fazendo uma análise sobre o caos instalado em processos de mudança, conseguimos entender o porquê de tanta complexidade. A resistência à mudança vem do medo do desconhecido ou da expectativa de perda. Ao decorrer do artigo, entenda por que o *coaching* é a principal ferramenta para o sucesso da transformação da cultura digital

Fernanda Daniel

Fernanda Daniel

Psicóloga com formação em Terapia Cognitivo Comportamental. Pós-Graduada em Estratégia de Recursos Humanos pela FAAP. Formação Profissional em *Life & Professional Coaching*, bem como *Coach* Nível Sênior pela Integrated Coaching Institute (ICI). Certificações em *Change Management* pela Instituição ChangeQuest. Especialista em Gestão da Mudança, sempre envolvida em projetos de transformação. Com expertise em Desenvolvimento Humano, desenvolvida em 13 anos de atuação em empresas, em sua maioria, de segmento de serviços e tecnologia. Além de atuar em organizações como *Business Partner* de RH para times de Tecnologia, também atua profissionalmente como *Personal Coach* por meio de sua empresa i-flow, ajudando pessoas e empresas em processo de transformação em todas as vertentes da vida, seja em questões pessoais, profissionais e de carreira.

Contatos
www.i-flow.me
fernanda.daniel@i-flow.me
(11) 98420-4243 (WhatsApp)

Cada nova era origina uma nova ordem das coisas. Transforma o olhar, o sentir, o viver, o pensar e o fazer das pessoas. Transforma culturas, ambientes e o modo de viver de quem é convidado a entrar radicalmente em um novo mundo.

O pensamento linear, segmentado, rígido, repetitivo e previsível da era industrial é convidado a dar lugar ao pensamento não linear, conectado, compartilhado, multidisciplinar e imprevisível da era digital. O ponto é que já estamos vivendo em um mundo digital, no entanto, a forma de pensar e responder ao dia a dia de muitas empresas e pessoas ainda pode estar no formato da era industrial.

O mercado, cada vez mais forte, é que determina o sucesso dos negócios. Nesta era digital, os clientes valorizam custos, boas experiências (como autoatendimento, agilidade nas respostas, automação e personalização) e plataformas (modelos de economia compartilhada).

Criar uma área de tecnologia inovadora e que ofereça agilidade ao modelo de TI tradicional, além de viabilizar o uso de ferramentas que geram impacto positivo ao negócio, como *Cloud Computing*, *Big Data* e *Analytics*, é essencial para que a transformação possa efetivamente acontecer.

Porém, quais são os impactos em pessoas (líderes e não líderes) e como eles se relacionam com o sucesso ou insucesso da implementação da transformação digital nas empresas? Será que a transformação digital está unicamente ligada à implementação de processos digitais?

Apesar de existir muitas empresas atualmente com este olhar míope, uma estratégia digital precisa estar intrínseca no DNA da empresa, caso ela queira se manter de pé e sustentável mesmo diante de tantas transformações que se tornaram mais intensas nas duas últimas décadas.

Além da importância da inovação de suas áreas tecnológicas, como falado anteriormente, as lideranças, a cultura organizacional, as pessoas, a estratégia empresarial, a forma de fazer gestão de processos e de pessoas devem ser cuidadosamente transformadas.

Contar com gestores capacitados e que estejam alinhados com essa proposta é fundamental, uma vez que são esses líderes os principais responsáveis por conduzir o processo de transformação, gerenciando cada ação e medindo resultados, a fim de acompanhar o desempenho dos negócios e das pessoas em suas mais diferentes áreas.

A nova forma de liderar na era da transformação digital

A era digital apresenta uma imensa rede na qual dados e informações são, a todo o momento, acessíveis e compartilháveis, reescrevendo o futuro de forma muito dinâmica. Acrescida da inovação tecnológica, essa crescente conectividade cria e impacta mudanças ininterruptas.

O cenário atual corresponde a muitas organizações que continuam dependentes de uma cultura concebida há mais de um século, a cultura da revolução industrial, e usam das práticas obsoletas para lidar com os desafios e oportunidades atuais.

Estruturas hierárquicas dão suporte a trabalhos rotineiros e estáticos. Sistemas hierárquicos caracterizados por comando e controle. A tensão entre organizações otimizadas para previsibilidade e um mundo imprevisível atingiu um ponto de ruptura. E com a ruptura, a necessidade de desconstrução de muitas crenças limitantes e paradigmas.

Vejam todas as mudanças do *mindset* e forma de atuar da era anterior para a era digital:

Era anterior	Era digital
Lucro	Propósito
Hierarquias	Redes
Controle	Empoderamento
Planejamento	Experimentação
Privacidade	Transparência

Lucro x propósito

Em um passado próximo, o objetivo de muitas organizações era o foco econômico. Apesar de ter funcionado por um período, na era digital isso não será mais sustentável. As pessoas buscam felicidade psicológica, trabalham por um propósito maior e, com isso, estão buscando organizações que tenham um propósito e não somente o foco em ganhar dinheiro. Um propósito claro e empreendedor, que estimule a contribuição individual na organização tenderá a atrair os melhores talentos, acionistas, parceiros e comunidades.

Controle e empoderamento

No passado, um número limitado de pessoas detinha o poder e a compreensão necessária para comandar a organização. Comunicações rígidas e padronizadas, áreas de suporte, bem como a área de TI, atuavam com rigidez e controlavam o que as pessoas falavam e faziam. Hoje, tudo muda rapidamente à medida que a informação flui cada vez mais rápido.

Atualmente, as pessoas com a melhor visão e habilidade para tomada de decisão são com frequência aquelas que estão mais próximas dos clientes, na linha de frente. O controle passa de processos rígidos e hierarquias para "empoderar" pessoas que estão nas pontas da organização.

Planejamento x experimentação

No passado, planejamento era primordial devido ao custo significativo de transações que tornava difícil uma mudança após as decisões tomadas; recursos comprometidos e as pessoas e times precisavam de um maior acompanhamento e gestão.

Na era digital, os planos começam a perder seu valor. O tempo e recursos usados para o planejamento são um investimento menos significativo, optar por métodos ágeis estimula a experimentação e propicia aprendizados rápidos e sustentáveis. Isso não quer dizer que não há planejamento, porém, as organizações responsivas atuam em uma visão de longo prazo, mas priorizam a experimentação.

Hierarquias x redes

Antigamente, a atuação era baseada em tarefas que requeriam o trabalho de muitas pessoas, de forma complexa e sistemática. A complexidade e custo envolvidos em coordenar as pessoas eram significativos e, para isso, o importante papel do coordenador ou gerente e, assim, as hierarquias se formaram.

O resultado dessa formação foi autoridade, posição e poder centralizado, caracterizando o comando e controle. Atualmente, na era digital, a tecnologia e a conectividade aumentaram a habilidade de auto-organização, colaborando de forma mais fácil, sem fronteiras internas e externas das organizações. A cooperação e colaboração acontecem dentro e fora do ambiente virtual, atuando juntas, de forma ágil, em busca de soluções para um problema.

Privacidade e transparência

Antigamente, informação era sinônimo de poder.

No ambiente da era industrial, organizações guardavam suas informações com cuidado e a tinham como uma vantagem competitiva.

Hoje, temos acesso a tanta informação que se tornou impossível prever qual poderá ser útil ou quem poderia utilizá-la de uma forma produtiva.

Como fazer com que os líderes entendam seu novo comportamento e papel dentro do time?

Qual o medo instalado neste líder que o impede de aplicar uma nova forma de gestão?

Como o líder pode encarar o medo de arriscar e de errar?

Como o líder pode engajar o time a experimentar, errar, aprender e consertar, dentro de uma agilidade que não impacte o negócio?

Como desconstruir o pensamento do líder de que o poder e o controle não regem mais o sucesso de sua atuação?

Todas essas perguntas estão relacionadas à quebra de paradigmas e desconstrução de crenças limitantes que podem ser superadas dentro do processo de *coaching*.

Crenças limitantes: a maior barreira para o sucesso da transformação da cultura digital e o *coaching* como ferramenta para o sucesso desse processo

Estamos cientes de que a transformação digital é mais uma questão de liderança preparada, cultura organizacional, estratégia e gestão de talentos do que uma questão apenas de tecnologia.

Uma verdadeira transformação digital acontece quando os modelos de negócios e formas de atuação são reinventados por líderes engajados e sem medo de arriscar, dispostos a perceber cada mudança como uma oportunidade, mesmo sabendo dos desafios, e que estão realmente dedicados a repensar e redesenhar o futuro da organização.

Quando falamos de quebra de paradigmas e crenças limitantes, falamos basicamente de reaprender. Reaprender a pensar, a sentir, a se comportar e a conviver com a tecnologia.

Crenças limitantes são todos os pensamentos que limitam decisões, pensamentos que temos sobre nós que estão presentes em nossa mente. Isso tem relação com nossa escala de níveis neurológicos: crenças e valores são os elementos que liberam nossa energia ou a bloqueiam completamente; são nossos mais potentes repressores ou motivadores.

O processo de interpretação depende essencialmente de nossas crenças e valores; em outras palavras, vemos o mundo a partir das coisas que acreditamos. Se o corpo diretivo das organizações, bem como líderes, não acreditar que são necessárias as mudanças de comportamento e a forma de fazer gestão de pessoas para esta nova era, nada adianta investir em inovação tecnológica e digitalização.

Com o processo de *coaching* é possível apoiar a liderança para toda mudança cultural e a internalização de um novo modelo de gestão. Ajudá-los a terem novos pensamentos, novas maneiras de ver, perceber e vivenciar as mudanças necessárias. Fortalecer nos líderes a mudança de atitude frente aos desafios, trabalhar seus medos, e desenvolver habilidades e competências de forma a potencializar o papel do líder dentro do processo de mudança para a era digital.

Conclusão

Fazer a transição da mentalidade industrial, para a digital, não é opcional e sim questão de sobrevivência. Como tudo se modifica de forma rápida, até mesmo o pensamento digital, um dia breve, será obsoleto. Quem não internalizar a transição será engolido pela próxima transformação da era.

Transformação digital não é apenas automação de processos ou o uso de tecnologias como *cloud* e ferramentas, é muito mais do que isso. Envolve uma mudança significativa no modelo mental e conceitos da organização. Nada vale investir em ambientação "fun", políticas de mobilidade, horários flexíveis, etc., se não trabalharem fortemente a cultura por meio da liderança. Muito *coaching* e acompanhamento de cada avanço são de extrema importância para atingir o sucesso nesta mudança. Um líder não engajado e não apoiador significa ter um time inteiro jogando contra a mudança.

O mundo, tal como o conhecemos hoje, está dando lugar a um mundo completamente novo, inteiramente desconhecido, e é preciso adaptação a essa nova realidade. Líderes com abertura para o novo, dispostos a desconstruir formas de pensar, presas ao que funcionava no passado.

Líderes: toda quebra de paradigma, transformações de *mindset*, desconstrução de suas crenças e abertura para o novo são o que permitirá a sustentabilidade de seu papel nas organizações.

20

Desafie a sua mente a mudar o foco para obter sucesso!

Mindset: mentalidade, atitude mental, modelos mentais. São o meio pelo qual organizamos e damos sentido às nossas experiências. O nosso comportamento é condicionado por nossos modelos mentais, por isso, se queremos mudar os resultados que estamos obtendo em qualquer área de nossa vida, precisamos mudar o nosso *mindset*. Tal mudança intencional é possível com a ajuda do *coaching* e da neurociência

Helena Santos

Helena Santos

Mindset Coach, Wellness Coach e Analista Comportamental com especialização em Psicologia Positiva e Neurociência para alta performance. Membro da Sociedade Brasileira de Coaching. Certificação Internacional pela Global Accreditation Board for Coaching. *Wellness Coach* na empresa e rede de franquias Nação Verde. Diretora regional da Key Training Force – Centro de Treinamentos corporativos de desenvolvimento. Graduada em *Marketing*. Palestrante e escritora. Mentora de *coaches*. Analista comportamental INNERMETRIX credenciada. (Innermetrix Advanced Insights Profile posiciona-se no mundo como a mais completa ferramenta de análise comportamental. Aplicada para selecionar perfis para Google, Coca-Cola, forças armadas americanas, Apple, Walt Disney, e também nos treinamentos de Tonny Robbins, o *coach* mais famoso do mundo.)

Contatos
www.helenasantoscoach.com.br
contato@helenasantoscoach.com.br
Facebook: propositorealizado
Instagram: helenasantoscoach
(12) 98230-3550 (WhatsApp)

> "Aquilo que prende a atenção determina a ação."
> William James

O ato de concentrar a atenção em algo ou focar requer a ação de realizar "o afastamento de algumas coisas para ocupar-se efetivamente de outras". Isso envolve, a princípio, a mudança intencional, a seleção de estímulos e de informações, afastando-se de fontes de distrações externas e concentrando a atenção ou mantendo o seu foco em algo em especial, algo que realmente deseja.

Independentemente do papel que você desempenha, ou seja, se é empresário, líder, gestor, empreendedor, executivo, gerente ou funcionário público, bem provavelmente deseja saber como direcionar a sua mente para conquistas e realizações.

Estudando sobre foco e atenção já há alguns anos, aprendi sobre o sistema de ativação reticular, que atua como uma espécie de filtro, que só nos permite perceber as informações e os estímulos que estão no foco da nossa atenção e que são importantes para o nosso intuito. Podemos chamar isso também de "atenção seletiva". Deixe-me explicar! A sua principal função é a de pôr atenção no que você está focando. Posso dar um exemplo aqui. Vamos dizer que você está pensando em comprar um carro novo e você está de olho no modelo X. Uma semana depois, você anda na rua e tudo o que está percebendo são carros do modelo X. De repente, você sente como se esse carro estivesse em toda parte. Ou seja, o que você traz para o seu foco começa a ser transformado, como num passe de mágica, numa realidade constante em seu caminho. De fato, a nossa mente é incrível! Mas, infelizmente, ela funciona dessa maneira com o que é negativo também. Se você acha que é incapaz, infeliz ou fracassado, acredite: a sua mente vai "lá fora" até provar isso para você. Vai procurar todas as evidências para provar que a sua crença é verdadeira.

Quando nascemos, temos um sistema nervoso pronto para receber estímulos. Esses estímulos irão ser registrados em nossa memória em longo prazo, o que vai formar um banco de informações de acordo com as nossas experiências e aprendizados. Essas informações, por sua vez, formarão as crenças, os valores e as referências que temos com relação à vida. São informações sobre o que é bom ou ruim, certo ou errado, quais hábitos serão adotados e assim por diante. Essas informações serão responsáveis pela experiência mental vivida diante das situações e de eventos e pela interpretação dela.

"Isso não vai funcionar". "Eu não posso fazer isso". "Estou muito ocupado agora". "Eu não estou pronto ainda". "Eu não sou bom o suficiente". "Eu não posso me arriscar".

Acontece que cada uma dessas afirmações vai acessar informações no nosso "banco de dados" ou memória de longo prazo, a saber, atrás de referências e experiências malsucedidas no passado, e, imediatamente, enviará uma ordem ao nosso cérebro, que, por sua vez, optará por padrões de comportamentos que condizem exatamente com esses comandos. É como se o nosso cérebro estivesse sempre à espreita, pronto para "ouvir" o que estamos pensando. Portanto, precisamos treinar, enviar os comandos corretos, isto é, os comandos construtivos e assertivos para reeducarmos o nosso cérebro, estabelecendo novos padrões.

Esse processo da memória é extremamente complexo, mas tende a repetir um padrão simples, veja um exemplo: "A" está acontecendo, eu me lembro de "B", algo ruim do passado, e tenho a mesma reação "C" automática. Esse simples padrão é repetido em todas as situações, mas saiba que, mesmo que você não tenha controle sobre o acontecimento "A" e sobre a lembrança "B", você pode sim interferir na reação "C".

Isso quer dizer que é possível mudarmos tudo o que não queremos e não gostamos também? Mudar as crenças, fazer novas conexões em nosso cérebro: tudo isso não é uma tarefa simples, mas é completamente possível. Podemos ensinar o nosso cérebro a criar novos caminhos neurais e a sair do automático. Temos que questionar, analisar e trazer à consciência informações para serem processadas e entender o que está nos impedindo de progredir. É um processo que requer compromisso, sem dúvida, mas, uma vez que fizer isso, um mundo novo cheio de possibilidades surgirá bem à sua frente.

Entenda que o córtex frontal em nosso cérebro é responsável pela capacidade de estender os pensamentos das pessoas, ampliar conexões cerebrais e gerar a consciência de nossos atos e emoções. Tal área é comprovadamente capaz de contribuir para a assertividade ao tomar decisões. De acordo com a neurociência, existe uma diferença entre emoção e sentimento. A emoção é um impulso neural que move o organismo para a ação. Segundo o neurocientista Antônio Damasio, trata-se de "um conjunto de respostas motoras que o cérebro faz aparecer no nosso corpo", como a aceleração ou a desaceleração dos nossos batimentos cardíacos.

O sentimento, por sua vez, é a emoção filtrada por meio do córtex cerebral, e é a forma como o nosso cérebro vai interpretar esses sinais e movimentos, ou seja, é a experiência mental desses movimentos. Damásio diz também que as emoções podem moldar nosso raciocínio, pois o raciocínio, o conhecimento e a reflexão também podem moldar as nossas emoções. É aí que está a grande descoberta: somos capazes de controlar os nossos sentimentos mediante a razão e a conscientização de nossas emoções e interpretações. Então, pare e pergunte a si: como andam os meus pensamentos? São na sua maioria positivos? Ou são pensamentos constantes de dúvida e de preocupação? As nossas crenças foram formadas com pensamentos e informações que se repetiram ao longo do tempo. Portanto, o que você traz constantemente à tona vai configurar todo o seu sistema de crenças, dessa forma, toda a sua performance diante dos objetivos e da vida será construída em cima dessas crenças. A boa notícia é que você pode reconfigurar todo esse sistema de crenças e de hábitos. Comece examinando os seus pensamentos. O que está acontecendo em sua mente quando você não está prestando atenção?

Faça uma lista de seus padrões repetitivos que estão influenciando nos resultados que está tendo em sua vida. Isso ajuda a ampliar a consciência e a pensar em soluções que ainda não foram acessadas.

Tome cerca de uma semana para fazer o seguinte exercício: mantenha um diário com o registro dos pensamentos que estão frequentemente surgindo. Você vai perceber que existe um padrão e que eles vão se repetir. Sendo assim, volte a sua atenção para eles e tenha uma autorreflexão: quando é que esses pensamentos surgem? Ocorrem antes de fazer a mesma ação, algum evento ou em determinada hora do dia? É importante notar em que momento eles surgem.

Se você seguir essa sugestão e prestar atenção nos seus pensamentos, você vai se dar conta de que existem alguns padrões negativos ou gatilhos. Quando estamos atentos e nos "ouvimos", percebemos que quase todas as nossas emoções problemáticas são as mesmas todos os dias. Talvez você sempre pense que é inadequado no trabalho; talvez você não se sinta querido, talvez você acredite que não tem nenhum talento especial ou nenhuma habilidade. Então, por que você iria ficar preocupado em ter um novo trabalho ou em almejar um cargo melhor, ou, ainda, em iniciar novos relacionamentos, uma vez que acredita que não é bom o suficiente?

Estima-se que temos entre 12.000 e 60.000 pensamentos por dia. Desta feita, os estudos mostram que a grande maioria deles, cerca de 80% desses pensamentos, são negativos. Impressionante? Agora pare e pense! Olhando para o futuro, imagine que você mantenha os mesmos pensamentos negativos pelos próximos dez ou quinze anos. O que terá realizado? Que tipo de vida você terá conquistado?

Para pôr fim à influência da repetição, a consciência deve entrar em ação e ter pensamentos conscientes.

Entenda! Os seu crescimento pessoal e profissional está sob influência dos seus pensamentos, de modo que, à medida que direcionar seu foco de atenção para as fontes de estímulos, informações, estratégias, pessoas e atividades que possam contribuir positivamente para o seu crescimento e desenvolvimento, mais recursos e oportunidades começarão a ser notados por você.

A melhor notícia que a neurociência nos traz é que a mudança está dentro de você! Estão acessíveis os recursos, pois o poder de começar a trabalhar hoje mesmo crenças assertivas e fortalecedoras por meio de uma nova configuração mental está ao seu alcance. Portanto, treine, condicione e desafie a sua mente questionando os seus pensamentos. Você poderá criar as melhores condições, o melhor estado de espírito e a maior disposição: requisitos necessários para alcançar os seus objetivos de vida, além de sair da prisão de uma mente negativa, estressada, exausta e voltada ao fracasso.

Um processo de *coaching* sério, com um profissional habilitado, propõe mudanças positivas e busca resultados reais por meio de ações direcionadas e focadas. Ademais, ajuda-o a usar o poder transformador da sua mente para desenvolver uma mentalidade dinâmica, assertiva, positiva e direcionada para conquistas e realizações.

Como vimos, um padrão mental é formado com a repetição constante de pensamentos, situações e sentimentos. Assim, se formam as crenças assimiladas que condicionam nossas ações, decisões e escolhas e que podem nos impulsionar para uma vida realizada, saudável e produtiva ou nos limitar. Muitos desses padrões são consolidados na infância, e, na maioria das vezes, fortalecidos e mantidos por toda a vida.

Padrões mentais fixos tornam as pessoas mais avessas a desafios, devido ao receio de expor suas fraquezas e vulnerabilidades. Quando o seu *mindset* é fixo, o indivíduo tende a se apegar ao "seu jeito" de fazer as coisas e acaba se tornando mais rígido e limitado na resolução de problemas e na tomada de decisão. *Mindsets* fixos contribuem para o aumento significativo do estresse e interferem na performance e na qualidade de vida.

Com esses padrões, você cria a sua realidade e a sua percepção de mundo. Não há uma realidade fixa, você a molda. Invista no autoconhecimento. Utilizando esse conhecimento e as ferramentas adequadas, você pode ter um plano de desenvolvimento pessoal, e, com a ajuda do *coaching*, ter acesso a uma metodologia completa que incentiva, treina e potencializa capacidades.

O resultado é uma mudança extremamente positiva em todas as áreas da vida (pessoal, profissional, saúde e relacional). É também a formação de uma mentalidade fortalecida, determinada, focada, disciplinada, o que pode ter um efeito multiplicador, ser passado de pessoa para pessoa, de geração em geração; criando, assim, uma nova e melhor realidade para todos.

O trabalho que eu desenvolvo nos processos de *coaching* tem o apoio da neurociência e trata de um processo que visa a acelerar resultados, direcionar e trazer clareza para que você conheça, entenda, questione os seus padrões mentais e assuma os seus poderes pessoais. Os nossos poderes pessoais vão muito além da nossa capacidade de executar e realizar coisas. Fazer bem as coisas nos dá reconhecimento, mas ser quem realmente deveríamos ser nos traz alegria e o senso de que a vida está de fato valendo a pena.

Quanto mais consciente você for sobre suas crenças estabelecidas, seus valores e suas percepções, maior será seu poder sobre a realidade e mais perto você estará do sucesso, da realização e da satisfação na vida.

Quando aprendemos a direcionar corretamente a energia gerada pelos nossos pensamentos e pelas nossas emoções, as nossas atitudes começam a mudar de maneira surpreendente e, a partir daí, nos sentimos mais determinados e experimentamos uma força única, o que nos impulsiona definitivamente para alcançar todos os nossos objetivos. Adquirimos energia vital para buscarmos a nossa transformação, tanto na jornada emocional, bem como na jornada de ações, o que nos leva a experimentar uma vida com sentido e significado. E não se engane se você acha que já falhou muitas vezes em seus propósitos e por isso não pode mudar o futuro. O que muitas pessoas consideram como erros, na realidade são lições – grandes lições; experiências e oportunidades para aprender e se desenvolver. Como *coach*, o que eu posso fazer de mais valioso pelas pessoas é ajudá-las a enxergar que se elas pensam que falharam no passado, isso não tem qualquer relação com o que podem fazer no futuro. A cada dia, a cada novo amanhecer, temos a oportunidade de escrever uma nova página, de construir uma nova história, de rever, de aprender, de mudar o foco e de fazer de fato o sucesso acontecer.

21

Você tem emoções ou são as emoções que têm você?

Administrar suas emoções é importante para viver bem? Se você respondeu sim, o primeiro passo é entender o que são emoções e, claro, saber o que fazer para administrá-las. Assim, você será capaz de ter emoções e não deixar que elas tenham você

Isabel Stepanski

Isabel Stepanski

Psicóloga, MBA em Gestão do Conhecimento e Inteligência Empresarial pela COPPE/UFRJ, pós-graduada em Psicopedagogia pelo UNICEUB/Brasília, em Jogos Cooperativos, pela UNIMONTE/SP e Dinâmica dos Grupos pela SBDG/RS. Graduação em Comunicação Social. Atua há mais de vinte anos com capacitação e consultoria na área de Desenvolvimento Humano em organizações públicas e privadas. Professora da FGV/Brasília, IBMEC e outras instituições de ensino. Palestrante sobre os temas: O elemento humano nas organizações, gestão de pessoas, liderança e equipes. Certificada em 2007, pela Newfield/Chile, como *coach*, tem nesta atividade seu principal foco de atuação. Possui Diploma Internacional em *Coaching em Contextos Organizacionais* – DIPLO, pela Universidad de Londres/México. Especialista em Anger Management pela National Anger Management Association – NAMA/Nova York-EUA. Diretora Executiva da ISER Desenvolvimento de Recursos Humanos Ltda.

Contatos
istepanski@gmail.com
(61) 98422-0823

Vivemos em uma sociedade onde a mente racional orienta a maioria das nossas ações no dia a dia e, se permitir entrar em contato com as emoções, pode parecer sinal de fraqueza.

A maioria de nós não foi educada para expressar plenamente as emoções e, por isso, deixamos de ser assertivos, nos calamos ou nos expressamos de forma reativa em situações de conflito emocional. Isso é tão forte que temos dificuldades até para identificar cada uma das emoções que vivenciamos.

Realmente, o mundo emocional pode ser desconhecido e até assustador, por isso, muitas vezes, escolhemos evitá-lo. Mas é fundamental reservar um tempo para refletir, sentir e expressar o que se passa dentro de nós.

As emoções

As emoções têm sido tema de vários estudos ao longo dos últimos anos, particularmente nas áreas sociais e humanas, em resposta à necessidade cada vez maior de compreendermos as atuais doenças relacionadas ao aspecto emocional.

Independentemente da idade, sexo, área de atuação, nas relações familiares ou profissionais, a maioria de nós se declara estressada, deprimida, ansiosa, apática, sem encontrar um sentido para o que faz, e outras tantas declarações.

A raiz da palavra emoção vem do latim *movere* (movimento), acrescida do prefixo "e"(variante de ex), que significa fora, indicando que em qualquer emoção está implícita uma inclinação para o agir imediato.

Em alinhamento com a origem da palavra, Goleman (2001) considera que as emoções são, em essência, impulsos legados pela evolução para ação imediata com o objetivo de lidar com a preservação da vida.

Para Hochschild, as emoções representam um componente essencial para a sobrevivência em grupo, são o meio pelo qual nós interagimos com o mundo, assim como os sentidos da audição, olfato ou tato. Por terem uma orientação voltada não apenas à ação, mas também à cognição, as emoções se destacam entre os demais sentidos humanos (HOCHSCHILD, 2003).

Maturana (2002) considera que a emoção é nossa disposição corporal para a ação. São as emoções, segundo Echeverría (2003), que nos constituem em observadores diferentes, ou seja, a forma como iremos observar certos eventos, ou não observar outros, será definida pelo estado emocional em que nos encontramos. Uma pessoa tranquila observará coisas diferentes do que observa uma pessoa assustada, com medo, e o mesmo pode-se dizer a respeito de qualquer emoção.

Em qualquer dos casos, as emoções movimentam um conjunto de reações (ou tendências) relativas ao comportamento, à experiência e às reações psicológicas. Cada emoção ocorre como um polo do eixo "prazer-dor". Não há emoções boas ou más: qualquer emoção poderá ser uma oportunidade de crescimento ou fonte de sofrimento.

Quando alguém honra uma emoção, seja ela prazerosa ou dolorosa, no fundo está honrando a si mesmo e ao seu amor. (KOFMAN, 2002)

E então, como sabemos que estamos emocionados? Invariavelmente pelas sensações e movimentos que o nosso corpo produz.

As emoções produzem reações em nosso corpo que, por mais que tentemos escondê-las, se manifestam como tremores, "frio no estômago", dor de barriga, choro, riso, expressões faciais, perda da voz, e muitas outras que já experimentamos. São reações, mas isso não significa que não sejam legítimas ou adequadas. Validar cada uma das emoções que sentimos, reconhecendo sua importância, é fundamental para recuperarmos nossa capacidade de sentir e também de aprender a partir do mundo emocional.

As emoções básicas

Se parar para pensar por um momento, depois de tudo sobre o que já falamos, você se dará conta de que as emoções governam grande parte das nossas vidas. Mas você já se perguntou quantas emoções existem na realidade? As emoções e a forma como as experimentamos e expressamos podem ser inúmeras e muito sutis. No entanto, são as emoções básicas que dão origem às emoções mais complexas e específicas que fazem parte da experiência emocional humana.

A respeito das emoções básicas, Goleman (2001) afirma que existem pelo menos quatro que são reconhecidas por culturas do mundo inteiro: medo, ira, tristeza e alegria. Além destas, as culturas ocidentais reconhecem centenas de outros tipos de emoções, como amor, inveja, ciúmes, desprezo, vergonha, culpa, humilhação... Segundo ele, cada grande emoção tem sua "assinatura biológica característica" (GOLEMAN, 2001), um repertório de alterações padrão que ocorrem nas áreas do pensamento, memória e também nas reações.

Susana Bloch, psicóloga alemã radicada no Chile, descobriu a existência de um padrão fisiológico identificado pela respiração, expressão facial e postura corporal, diferente para cada uma das emoções básicas dos seres humanos, relacionadas às necessidades de adaptação. Os padrões são universais, não históricos e não culturais. A partir desse estudo, Bloch (2009) identificou seis emoções básicas: alegria, tristeza, raiva, medo, ternura e erotismo.

Embora possa haver algumas diferenças entre o entendimento dos autores, esses estudos mostram que emoções como medo, raiva, tristeza e alegria fazem parte do desenvolvimento e contribuem diretamente para a sobrevivência do ser humano. Quando bem direcionadas, servem para impulsionar e proteger a pessoa de diversas situações do dia a dia.

Independentemente da idade que temos, do local onde vivemos ou o que fazemos profissionalmente, todos nós sentiremos essas emoções em vários momentos de nossas vidas. Elas atuam como um guia de aprendizagem, trazendo informações importantes, que nos permitem saber como estamos aqui e agora. Pessoas que sabem administrar bem suas emoções, que desenvolvem sua inteligência emocional, têm mais chances de apresentar boa saúde, viver por mais tempo e cultivar relações sociais enriquecedoras.

Inteligência emocional

O termo inteligência emocional foi utilizado pela primeira vez pelos pesquisadores Salovey e Mayer em 1990, como a "capacidade de perceber, avaliar e expressar emoções com precisão, a capacidade de aceder e/ou gerar sentimentos quando estes facilitam o pensamento; a capacidade de entender as emoções e o conhecimento emocional e a capacidade de regular as emoções para promover o crescimento emocional e intelectual". (MAYER & SALOVEY, p.10).

Sendo uma capacidade, a inteligência emocional pode ser desenvolvida, treinada e aprimorada por meio da construção de novos hábitos, novas formas de pensar e se comportar. Todos nós podemos melhorar e desenvolver nossas emoções.

Permanecermos conscientes e atentos a nossas próprias emoções e ao que estamos sentindo ajuda-nos a aprimorar nosso desenvolvimento pessoal. Daí a importância do autoconhecimento, pois saber administrar as emoções nos permite ter mais equilíbrio para lidar com nossos pontos fortes e com nossas fragilidades. Isso irá influenciar diretamente a qualidade de nossos relacionamentos.

Estudos demonstram que as pessoas que conseguem administrar bem suas emoções, agindo com mais equilíbrio, tendem a ser mais bem-sucedidas. Por outro lado, uma pessoa que ainda não desenvolveu bem essa competência poderá causar muitos prejuízos a si mesma ou ao ambiente, seja social ou profissional. Sua tendência é agir por impulso, ser extremamente sensível e externar com facilidade o que sente, nem sempre da melhor forma, criando situações desagradáveis que podem promover reações desastrosas.

É fundamental, portanto, para garantirmos um relacionamento interpessoal e intrapessoal mais harmonioso, investirmos na compreensão de como atuamos a partir das emoções que sentimos e assumirmos a responsabilidade por isso, deixando de culpar o ambiente ou as outras pessoas por nossas reações. Agindo assim, maior será o nosso sentimento de satisfação e de poder, pois não nos sentiremos reféns do outro, ou de estímulos externos, assumindo que a vida é resultado de nossas escolhas.

Administrando as emoções

Agora que já entendemos o que são emoções, que elas influenciam nossos comportamentos e a qualidade de nossos relacionamentos, e que uma reação emocional inadequada pode causar muitos problemas, como podemos administrá-las? Para tal, será necessária prática, paciência e, acima de tudo, autoconhecimento.

Conhecer-se é fundamental

Identificar qual é o seu limite de tolerância, quais são as situações ou atitudes que atuam como gatilhos para seu comportamento auxiliará na administração das emoções. Por exemplo, se você está sentindo raiva, procure identificar o que pode estar causando a emoção. Perceba como está seu corpo e dê um tempo para as reações físicas passarem. Permita-se interpretar de outra forma o que está acontecendo, perguntando a si mesmo, antes de tomar qualquer atitude, se essa é a única maneira de encarar a situação ou se existe outra possibilidade. Muitas vezes, mudamos nossas emoções quando nos permitimos reavaliar o que está acontecendo. Agindo assim você aprenderá mais sobre suas reações e, consequentemente, terá condições de administrar suas emoções tomando a melhor decisão em uma determinada situação.

Nesse aspecto, o *coaching* tem se revelado um poderoso aliado na administração das emoções. Por se tratar de um processo de descoberta pessoal de qualidades e de pontos de desenvolvimento, mediante investigação, reflexão e conscientização, aumenta o autoconhecimento e a percepção da nossa responsabilidade sobre nossas escolhas.

A prática constante de exercícios físicos – caminhar, correr, andar de bicicleta ou qualquer outro de sua escolha – é uma excelente forma de descarregar ou liberar tensões e frustrações acumuladas pelas pressões e exigências da vida moderna. Motiva a superação de obstáculos e, como consequência, aumenta a confiança e proporciona mais equilíbrio emocional.

Procure ter um sono de boa qualidade, pois o sono é um dos mais poderosos moduladores emocionais. Para uma boa noite de sono, é importante que o ambiente seja o mais silencioso possível, sem luminosidade e sem interferência de energia eletromagnética de aparelhos eletrônicos.

Atividades que relaxam a mente, como meditação, *yoga*, relaxamento, *tai chi-chuan* e massagens, são formas simples de administrar suas emoções e reações físicas que ocorrem antes, durante e depois de enfrentar situações emocionalmente intensas. Durante essas atividades ocorre a liberação de endorfinas, que são substâncias bioquímicas que promovem a tranquilidade.

Muitas são as possibilidades. Encontre a sua!

Mas como foi dito anteriormente, para administrar suas emoções será necessária prática, paciência e, acima de tudo, autoconhecimento. Portanto, não desista se ainda não conseguiu chegar ao estágio que gostaria. E lembre-se de que você é o dono de suas emoções e não o contrário!

Referências
ECHEVERRÍA, Rafael. *Ontología del lenguaje.* Santiago, Chile: Ed J.C. Sáenz, 2003.
GOLEMAN, Daniel. *Inteligência emocional: a teoria revolucionária que redefine o que é ser inteligente.* Rio de Janeiro: Objetiva, 2001.
HOCHSCHILD, A. *The managed heart: commercialization of human feeling.* Los Angeles: University of California Press, 2003.
MATURANA, Humberto R.; VARELA, Francisco J. *A árvore do conhecimento: as bases biológicas da compreensão humana.* São Paulo: Palas Athena, 2001.
MAYER, J. D. & SALOVEY, P. *O que é inteligência emocional?* Rio de Janeiro: Campus, 1999.

22

Empreenda sem dor

Este capítulo é para você que sempre sonhou em ser empreendedor e para quem nunca sonhou, mas quando percebeu já estava empreendendo. Isso deve ser visto como um presente do destino por mais desafiador que seja. O fato de você poder ter em suas mãos a responsabilidade do seu sucesso e insucesso é um aprendizado incrível e uma oportunidade única de crescimento. Mas tudo isso eu vou lhe apresentar agora

Janaina Bueno Watanabe

Janaina Bueno Watanabe

Formada pela Sociedade Brasileira de Coaching. Com especializações em: *Personal Professional Coaching. Xtreme Positive Coaching. Career Coaching. Executive Business Coaching.* Atuação como *Coach* para pequenos e grandes empreendedores, permitindo melhor performance. Treinamentos de equipe de colaboradores. Empreendedora desde 2009.

Contatos
Facebook: janaina.bueno
Instagram: janawata

Significado de empreendedor: é o indivíduo que identifica oportunidades e gera riquezas a partir delas. No mundo do trabalho, aquele tipo de pessoa que é capaz de criar uma empresa ou negócio a partir de uma simples ideia.

Hoje, principalmente no Brasil, quando as pessoas pensam em empreender já imaginam o quanto terão que pagar de impostos.

Ou seja, ser um empreendedor é um sonho que custa muito caro e muitas vezes vendemos nossos sonhos para poder ganhar um salário fixo e sustentar a família.

Como sou *coach*, é minha função te fazer perguntas:

Quanto custa para você deixar os seus sonhos e não vivê-los?

Quanto custa para você chegar lá no fim da vida e não ter uma história ousada ou encorajadora para contar a seus netos?

Porque empreender é isso, é simplesmente ousar e ter coragem para colocar todos os seus sonhos em ação.

Como seria sua vida se você fosse demitido hoje?

Já parou para pensar como seria sua vida se você fosse demitido hoje?

Já parou para pensar quanto você tem disponível no banco para você e sua família sobreviverem o tempo que estiver planejando ou buscando por algo novo?

O que você faria?

O que você teria?

O que você seria?

Responda essas perguntas sendo o mais sincero possível com você mesmo. E mesmo que não perca seu emprego, se sua vontade for empreender, você também terá que responder a essas questões.

Os seus sonhos e planos são *smart*?

S (*specific* - específico)

M (*mensurable* - mensurável)

A (*attainable* - atingível)

R (*relevant* - relevante)

T (*time-bound* - temporizável)

Os seus sonhos e planos são orgânicos?
Eles prejudicam você e a sua família?
Se a resposta for não, então mãos à obra.

Os lados do empreendedorismo

Então você já tomou a sua decisão e realmente vai ser empreendedor. Saiba que essa vai ser a oportunidade que vai trazer para sua vida um turbilhão de emoções positivas e também negativas, mas as negativas são de puro amadurecimento e crescimento profissional.

Empreender é como se fosse uma viagem que você não sabe o destino, mas sabe que cada quilômetro rodado é uma experiência nova, uma nova vivência.

Por isso, quanto mais preparado para os imprevistos da viagem melhor para você. Previna-se para os acontecimentos não premeditados.

Faça um plano de ação minucioso pessoal e profissional, você vai precisar dele.

Quantas pessoas dormem na frente de sua empresa querendo comprar seus produtos?

Boa pergunta, não acha? Se a resposta for nenhuma, então te faço outra pergunta: o que você pode fazer para que isso seja uma realidade na sua empresa?

Como é a qualidade de seus produtos e seu atendimento. Todas essas perguntas que eu te faço são todas óbvias, mas são nas coisas mais óbvias da vida que as pessoas não dão importância justamente por serem óbvias. Estranho, não? Mas é verdadeiro.

Que atitudes você pode tomar hoje para transformar o seu negócio em uma potência?

Dentro dos seus planos de ação, coloque pessoas que podem te ajudar a realizar seus planos e também pessoas e coisas que podem te atrapalhar.

A empresa excelente

O que os melhores e maiores empreendedores do mundo têm em comum?
Eles são excelentes no que diz respeito à excelência em atendimento. Em qualidade nos seus produtos, e são altamente eficazes em negociações e administração. Perceba que para ter uma empresa excelente, para ganhar muito mais do que ganha, você realmente precisa ser excelente em todas as áreas.

Faça uma ação todos os dias para buscar a excelência. Não aceite nada pela metade, nada que não seja excelente.

Produtividade

Percebeu como essa palavra está na moda, está em alta? Mas não é a palavra que está na moda, nem em alta, e sim a falta dela dentro das empresas, que estão com uma carência muito grande de pessoas altamente produtivas.

Você já imaginou tendo funcionários altamente competentes e que produzissem mais, por menos horas?

Seria muito bom, e isso é possível, desde que você os treine. Eles não precisam ser robôs. Mas precisam usar os recursos que lhes pertencem de uma forma mais produtiva.

Começando por você, empreendedor. Você é o líder, que é um sinônimo de exemplo. E eles o seguem, então você tem que ser produtivo ao máximo.

Quantas vezes ao dia você diz não para o cafezinho no meio da tarde, para aquela entrada de cinco minutos, mas que na verdade dura meia hora no Instagram ou no Facebook. Seja sincero consigo mesmo e se liberte disso, pois você e a sua empresa merecem.

Para tudo tem hora e lugar, e eu penso que redes sociais não vão agregar muito valor à sua empresa. Exceto se for para fazer um *marketing* da própria.

Quais são as atividades que você vai fazer mais?
Quais são as atividades que você vai fazer menos?
Quais são as atividades que você vai deixar de fazer?
E que ações você precisa delegar?

Onde você foca, ali você expande

Onde você vai decidir focar todas as suas energias, nos problemas ou nas soluções?

Pessoas empreendedoras, e até as que não são, estão totalmente focadas na crise, e quanto mais elas focam mais elas não conseguem sair desse ciclo vicioso.

Não digo que eu não acredito na crise e nos vários desempregos que ela trouxe para o nosso país, mas o que nós ganhamos pensando assim?

Nada, exatamente nada. Enquanto uns pensam na crise do último ano, mais de 1.800 pessoas entraram para o ciclo de milionários.

Será que eles acreditavam na crise ou acreditavam nas oportunidades que a crise poderia lhes trazer?

Por isso, foque no que realmente vai te trazer benefícios:
Quanto você quer faturar por mês?
Quanto você vai investir por mês?
Quanto você vai investir em conhecimentos para seu desenvolvimento pessoal e profissional?

Como ganhar duas vezes mais no ano

Já parou para pensar como ganhar duas vezes mais no mês e no final do ano ter duplicado seus lucros?

Você pode até ter parado para pensar em como fazer isso, mas muitas vezes sem resultados. Você até tenta, tenta e tenta, mas não consegue achar uma solução para aumentar a sua renda, e então eu vou te falar mais uma coisa óbvia.

Para eu ganhar mais é preciso um conjunto de conceitos. Entre eles:

Ação
Persistência
Decisão

Mas a mais importante de todas é tomar uma atitude para que você consiga vender seus produtos ou serviços duas vezes mais ao dia. Se você vende, por exemplo, dez produtos ao dia, venda vinte. Dobre sempre, todos os dias, a sua meta e ultrapasse seus próprios limites, que muitas vezes você mesmo se colocou num lugar de impotência, e que dali para a frente você não era mais capaz. Vá, entre em ação, persista e decida ser o melhor empreendedor do seu bairro, da sua cidade, e por que não do seu país? O que o impede de ser melhor e de ser o melhor?

Planejamento

Como andam seus planejamentos? E não digo só da sua empresa, mas também da sua vida pessoal. Muitos empreendedores vão à falência por não saber gerir uma vida financeira e muito menos pessoal. Ele não consegue, na verdade, nem gerenciar a sua família e acaba levando problemas da casa para a empresa, formando, assim, uma confusão mental sem saber como resolver e sair desse emaranhado de problemas.

Você sabia que 55% das empresas, segundo o SEBRAE, aqui no Brasil começam sem planejamento, e esse é um dado totalmente alarmante, pois se você não sabe onde você quer chegar, qualquer caminho serve.

Invista um tempo do seu dia fazendo um planejamento eficaz, pode ser bem simplificado, mas que ele esteja presente na sua vida. Faça esse favor a si mesmo e a sua família para que todos se beneficiem com essa ação.

E utilize a analise SWOT a seu favor.

S (*strengths* - forças)

W (*weaknesses* - fraquezas)

O (*opportunities* - oportunidades)

T (*threats* - ameaças)

Quais são as forças, as fraquezas, as oportunidades e as ameaças do seu negócio como um todo?

Inovação

Inovar para muitas pessoas soa como uma notícia ruim porque inovar é sinônimo de sair da zona de conforto e fazer totalmente diferente do que já estava fazendo.

Todas as empresas precisam de inovações para crescer e se perpetuar no mercado. Já imaginou se as grandes empresas que existem no mundo não inovassem?

A Apple busca inovações a cada minuto. Dentro da empresa sempre há colaboradores que buscam incessantemente ideias que agreguem muito mais valor que a sua maior concorrente.

Mas eu te entendo que com a vida corrida nem sempre sobra tempo para ficar numa sala quieto, só você e seus pensamentos, buscando novas soluções para sua empresa.

E por isso vem outra palavra que nem todos os empreendedores gostam – delegar.

Se você não consegue delegar as suas tarefas é bom começar a repensar na possibilidade porque precisa ter tempo para isso; a inovação se faz necessária a cada ano que passa, e se você quer ter sucesso na empresa uma esses dois pilares – delegar e inovar.

Chegou a hora de expandir

E agora que você já seguiu o passo a passo do processo todo, já fez o seu planejamento, já usou o SWOT e o SMART a seu favor, já delegou tudo que poderia e inovou, então vamos para o próximo nível, que é expandir a sua empresa, porque melhor do que ter uma é ter duas ou mais. Para nós, empreendedores, não existem limites ao crescimento.

Para isso acontecer e os planos saírem do papel, mais uma vez os planejamentos se fazem presentes; se para ter uma empresa é necessário ter um bom plano, imagina duas ou mais.

Você já sabe o público-alvo que quer atingir?

Sua empresa nova é uma filial da existente ou você pretende ir para outros nichos?

Hoje em dia no Brasil está em alta as franquias e as microfranquias, que também podem ser uma boa possibilidade para quem quer investir pouco e ter um nome muitas vezes já conhecido no mercado.

Mas claro que nem tudo são flores. Existem vantagens e desvantagens em ter uma marca já consolidada, é bom você sempre estar atento aos prós e contras que isso pode lhe trazer.

Lembre-se de que você vai errar muitas vezes tentando acertar, mas quanto mais preparado e hábil estiver, melhor para você.

Uma dica que eu te daria para poder te preparar melhor, para quem está começando ou para quem já tem um negócio próprio, mas quer que ele cresça exponencialmente seria:

Desenvolva-se infinitamente, desenvolva as suas habilidades em todas as áreas que puder, seja pessoal ou profissional.

Que habilidades desenvolvidas o maior empresário do Brasil ou do mundo tem que você precisa modelar?

Outra dica que eu poderia lhe dar é desenvolver a habilidade da resiliência. Acredite, ela vai ser imprescindível na sua jornada a curto, médio e longo prazos.

Perguntinha da sua *coach*: o que te impede de abrir o seu negócio hoje ou antes do seu prazo determinado?

As dificuldades sempre irão existir para quem quer ou não levar uma vida sem chefe. Ser o seu próprio chefe é uma decisão que precisa ser analisada, e ver o que se perde e o que se ganha com isso, inclusive se as pessoas que estão a sua volta irão se beneficiar ou não com a escolha.

Eu te desejo muito sucesso, independentemente das suas escolhas.

23

O *coaching* na transição de carreira

O *coaching* na transição de carreira proporciona uma decisão segura por meio do planejamento, fazendo com que a mudança seja leve e assertiva, tornando esse período transformador, feliz e de muita realização para sua vida profissional.

"Insanidade é continuar fazendo sempre a mesma coisa e esperar resultados diferentes."
(Albert Einstein)

Karina Krech

Karina Krech

Personal e *Professional Coach* pela SBCoaching, com Certificação Internacional pela Association for Coaching (AC) e Institute of Coaching Research (ICR). Atua como *Coach* de Carreira, nos nichos de transição, ascensão, orientação, recolocação profissional e desenvolvimento de competências técnicas e/ou comportamentais. Cursou extensão em desenvolvimento e aconselhamento de carreira pela UFRGS. *Leader Coach* e *Practitioner* em Programação Neurolinguística pelo Conexão Alpha Treinamentos, ministrados pelo treinador Léo Berlese e o professor Massaru Ogata. Contadora, formada pela PUCRS, atuou durante mais de 15 anos nas áreas financeira, contábil e tributária em empresas de grande porte antes de se dedicar totalmente ao desenvolvimento humano. Utiliza técnicas da PNL em seus processos, transformando pessoas para que alcancem felicidade e realização em sua vida profissional.

Contatos
www.karinakrech.com.br
coach@karinakrech.com.br
Facebook: coachkarinakrech
(51) 99108-8633

A transição de carreira pode ser o momento em que o profissional se sente desmotivado da atual atividade exercida, quando percebe que encontrou sua missão de vida em outra atividade e deseja segui-la, quando reconhece que sua profissão não o realiza, quando decide largar seu emprego formal e abrir seu próprio negócio, tornando-se um empreendedor, quando identifica que a empresa em que trabalha possui valores que não vão ao encontro dos seus, quando necessita de maiores desafios em outra área de atuação, quando percebe que precisa de mais e deseja transitar de carreira, profissão ou área de atuação.

Os casos mais comuns de transição de carreira pelos quais os clientes procuram o processo de *coaching* são:
- Profissionais insatisfeitos com as atividades exercidas;
- Profissionais insatisfeitos com a empresa em que trabalham;
- Profissionais que desejam trocar de carreira, área ou profissão (e muitas vezes trocas arrojadas nas quais a antiga carreira não possui nada em comum com a nova a ser seguida);
- Profissionais que sonham em empreender, conquistando sua independência e autonomia, modificando seu estilo de vida.

Quando o profissional percebe essas questões, ou, ainda, quando não percebe o que o está deixando desmotivado e sente que seu trabalho não está mais fazendo sentido, é o momento de iniciar, ou pelo menos pensar em iniciar, o processo de transição de carreira, que deve ser muito bem planejado, pensado e escolhido antes de ser colocado em prática, para que alcance sua felicidade e realização profissional.

Por onde começar?

Quando começam a surgir pensamentos e ideias para iniciar a transição de carreira, é comum e natural se sentir confuso e inseguro. É um momento de decisões, e se elas não forem assertivas corre-se o risco de se tornar um período de consequências dolorosas, em vez de ser um passo e uma mudança que lhe façam bem.

Por isso, é aconselhável procurar um profissional qualificado que irá ajudá-lo nesse período de transição. Quando o profissional está em dúvida sobre qual carreira ou profissão seguir, existem alguns testes vocacionais que prometem ajudar o indivíduo a tomar a decisão correta. Pois bem, o ser humano é muito mais complexo que um teste com algumas perguntas, ainda que sejam essas de grande valia. Os testes podem orientar, porém não devem ser analisados de forma isolada para a tomada de decisão de sua carreira.

Em um curso que realizei sobre desenvolvimento e aconselhamento de carreira na UFRGS, ministrado por um psicólogo, ele falava exatamente sobre esse ponto dos testes vocacionais e, inclusive, era totalmente contra eles serem analisados isoladamente. Por que estou contando isso? Para que perceba que a decisão a ser tomada e as ações que irá colocar em prática na sua transição devem ser muito bem estruturadas, pois nós, seres humanos, somos de uma complexidade infinita, complexidade esta que deve ser analisada em conjunto com várias outras questões comportamentais para esse processo, incluindo, e talvez seja o mais importante, o autoconhecimento.

A transição de carreira deve ser um processo maravilhoso, em que você está encontrando o significado do seu trabalho, algo que faça sentido para você, algo que o torne totalmente feliz e realizado profissionalmente, por isso a importância desse momento em sua vida.

> Seu trabalho vai ocupar uma grande parte da sua vida, e a única maneira de estar verdadeiramente satisfeito é fazendo aquilo que acredita ser um ótimo trabalho. E a única maneira de fazer um ótimo trabalho é fazendo o que você ama fazer. (Steve Jobs).

Como o *coaching* vai te ajudar?

O *coaching* é um processo transformador que proporciona ao *coachee* (cliente) identificar seu estado atual (ponto A) e o estado desejado (ponto B), ou seja, seu sonho ou objetivo, por meio de autoconhecimento, técnicas e ferramentas da metodologia *coaching* e também com a utilização de outras metodologias, como Programação Neurolinguística, Psicologia Positiva, Hipnose, Neurociência, entre outras, e isso irá depender de cada profissional *coach*.

Nesse processo, o indivíduo passa por grandes transformações, potencializando seus pontos fortes e ressignificando crenças limitantes em crenças possibilitadoras.

O *coaching*, na transição de carreira, irá ajudá-lo nos seguintes pontos:
• Autoconhecimento, proporcionando uma escolha de acordo com seus pontos positivos, com seus valores e com as atividades que mais se identifica;
• Melhora na vida pessoal, atingindo o equilíbrio com a vida profissional;
• Desenvolvimento da inteligência emocional, possibilitando uma visão diferente sobre as adversidades;
• Aumento da produtividade, tornando os seus dias mais proveitosos;
• Gestão do tempo, identificando suas prioridades e definindo melhor sua agenda e horários;
• Decisões assertivas, propiciando mais segurança;
• Desenvolvimento de habilidades técnicas e/ou comportamentais, melhorando sua performance em sua nova carreira;
• Foco na solução, proporcionando um olhar criativo, resiliente e com mais resultados;
• Novos e bons hábitos, aumentando sua qualidade de vida e reduzindo o nível de estresse.

Essas são algumas das características que irão auxiliá-lo na Transição de carreira, porém há muitos outros benefícios que o processo de *coaching* proporciona, e isso irá depender do que você está buscando e do quanto está comprometido com sua evolução e desenvolvimento.

O processo de *coaching* na transição de carreira

Certo dia, li em um artigo na internet uma definição muito interessante cujo intuito era diferenciar consultoria de *coaching* fazendo uma analogia a uma frase bem conhecida que dizia o seguinte: "Um consultor te dá o peixe e o *coach* te ensina a pescar". Pois bem, essa comparação faz bastante sentido para mim, pois o processo de *coaching* ocorre de maneira profunda para que você saiba e consiga, após o término do processo, tomar suas decisões, reagir bem às adversidades e possíveis percalços que podem aparecer quando estiver sozinho, sem a necessidade de contratar novamente um profissional.

Para que isso aconteça, o processo de *coaching* na transição de carreira é muito bem organizado, profundo e transformador, contemplando diversos degraus durante o período.

Os níveis mais importantes desse método são: autoconhecimento, conhecimento do negócio, profissão ou área de atuação, planejamento, ação, melhoria contínua e resultados, não necessariamente nessa ordem e não necessariamente um é encerrado para o início de outro.

Vamos conhecer um pouco mais de cada passo?

Autoconhecimento

A busca pelo autoconhecimento é o primeiro passo e se torna fundamental para a transição de carreira. O profissional que deseja trocar de área de atuação, profissão ou se tornar um empreendedor precisa conhecer seus pontos fortes e habilidades para usá-los a seu favor e também reconhecer suas limitações, transformando-as ou as ressignificando para a obtenção de melhores resultados.

No processo de *coaching*, você entra em contato direto consigo mesmo, podendo direcionar melhor suas ações e decisões ao mesmo tempo respeitando suas crenças e valores. A percepção de si mesmo e a autoconsciência promovem uma melhora significativa na vida pessoal e profissional, fazendo com que sejam desenvolvidas competências comportamentais, como a inteligência emocional, possibilitando gestão das emoções, autocontrole e autoconfiança, tornando essa mudança mais leve, assertiva e equilibrada.

Por meio de ferramentas e perguntas poderosas de *coaching*, o autoconhecimento é desenvolvido dentro do processo como vital para o alcance de resultados, pois nele você irá extrair e constatar informações para que atinja resultados extraordinários, pois todas as respostas estão dentro de você.

Conhecimento do negócio, profissão ou área de atuação

Para a tomada de decisão na transição de carreira se faz necessário o conhecimento do negócio, profissão ou área de atuação como um todo.

A transição de negócio, profissão, ramo ou abertura de empreendimento requer um estudo profundo sobre: atividades a desempenhar, análise de mercado, investimento, burocracias documentais, público-alvo, localização, retorno do investimento, entre outras tantas questões técnicas e burocráticas.

Já para a transição apenas de empresa, deve-se considerar e pesquisar sobre os valores da organização, sobre as atividades que serão desenvolvidas, cultura organizacional, estilo e métodos de trabalho, regras e normas, além da análise salarial e benefícios.

Porém, antes dessas questões, deve-se olhar com carinho para este novo trabalho, perceber se você vê sentido nessa carreira, identificar se essa é sua missão de vida profissional, verificar se esse novo caminho está de acordo com seus valores, se trará felicidade e realização para sua vida, pois, do contrário, a chance de você desistir ou enjoar rapidamente é muito grande.

Planejamento

O planejamento na transição de carreira, como em qualquer outro aspecto, deve ser levado a sério no processo de *coaching*.

Planejar passo a passo, como, onde, quando, quem e quanto são alguns pontos do a "desenhar". Para cada microação deve ser feito um plano de ação detalhado, seja ele financeiro, estratégico, pessoal, comportamental, técnico ou para qualquer outra particularidade.

Considerar possíveis imprevistos e criar estratégias para contorná-los também fazem parte do planejamento. É sabido que situações inesperadas podem ocorrer, porém é comum não se fazer um planejamento nem para as previsíveis.

Por exemplo: caso a tomada de decisão seja sair de um emprego formal, em que há segurança e estabilidade financeira, e trabalhar como profissional liberal, é possível prever que ao menos nos primeiros meses deve-se ter uma reserva financeira para manter seu padrão de vida atual ou no mínimo suas maiores necessidades. Pode parecer simples, mas essa é uma grande dificuldade de muitas pessoas que estão planejando sua transição de carreira.

Planeje-se, trabalhe com hipóteses, tenha um plano B e um C. O bom planejamento é um grande passo para o sucesso da sua transição.

Ação e melhoria contínuas

Este é o momento de agir, colocar em prática tudo o que foi planejado, trabalhar duro, manter o foco, a disciplina, a vontade de atingir seu objetivo e manter um alto nível de motivação, fazer com que suas ações deem resultados, com muita disciplina e perseverança.

Este é um momento dentro do processo de *coaching* onde os resultados são mais palpáveis e mensuráveis, momento de alegrias e conquistas. Porém, deve-se ter cautela e continuar em evolução e desenvolvimento constante, e se necessário modificar algum detalhe conforme os desafios que poderão surgir, sempre focando em melhoria contínua.

Resultados

É chegado o momento das comemorações, colher os frutos de todo o seu esforço e dedicação. Momento de se sentir orgulhoso, feliz, realizado e satisfeito em ter tomado a decisão mais assertiva para você.

Mas lembre-se: todo sucesso depende de você, portanto, continue em evolução constante. Mesmo após o término do processo, procure seguir os passos anteriores, reinventando-se, traçando novas metas, novos sonhos, novos objetivos, primando pelo seu crescimento, desenvolvimento e evolução pessoal e profissional.

Mensagem final

Espero ter conseguido passar um pouco sobre essa metodologia maravilhosa que vem transformando vidas, que é o *coaching*.

Mas o mais importante e que gostaria de deixar registrado aqui, independentemente da sua escolha em procurar um profissional para ajudá-lo ou não, e ainda sobre a sua escolha profissional e carreira a seguir, é:

Você, só você e ninguém mais é responsável pela sua felicidade, seja ela pessoal ou profissional. Você possui um potencial gigante guardado, só falta ser explorado e lapidado. Você sempre conseguirá atingir resultados fantásticos se fizer tudo com muito amor e para o bem. Não desista dos seus sonhos, não desista de encontrar sua missão de vida, não desista de buscar a sua felicidade e realização profissional. Trate-se com carinho, olhe com carinho, aceitação e respeito para você, veja com bons olhos o seu passado, pois foi ele que o fez chegar até aqui, porém, não se acorrente a ele, considere novas perspectivas, caminhe para o futuro, encoraje-se e viva o presente.

"A base para melhorar a sociedade é a transformação interior de cada pessoa."
(Daisaku Ikeda)

Conte comigo!

24

Descobrindo e redescobrindo seu potencial com o *coaching*

Qual é o seu potencial? Você precisa descobrir ou redescobrir? O *coaching*, por meio das metodologias, técnicas e ferramentas, com perguntas de alto impacto, irá contribuir para que você possa atingir o máximo de sua performance

Kathiane Hernandes Nigro

Kathiane Hernandes Nigro

Psicóloga, Consultora Organizacional, Palestrante & *Coach* de Carreira, Vocacional, Educacional e *Executive*. Sócia proprietária da Integração Coaching – empresa especializada em técnicas e ferramentas de *Coaching*, que visa contribuir para o desenvolvimento de pessoas e empresas por meio de palestras, cursos, atendimentos e *mentoring*. CEO da Dinâmica – Consultoria & Treinamento, especializada na gestão de pessoas, planejamento estratégico e desenvolvimento de lideranças. Experiência no meio organizacional por palestras de alto impacto, treinamentos motivacionais, aconselhamento de carreiras, recrutamento, seleção e promoção. Conduz *Workshops* de aprimoramento de performance para inúmeros profissionais do setor público e privado há mais de 15 anos. Pós-graduada em Gestão de Pessoas, Gestão de Negócios e Gestão de Recursos Humanos.

Contatos
www.integracaocoaching.com.br
www.dinamicapsicologia.com.br
kathiane@integraçaocoaching.com.br
(14) 3326-2167 / (14) 99658-5274

A descoberta e o desenvolvimento de novas habilidades são primordiais para concorrer no mundo corporativo. Embora todas as pessoas tenham a sua cota de oportunidades, nem todas têm empreendido os próprios talentos para se manterem necessárias e assediadas no mercado. A vida é um mar de oportunidades, um oceano de possibilidades, mas, também, um universo de incertezas. Conquistará ou manterá o seu lugar ao sol quem estiver mais flexível e preparado para os cenários que vêm surgindo.

A chave para qualquer transformação está em você e em suas atitudes, use e abuse da sua criatividade para delinear novos caminhos e não para encontrar desculpas que ocultem e interfiram em sua trajetória.

O que verdadeiramente falta é o desejo e a vontade intrínseca de Mudar e Realizar. Temos inúmeros exemplos de pessoas que buscaram tempo, desenvolvimento e os recursos necessários para mudar a sua vida. Qual é o seu potencial? Precisa descobrir ou redescobrir?

O que você está esperando para rever, alterar e alinhar o seu discurso aos seus comportamentos e atitudes? O mundo precisa desta transformação, precisamos voltar o olhar para dentro e extrair a nossa melhor versão, tente mudar a forma como você enxerga o mundo e o mundo mudará a sua forma.

Você está suficientemente preparado para encarar tempos de incertezas? Como você prevê a sua condição profissional daqui a três, seis e dez anos? Se não pensou sobre isso ainda é extremamente relevante que você passe a se questionar sobre qual é o seu potencial e preparo para os novos cenários que vêm surgindo no mundo corporativo.

O mercado de trabalho está cada vez mais competitivo, o que pode ser preocupante para muitos profissionais são as previsões de pesquisadores e cientistas sociais que anunciam o desaparecimento de 70% dos empregos atuais nos próximos 20 anos. Conseguirão manter-se ativamente no mercado os profissionais que se dedicarem à criação de ações estratégicas e flexíveis que envolvam autodesenvolvimento contínuo e um novo olhar para as oportunidades. O mundo está em constante evolução e isso nos leva a processos de reciclagem e atualização constantes. Quem não tiver um posicionamento claro de seu potencial, além de uma direção que faça sentido à sua vida, estará fadado à extinção. Portanto, quando a situação não pode ser transformada, TRANSFORME-SE imediatamente.

Como psicóloga, consultora, palestrante e *coach*, tenho a oportunidade de trabalhar na área de desenvolvimento humano, e venho sempre buscando o aprendizado sobre o potencial, talentos e competências das pessoas, além de sempre ressaltar a importância de termos bem claros e definidos nossos sonhos e metas na vida. Não importa se são metas pessoais e/ou profissionais. O que importa é que todos os sonhos e metas são importantes e cabem na sua vida e, ao conquistá-los, irá proporcionar harmonia, satisfação pessoal e profissional.

Convido-o a colocar em prática esse alinhamento de valor do seu potencial a fim de propor a si mesmo um futuro de infinitas possibilidades e concretização de sonhos e metas. Como muitas vezes o pensamento anula a ação, vamos nos arriscar mais? Que tal colocar em prática os nossos projetos, sejam eles da vida pessoal ou profissional? Estatisticamente, todos os dias, 99% dos 90 mil pensamentos que passam pela nossa cabeça são descartáveis. Sendo assim, que tal dar foco neste 1%?

Nossa vida é o reflexo do que pensamos. Vamos nos arriscar. Vamos ficar atentos à qualidade do que doamos e recebemos. E se você já sente que precisa de clareza para entender a si mesmo, a sua Carreira e que precisa desenhar o seu futuro de uma maneira que una a sua profissão à sua felicidade geral, então você está pronto para um processo de *coaching*.

O *coaching* é um processo de autoconhecimento e transformação que visa resultados. É um mergulho dentro de você para trazer à consciência o que de fato pode sabotar a sua carreira, as crenças que te limitam e o deixam onde está; mas muito mais do que isso: é a oportunidade de descobrir ou redescobrir seu potencial.

Um dos fatores essenciais para o sucesso de um processo de *coaching* é o seu aceite em efetivamente se comprometer consigo e mergulhar nesta jornada. Em compreender que para novos resultados vai precisar mudar suas atitudes, com sua essência, identidade, ou seja, sendo quem você é, mas saindo totalmente da sua zona de conforto.

Quando nos damos conta de que somos o maior destruidor dos nossos sonhos, que podemos, sim, virar a página desta história e construir uma mais incrível, nosso mundo se transforma. É como se você ajustasse a lente de visão, percebendo o seu real papel no mundo e, assim, dar passos mais assertivos para conquistar os objetivos que deseja.

Você já sabe para onde quer ir?

O passo inicial do caminho de desenvolvimento de seu potencial é o autoconhecimento, identificar o que realmente lhe dá satisfação, saber em quais competências deverá colocar mais foco para chegar a um desempenho melhor. Saber o que quer!!! E para que quer!!! Traçar metas para consegui-lo.

Metas representam o que queremos! Conduzem-nos para a frente! E neste caminho temos que ter claro o que desejamos conquistar; aonde queremos chegar; em quanto tempo e com quais recursos.

O próximo passo após a definição da meta é ter um momento de investigação sobre os recursos existentes. O que você tem (competência técnica ou comportamental e habilidades) que lhe ajuda a conquistar a meta, e o que está faltando desenvolver.

A capacidade de satisfação do ser humano está relacionada à sua necessidade de desafio, crescimento e desenvolvimento, à sua capacidade de se empenhar profundamente na realização de uma meta ou missão.

TUDO nos conta sobre a nossa vocação e missão. Todas as nossas experiências acumuladas e as que vão sendo vivenciadas ao longo da vida vão nos apontando para onde podemos ir.

Depois das metas definidas chegou o momento de agir! Que atitude tomará para atingir essa meta? Como as transformará em atos? Quais serão as consequências para as outras pessoas?

Só há aprendizado quando o conhecimento é aplicado na prática.

Pense no seu objetivo! Expresse as metas de forma positiva. É importante formulá-las de modo que sejamos capazes de alcançá-la.

O que você quer exatamente?
Como você saberá se está no caminho certo para atingir a meta?
Quais recursos você já dispõe? Qualidades, tempo, dinheiro, pessoas etc.
Que ações fará com que você atinja sua meta?
O que é importante atualmente que deveria deixar para trás?

Plano de ação: ao definir as etapas para alcançar a sua meta, você estará colocando asas no seu desejo. E a partir daí... é só voar!!!!

E para ter essas metas bem traçadas e potencializar suas habilidades e competências, é preciso parar tudo que está fazendo e dar um tempo de sua atenção a elas. Ao planejamento e execução.

Uma meta, objetivo ou sonho passa por quatro etapas em geral:

1. Estabelecer a meta que deseja com clareza. É importante saber o que deseja com detalhes: quer fazer um curso? Qual? Quer comprar uma residência? Onde? Quantos cômodos?

2. Plano de ação para alcançar sua meta. É preciso ter um plano de voo para saber de onde sair. Qual é o caminho ou caminhos a seguir? Como fazer ou agir para alcançar o que deseja?

3. Agir. Pôr em execução o plano de ação ou voo. E pôr sua energia e trabalhar para concretizar.

4. Tempo. Daqui a quanto tempo ou em que data vou concretizar minha meta? Estipular o tempo para alcançar a meta ou objetivo é muito importante, pois temos um período estipulado para cumprir nosso plano de ação.

Se você tem um sonho ou meta definido e não está querendo executar agora, então não pode estabelecer um tempo para concretizar e nem vai pôr energia para agir. Quando você estipula a data da concretização de uma meta, está plantando agora seu futuro. Você pode até mudar as metas, alterar o plano de voo e até mudar a data da concretização, mas está trabalhando para concretizar o que deseja.

Faça uma lista de metas e objetivos profissionais e pessoais que tem em mente. Ao lado de cada meta, ponha uma data para concretizar.

Com esta lista pronta, examine criteriosamente quais são as metas realmente desejadas e se as datas são viáveis. Irá ver que muitas metas ficarão para trás. Com a lista enxuta e pronta, execute os planos de voo. Quem faz o momento presente é você. Quem escreve o futuro é você. Você é o autor do roteiro da sua vida. Você é o protagonista da sua história.

Para você descobrir ou redescobrir seu potencial, é importante investir na autodisciplina, pois é uma maneira eficiente para que cumpra suas metas e conquiste seus objetivos. Para praticá-la é necessário autoconhecimento. Avalie sua capacidade e limites visando identificar os gatilhos que atuam na falta de comprometimento com seus próprios desafios. O disciplinado administra melhor seu tempo, seu desgaste energético e equilibra sua vida pessoal e profissional.

Ser autodisciplinado é um fator decisivo para mudar comportamentos disfuncionais e improdutivos, além de contribuir para que se assuma um comportamento mais compatível com suas metas. Mudando de atitude, você se torna compromissado e responsável pelas realizações de suas tarefas e se encarrega de promover as mudanças autoestipuladas.

Pontos que poderá te ajudar na autodisciplina:

Avalie as tarefas que geram valor à sua rotina: antes de agir, pense! Avalie quais são as principais e mais importantes tarefas ou coisas a fazer em seu dia a dia, estime o tempo para realizá-las e considere possíveis imprevistos. Faça seu planejamento considerando suas prioridades de curto e longo prazos.

Evite as distrações: abandone tudo aquilo que rouba sua atenção e que, além de não acrescentar nada à sua vida, interfere muito em sua produtividade. Ao fazer algo necessário e importante, foque sua energia e atenção apenas nessa tarefa.

Autossabotagem – desistir no meio do caminho: persistir na autodisciplina não é fácil, tampouco impossível. Ocorrerão momentos em que se sentirá cansado, desejando deixar para amanhã ou mesmo desistir, persista em suas metas e acredite: você tem o potencial necessário para transformar seus sonhos em realidade.

Automotivação: faça uma rápida análise de ganhos X perdas em ser disciplinado. Avalie os prós e contras em utilizar a disciplina como fio condutor aos seus objetivos. Contudo, nunca use a autodisciplina como punição, mas como uma forma eficaz e produtiva que o conduzirá a realizar-se pessoal e profissionalmente.

É aqui que o *coaching* poderá contribuir, auxiliando a identificar as metas, criando estratégias para executá-las e potencializando seus resultados. Por meio das metodologias, técnicas e ferramentas, com perguntas de alto impacto, o processo irá contribuir para que você possa atingir o máximo de sua performance.

Hoje inicio uma nova jornada profissional. Há mais de dez anos, venho buscando aprimorar meus conhecimentos para ajudar as pessoas a serem cada vez mais ligadas aos seus objetivos e propósitos na vida. Inauguro hoje este artigo que escrevi com o coração e espero que você possa refletir sobre o grande potencial que existe dentro de você!

Tenha excelentes reflexões de aprendizagem e autodesenvolvimento!

25

Coaching, e daí?

O processo de *coaching* pode ser muito transformador, mas, para isso, é necessário um completo envolvimento do cliente e do *coach*, uma boa sintonia é fundamental, além da confiança e de técnicas eficientes para tirar o cliente do *status quo* e conseguir se projetar e pôr em prática sua visão de futuro. Neste capítulo, você irá conhecer o processo desenvolvido e principais resultados alcançados

Leylah Halima Macluf

Leylah Halima Macluf

Atuou por mais de quinze anos em posições executivas de RH em grandes empresas, como Deloitte, McDonald's e Archer Daniels Midland, tanto no Brasil como no Canadá, nos Estados Unidos e em diversos países da América Latina. Durante sua trajetória, transformou a carreira de muitos executivos de sucesso, e agora decidiu atuar com profissionais em busca de seus sonhos. Leylah é *coach* certificada pela Sociedade Brasileira de Coaching e pelo Instituto EcoSocial, tendo proferido diversos cursos e palestras de liderança, empreendedorismo, comunicação, gestão de carreira, entre outros. Atualmente, é diretora da Consultoria BBold, focada em *coaching* e consultoria em desenvolvimento organizacional, além de mentora do INSPER para alunos de graduação e responsável pelo programa de *coaching* de executivos da ESPM.

Contatos
www.bbold.com.br
lmacluf@bbold.com.br
(11) 99951-1389

O *coaching* ainda é um mundo pouco conhecido para a grande maioria da população, e eu acredito que seja uma ferramenta de desenvolvimento poderosa e de baixo custo. Neste capítulo, vou falar de como o *coaching* mudou a vida de clientes e como foi essa jornada de autoconhecimento e transformação.

No *coaching*, os papéis são bem estabelecidos. A agenda é a do cliente, que pode variar de sessão para sessão, pois as nossas prioridades mudam, mas o processo precisa e deve ser liderado pelo *coach* para que o *coachee* (cliente) tire o máximo de cada sessão. O *coach* decide a técnica, facilita a reflexão e propõe ao cliente se abrir para partes de sua vida pouco exploradas, como seus sentimentos.

O processo de *coaching* é fundamentalmente um processo de ampliação da consciência, onde o papel do *coach* é facilitar esse processo, enquanto o do *coachee* é se autoconhecer e fazer escolhas de maneira protagonista e sustentável.

O protagonismo é a essência do *coaching*. As escolhas e decisões devem ser do cliente, pois as opções que funcionam para uma pessoa podem não funcionar para outra, afinal, somos pessoas diferentes, com vivências diferentes e valores diferentes. Aqui, mais do que nunca, não existe um padrão que deve ser seguido. Cada cliente tem um caminho que é só dele, da maneira dele. O processo também é sustentável porque as decisões e escolhas que o *coachee* fizer devem ter impacto de longo prazo em sua vida, e não serem imediatistas.

O processo de *coaching*, como o próprio nome diz, é um processo e, por isso, precisa seguir algumas etapas importantes. No esquema abaixo, pode-se observar que sempre começamos com o tema ou o objetivo do cliente. Não existe processo de *coaching* sem um tema, sem um objetivo ou sem um problema. Se não tiver, vira um bate-papo entre amigos. Além do tema, sempre gosto de definir qual é a importância disso para a pessoa, como irá impactar a sua vida e a vida dos outros e também quais as suas expectativas em como o processo irá ajudá-lo nessa jornada e, como tudo na vida, quais as evidências que atingimos no sucesso.

Estrutura típica de um Processo de Coaching

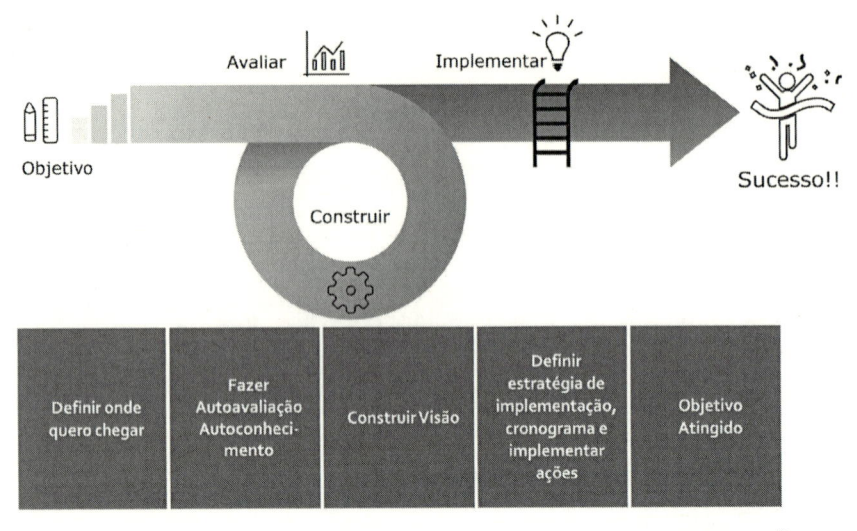

| Definir onde quero chegar | Fazer Autoavaliação Autoconhecimento | Construir Visão | Definir estratégia de implementação, cronograma e implementar ações | Objetivo Atingido |

Isso parece algo simples e trivial, mas muitas vezes o cliente traz um tema normalmente racional, e à medida que avançamos nas sessões descobrimos o verdadeiro tema, que tem muito mais relação com os sentimentos e valores. Por exemplo, atendi uma cliente que estava infeliz com o trabalho e queria pensar na sua transição. Durante o processo, ela descobriu que não era o emprego o incômodo, mas que efetivamente o problema tinha sido gerado muito antes disso e que mudar de emprego só mudaria o problema de endereço. O tema de verdade era uma escolha de formação errada, baseada na influência dos pais e menos no propósito de vida dela.

Com o tema definido, partimos para um momento de autoavaliação e autoconhecimento, em que o cliente tem a oportunidade de se abrir e experimentar, ou até mesmo a discutir, seus sentimentos, medos, seus sabotadores e suas fugas. Neste momento, o cliente faz descobertas muito profundas que lhe dão a base para construir uma visão consciente de seu futuro.

Um exemplo muito interessante foi de uma cliente que estava trabalhando o crescimento profissional. Ela tinha um desejo de ser diretora de uma grande organização e tinha certeza de que para alcançar esse sonho, ela precisava ser perfeita, superfocada na entrega e nos resultados. Concordamos em aplicar uma avaliação 360º, onde pares, subordinados, superiores e clientes tiveram a oportunidade de dizer o que ela deveria parar de fazer, começar e continuar. Tamanha foi a surpresa dela quando os *feedbacks* falavam que ela tinha que parar de se preocupar e se cobrar menos, que ela deveria começar a fazer mais relacionamento interno e continuar sendo a boa ouvinte que era. Tudo aquilo que ela acreditava estar fazendo certo, como dedicar 12 horas por dia ao trabalho árduo, não era o que iria levá-la ao novo patamar.

Esse exercício simples, que qualquer um pode fazer, trouxe uma reflexão muito profunda, onde ela questionou suas prioridades, seus valores e as escolhas que ela havia feito até ali e, claro, quais ela deveria fazer dali para a frente.

Exemplo de Avaliação 360º que você pode fazer para crescer:

O que devo parar?
O que devo continuar?
O que devo começar?

Um outro exemplo, muito marcante para mim, foi de um cliente que estava há 30 anos numa empresa muito próxima da falência, e ele não sabia o que fazer – procurar um emprego, abrir um negócio, virar consultor –, e quando lhe perguntei quais são seus pontos fortes, ele teve muita dificuldade em dizer quais eram suas realizações e suas habilidades. Ele estava há tanto tempo numa situação tão difícil e com uma pressão tão alta, que ele se isolou. Discutimos muito sobre como ele estava se sentindo, por que o isolamento ou a anulação, por que se resignar diante disso e, principalmente, sobre o medo da mudança. O medo era a grande barreira que o impedia de buscar algo melhor e, a partir do momento que ele entendeu seu medo e conseguiu descobrir como reagir, ele conseguiu se abrir para se conhecer e decidir o seu futuro e não ir levando, como diz a música do Zeca Pagodinho, *Deixa a vida me levar*.

Uma das primeiras clientes pagantes foi muito emblemática para mim. Ela trabalhava há muitos anos em uma empresa familiar, tinha um gestor ao estilo antigo, que gritava e batia na mesa ao mesmo tempo que perguntava sobre os filhos dela. Ela achava que deveria buscar um novo emprego e, durante as sessões, percebeu que não era nada daquilo. A verdadeira busca era resolver seu medo de rejeição. Ela aceitava essa situação há tanto tempo por medo de ser rejeitada em processos seletivos ou por novos colegas de trabalho.

Depois que já temos uma aplicação de consciência e um aumento no autoconhecimento, partimos para a fase de construção do futuro, na qual o *coachee* deve ter contato com seus desejos, sonhos e descobrir que o impossível é ele quem define.

Neste momento, ajudamos o cliente a expandir suas possibilidades e ousar, pois o futuro que estamos projetando não é para concretização em seis meses, mas sim em seis anos!

Gosto muito de trabalhar com construção de cenários, onde o *coachee* começa listando sonhos e desejos que tinha na infância, como querer ser astronauta, professor, jogador de futebol, bailarina e, aos poucos, vamos agrupando essas possibilidades e fazendo uma análise minuciosa de cada uma delas. É impressionante como as pessoas percebem que aquilo que é mais profundo e verdadeiro foi deixado de lado para atender as expectativas da família, da sociedade, e suas expectativas não são atendidas e, por isso, aquele sentimento de plenitude nunca é alcançado.

Durante o exercício dos sonhos, muitos clientes começam bem retraídos, mas, quando se permitem sonhar e acessar seu lado mais lúdico, conseguimos encontrar a verdadeira vocação ou propósito de vida daquela pessoa. E nesse momento ela percebe que os rótulos e pressões não são mais importantes do que sua felicidade, sua realização e sua tranquilidade.

Tive um cliente, alto executivo, muito sério e centrado, que resgatou sonhos de infância que lhe permitiram atingir um novo patamar de energia. Ele estava tão saturado e absorvido pelo trabalho, que não tinha vontade de lutar por nada, era somente o automático, decisões, pressão e resultado. Com o exercício, ele percebeu que ainda tinha muito a fazer, muito a conquistar e que uma parte de sua vida – a financeira – estava plenamente satisfeita, mas e o resto? É lindo observar quando a pessoa chega a essa conclusão e o brilho dos olhos é quase ofuscado. O semblante da pessoa muda, e esse momento é muito emocionante no processo.

Há casos em que a pessoa precisa de mais ajuda, em que esse exercício sozinho não é suficiente, neles gosto muito de trabalhar com projeção, pintura e até mesmo encenação. Fazer o cliente sair de sua zona de conforto e vivenciar algo novo e único. Fiz esse exercício de encenação com uma cliente diversas vezes, em que eu sempre a representava enquanto ela fazia algum outro personagem. Era espantoso como ver a si mesmo numa situação a fez perceber como precisava mudar. Às vezes, somente um espelho consegue nos trazer a percepção do presente para percebermos que queremos e podemos mais.

Nesta fase do processo, sempre espaço mais as sessões para que os clientes possam vivenciar e experimentar algumas mudanças no seu dia a dia e avaliar como se sentem, o que foi difícil, por que foi difícil, o que irá funcionar, mas, principalmente, como se viram nessa nova realidade. A beleza do *coaching*, muitas vezes, não está no que acontece na sessão, mas como isso reverbera na vida da pessoa, como ela passa a tomar consciência e se apropriar de coisas que passavam despercebidas e sem importância.

Uma vez que a pessoa tem suas possibilidades desenhadas, pensadas e "aprovadas", vamos para uma etapa de elaboração do plano de ação, onde fazemos uma ponderação do que é necessário para atingir o objetivo, tanto em aspectos técnicos quanto comportamentais. É uma etapa que considero mais racional. Nas outras etapas, temos que trabalhar muito a ampliação de repertório e a aventura; nesta etapa, focamos no tangível, porém nunca deixando de ser criativo ou buscando explorar ao máximo o potencial do cliente.

Antes de finalizar o processo, sempre fazemos uma avaliação com o cliente, em que o mais importante é saber o que ele aprendeu sobre si mesmo nesse processo, como irá utilizar esse aprendizado, como o *coaching* impactou sua vida e ter certeza de que o *coachee* está forte para seguir a jornada sozinho.

Diferente de uma terapia, o *coaching* não é um processo contínuo de suporte. Ele deve ser usado em momentos que você precise de alguém que o ajude a ultrapassar barreiras, estabelecer um novo paradigma em sua vida e te levar a novos níveis de consciência.

Acredito que o meu maior desafio como *coach* foi com um cliente que queria ser saudável, e este é um tema para mim! Passei a vida brigando com a balança, fazendo dietas malucas, acreditando em fórmulas mágicas, mas, no caso dele, era exatamente o contrário. Ele era muito magro e perdia peso com facilidade. Em nossa primeira sessão, falei abertamente que nunca tinha atendido um caso assim, que gostaria de tentar e que aquilo talvez também me tocasse de alguma forma. Durante o processo, discutimos muitos temas, mas um em especial me fez refletir muito: a preguiça. Ele, eu e todos nós temos preguiça! Mas, até que ponto essa preguiça está nos segurando e nos impedindo de avançar ou de buscar nossos desejos? Foram quatro meses de *coaching* e, nesse período, eu também fui tocada e agraciada com uma reflexão que nunca tinha me aprofundado sobre mim mesma.

Ele passou a se exercitar, fazer melhores escolhas alimentares, ganhou massa muscular, e eu? Eu ganhei uma oportunidade de me conhecer e fazer algo que sempre falo para os clientes: priorize um pouco você! Eu me priorizei, fiz uma cirurgia para um problema de ombro que sempre servia de desculpa para não voltar a jogar tênis ou vôlei, passei a caminhar todos os dias, busquei ajustar minhas escolhas. Hoje já perdi dez quilos e continuo todos os dias me desafiando a ser melhor do que ontem!

Acredite em você! Os limites são impostos por você e não pelos outros! Atinja todo o seu potencial e alcance os seus sonhos!

26

Amor e medo

O *coaching* na superação da autossabotagem em relacionamentos

Lucia Mendonça

Lucia Mendonça

Palestrante e Mestre em *Coaching* pela Florida Christian University – USA, com estudos científicos para a superação da autossabotagem. É *Master Coach* Nível *Golden Belt* pela Federação Brasileira de Coaching Integral Sistêmico – Febracis e pela Florida Christian University – USA. Facilitadora autorizada pela Franklin Covey para ministrar o curso *Os 7 Hábitos das Pessoas Altamente Eficazes*. Instrutora de cursos para formação de líderes, gestão pessoal e corporativa e motivação de equipes. Especialista em modernização organizacional e inovação. Pós-graduada em Linguística. Graduada em Administração de Empresas pelo UniCeub, em Brasília. Analista Judiciário com 25 anos de experiência na área de gestão, administração e inovação judiciária. Tutora do Ensino a Distância, inclusive com habilitação para EAD em BSC e Planejamento Estratégico na Administração Pública.

Contato
lucbmsa@gmail.com

Desde Adão e Eva sabe-se das maravilhas e das dificuldades do amor e dos relacionamentos românticos. Independentemente da época, do local ou do modelo de sociedade, o amor e os relacionamentos são cantados em verso e prosa, são artigos de revistas e manchetes de jornais, são uma parte da alma, do corpo, do ser, alegria e dor, sonho e realidade.

Apesar do grande número de pessoas que afirma precisar de dinheiro, corpo delineado, fama, reconhecimento no trabalho, poder e outras coisas similares para se sentir feliz e realizada, a importância do amor e dos relacionamentos para o bem-estar, a saúde e a felicidade humana tem sido comprovada por sucessivos e relevantes estudos. A cada nova pesquisa, maior importância ganham os relacionamentos, como revelam, por exemplo, Martin Seligman em seu livro *Florescer* (2011)[1] e o pesquisador da Universidade de Harvard/USA, Robert Waldinger (2015, informação verbal), que dirige atualmente o mais longo estudo científico já realizado no campo de Desenvolvimento Adulto, iniciado em 1938 e em andamento até os dias atuais[2] sem nenhuma interrupção, que busca saber o que mantém as pessoas felizes e saudáveis ao longo da vida.

Os relacionamentos são formados desde o primeiro momento da vida. A maneira como as pessoas são tocadas, as vozes de aprovação ou rejeição que ouvem, as interações que observam, tudo isso colabora na alquimia positiva ou negativa que faz cada um ser o que é (GUNTHER, 2010). No campo do amor, os relacionamentos românticos têm relevante impacto sobre a alegria, a realização na vida, o senso de conexão e pertencimento do indivíduo com o mundo em que vive. Os relacionamentos que vão mal podem gerar profundas dores emocionais, desesperança, doenças e até suicídios e homicídios. Segundo Bystronski (1992, 1995 apud HERNANDEZ; OLIVEIRA, 2003), as pesquisas demonstram que os relacionamentos íntimos ou o prazer decorrente dos relacionamentos amorosos satisfatórios foram identificados como a fonte mais importante de felicidade pessoal, no âmbito das relações interpessoais, independentemente das variáveis histórico-sociais. No Brasil, um estudo realizado na Universidade de São Paulo sobre a vida a dois (SCORSOLINI-COMIN; SANTOS, 2009) indicou que um relacionamento cheio de trocas e carrega-

---

1 REVISTA Época. *O mito da felicidade*. Letícia Sorg e Juliana Elias.
2 Seminário *The good life*.

do de elementos e vivências positivas (como amor, carinho, confiança, amparo etc.) está relacionado a uma percepção de que a vida é mais positiva.

No entanto, em meio a tantos benefícios trazidos pelos relacionamentos, é comum ouvir nas rodas de amigos, nos consultórios, nos sites de relacionamentos na internet, nas revistas, as pessoas indagando: por que não consigo encontrar alguém bom pra mim? Por que sempre atraio a pessoa errada? Por que eu continuo escolhendo o mesmo tipo de pessoa? Passando pelos mesmos problemas? Sofrendo pelos mesmos motivos? Por que não consigo ter relacionamentos duradouros? Por que insisto em continuar em um relacionamento que me faz sofrer? Por que continuo fazendo as coisas erradas e estragando tudo? Por que não consigo ser feliz no amor?

Uma das razões para essas dificuldades de encontrar parceiros amorosos ou manter relacionamentos duradouros e felizes é a autossabotagem, situação em que conflitos internos levam as pessoas a comportamentos autodestrutivos, que as prejudicam repetidamente, frutos de armadilhas criadas por si mesmas (MADANES, 2009, GUNTHER, 2010, HERMES; ROSNER, 2013, COX; IVES, 2015). Elas minam seus relacionamentos, sabotam as possibilidades de iniciar um relacionamento, encarceram-se em uma solidão não escolhida, cometendo repetidamente os mesmos erros. Uma parte dessas pessoas vê a si mesma como uma vítima do destino ou de outras pessoas, não merecedora da felicidade, ou subestima sua capacidade de lidar com o sucesso e a vitória.

Sob várias denominações – tais como comportamentos autodestruidores (MADANES, 2009), padrões de comportamento destrutivos e repetitivos (GUNTHER, 2010), autossabotagem (LIPTON, 2007, GUNTHER, 2010, VIEIRA, 2010, HERMES; ROSNER, 2013) –, esses padrões comportamentais provêm de crenças limitadoras e hábitos mentais (DILTS; HALLBOM; SMITH, 1990), que funcionam como verdades incorporadas à mente subconsciente (LIPTON, 2007) e são objeto de grande interesse no *coaching*. Isso porque ocorrem com frequência e interferem significativamente no processo de mudança, seja no campo pessoal, profissional, financeiro, espiritual ou em qualquer perspectiva que permeie a experiência humana (VIEIRA, 2010). "Pode parecer implausível que um indivíduo continue a agir da maneira que o faz sofrer. Concordo que seja um contrassenso. No entanto, é plausível e possível. E ocorre constantemente." (HERMES; ROSNER, 2013, p. 16) Ainda que sem usar o termo autossabotagem, o psicanalista Freud já falava sobre o assunto no início do século passado referindo-se à relação diferente entre o êxito e o fracasso vivenciada por algumas pessoas, afirmando-se surpreso, "[...] é como se elas não aguentassem a felicidade" (FREUD, 2010, p. 196).

Mesmo trazendo esses padrões destrutivos para o nível consciente, seu poder ainda pode continuar ativo, como ratifica Gunther (2010, p. 37, tradução nossa): "Você já identificou padrões destrutivos e ainda continua a repeti-los, apesar de seu desejo para um relacionamento romântico forte e duradouro? Se assim for, você não está sozinho". Sri Prem Baba (2017), psicólogo e guru brasileiro, entende a autossabotagem como uma lei psíquica que precisa ser compreendida: "O não cega a sua percepção e você não percebe o que faz para gerar uma situação que odeia, que o enche de vergonha". Gunther (2010) explica que essa autossabotagem, muitas vezes, é evidenciada em comportamentos sutis. As pessoas que se sabotam ficam confusas, sem saber o que fizeram para os parceiros se afastarem. E, por não compreenderem o que aconteceu, tornam a repetir os mesmos comportamentos, minando sucessivos relacionamentos.

Para Gunther (2010, p. 12, tradução nossa), "A maioria dos comportamentos de sabotagem é aprendida na infância e reforçada pela repetição. Podem ocorrer eventos traumáticos ao longo da vida, mas as primeiras experiências influenciam de forma mais potente os relacionamentos posteriores". A autora menciona, ainda, como possíveis origens para a autossabotagem a herança de "características de personalidade e uma bioquímica que os torna mais suscetíveis à repetição de aprendizados negativos da infância" (GUNTHER, 2010, p. 12). Segundo a autora, quanto mais internalizado no inconsciente, mais difícil identificar um padrão de autossabotagem. Nesse contexto, quando as crianças tornam-se adultas, provavelmente vão criar relacionamentos semelhantes aos internalizados, mesmo se tiverem sido insatisfatórios ou dolorosos, pois a familiaridade é um ímã poderoso. Os parceiros dessas pessoas também levarão para o relacionamento os seus padrões e expectativas e, em vista da "enorme possibilidade de entrecruzamento de suas conexões positivas e negativas, não é de admirar tantos relacionamentos esperançosos tropeçarem e caírem" (GUNTHER, 2010, p. 17, tradução nossa).

Comportamentos autodestrutivos não são exclusivos de autossabotadores. Muitas pessoas são capazes de agir dessa forma em algum ponto das suas vidas, sem que sejam autossabotadoras. Porém, "O que distingue a autossabotagem é a previsibilidade, a frequência e a intensidade com que esses comportamentos ocorrem e seus efeitos prejudiciais aos relacionamentos" (GUNTHER, 2010, p. 37, tradução nossa). Madanes (2009) explica que há poderosas emoções que mantêm as pessoas acorrentadas a uma vida que não querem viver: o amor dado de forma errada, o medo, a insegurança e a familiaridade/costume. Segundo ela, as pessoas acabam criando um ciclo de insucesso e frustração, pois "[...] exatamente como velhos hábitos, quando repetimos certos comportamentos, eles se tornam uma segunda natureza, inclusive quando não são bons para nós" (MADANES, 2009, p. 24, tradução nossa).

Segundo autores contemporâneos, como Madanes (2009), Gunther (2010), Hermes e Rosner (2013) e Cox e Ives (2015), entre outros, o principal gatilho ou propulsor da autossabotagem é o medo – emoção que está na raiz de outras emoções, sentimentos e comportamentos como insegurança, incapacidade, baixa autoestima, apegos, possessividade, ciúme, desconfiança, tristeza, depressão, impaciência, ansiedade e vulnerabilidade, dependência excessiva do outro, restrições para externar a afetividade, culpas e em uma série de questões que se repetem, ainda que a pessoa não queira e mesmo que, muitas vezes, já esteja consciente de sua existência e de suas razões, e disposta a superá-las.

O medo – anjo ou demônio?

O medo é uma emoção tão poderosa quanto autossabotadora. É o senhor da sobrevivência humana, mas também está na raiz de quase todas as suas dificuldades. Sua intensidade variável produz comportamentos distintos e, tantas vezes, inesperados. Há o medo que protege, que garante a preservação da espécie humana. E há o medo que sabota. Os medos mais comuns estão relacionados a algumas das maiores necessidades das pessoas: segurança, se sentir importante e valorizado, se sentir pertencendo a um grupo. Sem uma ou várias dessas coisas, as crenças acerca das próprias capacidades passam a ser quase nulas e a pessoa sente-se pequena, inadequada, incapaz, passa a depender excessivamente do que os outros pensam e a sentir um medo cada vez maior. Essa comunicação interior de não merecimento ou de incapacidade transforma-se em uma crença profunda e, por conseguinte, em realidade (ROBBINS, 1987, DILTS; HALLBOM; SMITH, 1993, MADANES 2009).

São esses medos criados no imaginário humano o objeto do trabalho de *coaching* de relacionamento e de superação da autossabotagem. É o tipo de medo que paralisa as mudanças e a evolução. A especialista canadense Lisa Bourbeau lista cinco feridas emocionais relacionadas aos medos da infância que podem interferir nas dificuldades de relacionamentos na vida adulta e podem estar na origem da autossabotagem no amor: medo de abandono, medo de rejeição, medo de humilhação, medo de traição e medo de injustiça.

Muitas pessoas conseguem se adaptar e superar seus medos. Porém, é comum carregarem esses conflitos ao longo da vida, sem sequer reconhecê-los. Também é frequente buscar parceiros que vivenciaram coisas semelhantes e que irão validar a crença de que esse conflito é corriqueiro, que a vida é assim mesmo. Mesmo com toda essa carga negativa, é usual transmitirem para seus filhos tudo o que aprenderam. E um novo círculo de autossabotagem vai se formando, repetidamente, de forma familiar, previsível e intensa.

Portanto, o sucesso do trabalho de *coaching* na superação da autossabotagem exige um cuidado especial para a superação de medos, das emoções, dos sentimentos, das atitudes e dos comportamentos a ele relacionados. Ekman (2003 apud FORTINO, 2012) afirma que as pessoas podem se sentir incapazes de controlar as emoções, mas que são capazes de modificar os sentimentos e as atitudes que as emoções despertam, bem como o comportamento que provocam.

Referências
AMÉLIO, Ailton. *Entenda as causas e funções da sua insegurança*, 2015. Disponível em: <https://goo.gl/MS61ob>. Acesso em: 26 de fev. de 2017.
BOURBEAU, Lise. *Las cinco heridas que impiden ser uno mismo*. Espanha: Editorial OB Stare, 2011. Disponível em: <https://goo.gl/Qc6c8A>. Acesso em: 23 de nov. de 2016.
CARVALHO, Gustavo. *Você tem medo de quê?* Brasília, 2017. Disponível em: <http://neurocienciacoach.com.br/medo-limitante.html>. Acesso em: 23 de fev. de 2017.
COX, Elaine; BACHKIROVA, Tatiana; CLUTTERBUCK, David (Org.). *The complete handbook of coaching*. 2. ed. London: Sage. Google books, 2014.
COX, Elaine; IVES, Yossi. *Relationship coaching: the theory and practice of coaching with singles, couples and parents*. New York: Routledge. Google books, 2015.
CURY, Augusto.
Gestão da Emoção: técnicas de coaching emocional para gerenciar a ansiedade, melhorar o desempenho pessoal e profissional e conquistar uma mente livre e criativa. São Paulo: Saraiva, 2015.
DILTS, Robert; HALLBOM, Tim; SMITH, Suzi. *Crenças: caminhos para a saúde e o bem-estar*. Tradução Heloísa Martins Costa. São Paulo: Summus, 1993.
DWECK, Carol S. *Mindset: a nova psicologia do sucesso*. 1. ed. São Paulo: Objetiva, 2017.
FORTINO, Carla (Ed.). *O livro da psicologia*. São Paulo: Globo, 2012.
FREUD, Sigmund. *Introdução ao narcisismo, ensaios de metapsicologia e outros textos - 1914-1916* in: Obras completas, volume 12, tradução Paulo César de Souza. São Paulo: Companhia das Letras, 2010. Disponível em < https://goo.gl/dHJgfx >. Acesso em: 23 de abr. de 2017.
GOLEMAN, Daniel. *O cérebro e a inteligência emocional: novas perspectivas*. Tradução: Carlos Leite da Silva. Rio de Janeiro: Objetiva, 2012a.
GUNTHER, Randy. *Are you ready for a love relationship?*, 2016. Disponível em: <https://goo.gl/LbbYjh>. Acesso em: 05 de jun. de 2016.
HERMES, Patrícia; ROSNER, Stanley. *O ciclo da autossabotagem*. 11. ed. Rio de Janeiro: BestSeller, 2013.

HERNANDEZ, José Augusto E.; OLIVEIRA, Ilka M. B. de. *Os componentes do amor e a satisfação*, 2003. Disponível em: <https://goo.gl/zVVGB>. Acesso em: 14 de fev. de 2017.

LeDOUX, Joseph. *O cérebro emocional*, 1996. Disponível em: <https://goo.gl/ZkSRg1>. Acesso em: 23 de ago. de 2016.

MADANES, Cloé. *Relationship breakthrough: how to create outstanding in every area of your life*. Rodale, 2009.

MLODINOW, Leonard. *Subliminar - como o inconsciente influencia nossas vidas*. Rio de Janeiro: Zahar, 2013.

ROBBINS, Anthony. *Poder sem limites*. Tradução Muriel Alves Brazil. São Paulo: BestSeller, 1987.

SCORSOLINI-COMIN, Fabio; SANTOS, Manoel Antonio dos. *Satisfação com a vida e satisfação diádica: correlações entre construtos de bem-estar*. Psico-USF (Impr.), Itatiba, v. 15, n. 2, p. 249-256, Ago. 2010. Disponível em: <https://goo.gl/PM8QiP>. Acesso em: 21 de out. de 2016.

SCORSOLINI-COMIN, Fabio; DOS SANTOS, Manoel Antonio. *Relacionamentos afetivos na literatura científica: uma revisão integrativa sobre a noção de conjugalidade*. Psicol. Am. Lat., México, n. 19, 2010. Disponível em: <https://goo.gl/AcL6nh>. Acesso em 21 de out. de 2016.

SELIGMAN, Martin. *Todo mundo pode florescer*. Revista Época, ed. 20/05/2011. Disponível em: <https://goo.gl/xKgnvn>. Acesso em: 25 de abr. de 2017.

SILVA, Marcílio Ângelo e. *O efeito combinado dos estilos de apego dos pais no estabelecimento dos estilos de apego de seus filhos*, 2013. Tese (Doutorado em Psicologia Cognitiva) – Centro de Filosofia e Ciências Humanas, Universidade Federal de Pernambuco, Recife, 2013. Disponível em: <https://goo.gl/UeVGMv>. Acesso em: 11 de abr. de 2017.

VIEIRA, Paulo. *O poder verdadeiro*. Fortaleza: Premius, 2010.

WALDINGER, Robert. *Seminário The good life*. Produção de TEDxBeaconStreet. Publ. 30/11/2015. Disponível em: <https://goo.gl/mUA9wd>. Acesso em: 25 de out. de 2016.

WASHINGTON, Rhianon. *Book Review of Developmental Coaching: Life Transitions and General Perspectives by Stephen Palmer and Sheila Panchal*, London: Routledge, 2009. International Journal of Evidence Based Coaching and Mentoring, Vol. 9, N. 2, p. 96-99, aug., 2011. Disponível em: <https://goo.gl/bfBcfB>. Acesso em: 22 de abr. de 2017.

27

Surfando a sua própria onda

O artigo objetiva realizar provocações durante a leitura por meio de perguntas que inquietem o leitor, incitando-o à reflexão e convidando-o a assumir o controle da sua história: surfar a sua própria onda, fazendo a diferença que faz a diferença, condição valiosa para que a virada e a transformação possam acontecer. A prancha de surfe que conduz o surfista à onda perfeita é comparada ao *coaching*, conduzindo o ser humano a atingir os resultados desejados

Luiz Claudio Vieira Simões

Luiz Claudio Vieira Simões

Natural de Pelotas, reside em Passo Fundo – RS. Proprietário da Essence Desenvolvimento Humano. Administrador, Especialista em Gestão de Pessoas com 24 anos de experiência em liderança e gestão, *Coach* e Analista Comportamental - *Coaching Assessment* certificado pelo Instituto Brasileiro de Coaching – IBC, certificado em *Coaching* Financeiro pelo Inst. de Coaching Financeiro – ICF, *Master Practitioner* em PNL, *Master Coach* Integrativo Sistêmico, Constelador Organizacional pela Metaforum Brasil, Hipnoterapeuta Ericksoniano pela ACT Institute. Coautor dos livros: *Coaching, a nova profissão* e *Coaching para liderança*.

Contato
luizc_simoes@yahoo.com.br

Em algum momento da nossa vida, todos nós, sem exceção, desejamos dar uma virada radical, dar uma guinada, mudar, transformar algo ou a si mesmo, deixar o velho para viver o novo, respirar ares novos, viver o que ainda não vivemos, falar o que sempre desejamos falar, ser o que sempre desejamos ser, alcançar o que sempre desejamos alcançar, mas então: por que não avançamos? Por que ficamos parados e sempre no mesmo lugar? Por que contemplamos a realização dos outros, enquanto nós não conseguimos realizar nada? Por que queremos viver a vida dos outros? Por que deixamos as circunstâncias nos levarem, nos conduzirem? Por que sonhamos, sonhamos muito e apenas sonhamos? O que nos impede de prosseguir, ir adiante, ir além? Por que olhamos para o passado, ansiamos pelo futuro e não vivemos no presente, por quê?

Espero ter lhe provocado o suficiente de tal modo que você esteja no mínimo inquieto neste instante. Temos vivido durante muito tempo da nossa vida à margem de tudo e de todos, inclusive da nossa própria existência.

As mesmas perguntas que nos inquietam são as mesmas que nos conduzem a um primeiro grande movimento, um movimento de mudança, talvez este seja o mais importante: o movimento de reflexão. É quando a ficha cai e a cegueira se vai e então nos perguntamos: "o que estamos fazendo da nossa vida? Para onde as minhas ações, minhas atitudes e comportamentos estão me levando?"

Ao parafrasear Gabriel, O Pensador, em uma letra de suas músicas, Até quando?, utilizo esta pergunta de forma arrebatadora:

> [...]Até quando você vai levando? (Porrada! Porrada!)
> Até quando vai ficar sem fazer nada?
> Até quando você vai levando? (Porrada! Porrada!)
> Até quando vai ser saco de pancada?"

E acrescento ainda: "a vida que você vive é a vida que você quer viver? Os seus sonhos são os seus sonhos?" Certamente o que te governa é o que te prende, e o que te prende é o que te impede de prosseguir e viver o novo alcançando um padrão elevado de satisfação pessoal e de qualidade de vida, bem melhores que aquilo que você já experimentou até agora, até o dia de hoje.

Eu não tenho essas respostas para você, mas bem sei que você as tem, você as possui, pois existem coisas que não sabe que sabe e uma delas é que você foi feito para brilhar.

> [...] nosso maior medo não é sermos inadequados.
> Nosso maior medo é não saber que somos poderosos, além do que podemos imaginar.
> É a nossa luz, não nossa escuridão, que mais nos assusta.
> Nós nos perguntamos:
> "Quem sou eu para ser brilhante, lindo, talentoso, fabuloso? Na verdade, quem é você para não ser"?
> (De Marianne Williamson).

Quando surfaremos a nossa própria onda?

O surfista espera a onda se formar ao longo do horizonte – no *inside* –, e então a contempla, esperando o momento e o movimento certo até se direcionar a ela. Geralmente outros surfistas pegam a mesma onda, o que dificulta que aquele primeiro surfista *drop* a onda de forma plena, tendo um grande aproveitamento dela, desde a sua crista até a base. Quem é você nesta breve ilustração: o primeiro surfista ou os demais que adentram a onda do primeiro? Lembre-se de que não basta apenas ter esse movimento de reflexão, todos nós temos que nos movimentar, tendo atitude e o posicionamento assertivo, e estes são, respectivamente, o segundo e terceiro movimentos.

Aí é que eu me refiro à metodologia e às ferramentas que utilizamos durante um processo de *coaching*, que fazem a diferença que faz a diferença. O processo de *coaching* exige que assumamos a direção e o controle das nossas ações por meio de mecanismos estruturados que visam o planejamento, foco, ação, melhoria contínua e o alcance dos resultados previamente estipulados. E quando isso acontece, começamos a surfar a nossa onda, assumindo por completo o controle e a direção da nossa vida. Então, descemos da prancha e das ondas dos outros e surfamos a nossa onda, vivendo-a de forma intensa assumindo o controle e os movimentos cíclicos que ela possui, e com isso deixamos de ser um "puro sangue que puxava uma carroça".

Ao mergulharmos nesta jornada interior de autoconhecimento por meio do *coaching*, vislumbramos estruturas superficiais e profundas do nosso sistema de crenças – crenças que podem ser facilitadoras ou limitadoras. O entendimento destas nos dá clareza para entender o nosso *mindset*, e isso nos dá vantagem competitiva sobre nós mesmos – entre o que eu era e o que eu sou agora, e vantagem estratégica no desenvolvimento das competências necessárias que são alavancadas durante esse processo de autoconhecimento.

Até quando viveremos na onda dos outros?

Temos vivido grande parte da nossa vida projetando ou espelhando nas nossas vidas: a expectativa, o *status* e o sucesso de outras pessoas, por meio dos símbolos e das suas conquistas, que acabam se tornando marcos a serem rompidos e pódios a serem subidos. Costumo dizer que isso é surfar a onda dos outros... Normalmente perdemos muito quando fazemos isso, em especial a nossa autenticidade. Para não surfar a onda dos outros é necessário que trilhemos uma jornada interior de autoconhecimento para alinharmos o nosso pensar, sentir e realizar a nossa missão, que nada mais é que viver a nossa essência de forma plena.

Coaching como a prancha de surf que te conduz à onda perfeita

Utilizando a simbologia proposta neste manuscrito, eu me permito usar a figura de uma prancha de surfe que conduz o surfista à busca de ondas perfeitas com o *coaching*, o processo que leva o cliente do ponto A – ponto inicial – até o ponto B – alcance de um resultado. De um lado, temos o surfista realizando as manobras sobre a prancha que o conduz pelo mar aberto que, revolto ou não, é o obstáculo a ser superado; do outro lado, temos o *coachee*, que por meio de uma estrutura sistemática e um planejamento ninja à prova de bala caminha o seu caminho em direção a sua meta, indo além.

Coaching e o equilíbrio necessário

Ao ficar de pé, em cima de uma prancha de surfe, o surfista necessita ter equilíbrio para surfar o oceano aberto com ondas gigantes e desafiadoras. Em nossa vida também necessitamos de equilíbrio em um processo de mudança, nossas ações necessitam ser assertivas para que o caminho em busca dos objetivos e os resultados que esperamos alcançar sejam sustentáveis e ecológicos.

Precisamos aprender com a espera do movimento do mar, da direção do vento, do time da onda certa, assim como o próximo passo que daremos em direção ao alvo proposto. Momentos de desequilíbrio acontecerão, e com eles os tombos também... Aprender com estes momentos talvez seja o grande desafio que produzirá a resiliência necessária para seguirmos em frente e à frente dos nossos ideais.

A busca de equilíbrio exige treinamento árduo que, na maioria das vezes, consiste em cair e se levantar quantas vezes forem necessárias, e isso impacta diretamente na construção de comportamentos específicos de acordo com o alvo e com a direção a que nos propomos seguir – se queremos ondas rasas, utilizaremos um tipo de prancha, um tipo de comportamento; se almejamos ondas gigantes, será outro tipo de comportamento, outro tipo de prancha. Um fato que não podemos menosprezar é de que se queremos algo novo, teremos que ter um novo comportamento, uma nova ação, talvez seja por isso que Einstein disse: "... insanidade é continuar fazendo sempre a mesma coisa e esperar resultados diferentes".

E você é louco a ponto de querer resultados diferentes, fazendo as mesmas coisas? Para virar a página, talvez seja necessário um pouco mais de equilíbrio, de resiliência, de ousadia e também de insanidade para romper padrões mentais e comportamentais que ainda não te levaram a lugar nenhum, e que talvez nunca o levem... E eu fico curioso em saber: o que você ganha com isso?

Quando surfamos nossa onda, somos capazes de virar a página

É impossível virar a página, seja em qualquer esfera da nossa vida ou ambiente em que transitamos na busca de uma mudança plena e sustentável, se ainda continuarmos a sonhar o sonho de outros, vivendo a vida de outros e vivendo uma vida que não é a nossa, por meio das projeções e espelhamentos já citados neste, pois estes nos limitam e fazem com que vivamos mais e mais distante daquilo que um dia sonhamos ser.

Quais são os seus sonhos? O que faz com que você se mova em direção a eles? Quais são os motivos que o fazem levantar-se da cama após acordar logo cedo pela manhã? Qual é a vida que você deseja viver? Tire um momento somente seu e reflita agora com muita atenção: "Se você não sabe aonde quer ir, qualquer caminho serve." (De Lewis Carroll).

Então, vamos virar a página? Vamos traçar um novo e vivo caminho? Em nossa pequenez, na maioria das vezes, desejamos mudanças dantescas, hollywoodianas no nosso caminho, na nossa vida; não que isso seja ou esteja errado, afinal mapa não é território, contudo Milton Erickson ensinava que basta apenas um grau de mudança para que então toda a rota seja alterada, e nós comumente costumamos teimosamente dizer: "Queremos uma mudança de 360º em nossa vida!" Ou seja, com isso estaremos voltando ao mesmo lugar onde estávamos inicialmente, pense nisso...

Compreensão sistêmica

Para viver uma vida plena e alcançar um nível de mudança sustentável que nos permite ir além, faz-se necessário compreender a si próprio e a todos os sistemas com os quais interagimos nessa dinâmica que se chama vida. Essa compreensão deverá observar toda a multiplicidade e interdependência dos relacionamentos sistêmicos, afinal: "... o homem não tece a teia da vida; ele é apenas um fio. Tudo o que faz à teia, ele faz a si mesmo." (Ted Perry).

O *coaching* produz o *start* inicial para que tenhamos um novo olhar sobre as nossas potencialidades e as novas possibilidades que surgem com esse despertar interior e de tudo que isso nos propicia, inclusive sobre os impactos que as nossas decisões e os nossos movimentos geram ao sistema em que estamos inseridos. Nesta jornada interior nos encontramos com nós mesmos e acabamos atingindo um nível de consciência que até então ainda não havíamos vivido, experimentado.

De fato, esse nível maior de consciência interior e de compreensão sistêmica contribui para que surfemos a nossa onda e assim contribuamos para que o grande oceano desta vida seja movimentado pelas nossas manobras e ações.

Até quando serei dominado pelas circunstâncias ou pelo destino?

Ao nos tornarmos conscientes do nosso estado atual, ou seja, onde nos encontramos e quais os recursos que possuímos no ponto inicial da jornada, temos então condições de traçarmos a mudança que desejamos e aonde iremos chegar com ela de forma sustentável, para que os nossos resultados sejam perpetuados e postergados de forma sistêmica, criativa e inovadora.

Quando acessarmos esses recursos internos, ao longo deste processo nos tornaremos conscientes daquilo que podemos, do nosso potencial, do nosso poder pessoal. O grande benefício desse movimento é que nunca mais chamaremos os eventos que nos circundam diariamente, e todas as barreiras que se levantam, de destino, fatalidade ou acidentes de percurso, pois agora não somos mais meros espectadores da nossa história, somos, sim, autores e atores principais estreando na grande turnê existencial, no grande palco da vida como verdadeiras estrelas que somos e parte da coroa da criação.

Talvez seja por isso que Jung escreveu: "Até você se tornar consciente, o inconsciente irá dirigir sua vida e você vai chamá-lo de destino".

O estágio da consciência nos deixa fortalecido, pois por meio da consciência é possível voltar a nossa origem, a nossa fonte interior de recursos, e estes são inesgotáveis. Isso nos reconecta com a nossa melhor versão, possibilitando desenvolver competências e talentos que não sabíamos que seríamos capazes de utilizar nos conduzindo à realização dos nossos objetivos...

Durante muito tempo: "[...] talvez você procurasse nos galhos o que só encontramos nas raízes [...]" (Dito de Rumi). Pense nisso!

28

O processo de *coaching* e a inteligência emocional

Nossa inteligência emocional é a maior responsável pelo nosso sucesso ou insucesso. Controlar as emoções é essencial para o desenvolvimento de nossa inteligência. Sendo assim, possuímos a capacidade de identificar nossos próprios sentimentos e os dos outros. Conseguimos nos motivar, identificar, controlar as emoções dentro de nós e nos nossos relacionamentos, isso define inteligência emocional

Marcus V. A. de Oliveira

Marcus V. A. de Oliveira

Master Coach e membro da Sociedade Latino-Americana de *Coaching*. Possui certificação internacional em Análise Comportamental DISC, Assess e Sixseconds (inteligência emocional). Palestrante sobre Alta performance com o *Coaching* usando a Inteligência Emocional. Proprietário da Alive Happy Coaching & Consultoria.

Contatos
alivehappymvao@gmail.com
LinkedIn: www.linkedin.com/in/marcus-vinicius-oliveira-5a328477
(11) 94798-7298

Cada vez mais temos contato com artigos, propagandas e cursos sobre os "benefícios do processo de *coaching* nos diversos aspectos da vida". Não é para menos. Vários estudos científicos comprovam sua eficácia, isto somado às práticas e aos estudos estatísticos de renomadas empresas nacionais e internacionais, já que de forma direta ou indireta essas empresas utilizam as ferramentas ou técnicas de *coaching* para o aumento da performance de seus colaboradores.

O processo de *coaching* parte do princípio de que "nossos pensamentos influenciam nossas emoções, e, por sua vez, nossas emoções influenciam as atitudes (e ações), refletindo nos resultados dessas atitudes. O resultado final, seja ele positivo ou negativo, alimenta o pensamento, girando o ciclo de pensamentos-crenças-sentimentos-atitudes-resultados". Assim sendo, o processo de *coaching* aborda suas técnicas e metodologias, levando em consideração que quem é "responsável pelos seus resultados nos diversos campos da vida é VOCÊ, isso envolve seus pensamentos, crenças, atitudes mentais e reações".

Para Villela da Matta e Flora Victoria, *coaching* consiste em um processo

> extremamente eficiente para a elevação do desempenho, do aumento da autoconsciência, do foco em resultados, da otimização das estratégias de pensamento, sentimento e decisão, bem como no focar intensamente em ação de aprendizado, com melhorias contínuas e consequente aumento de conquistas e resultados.
> (MATTA; VICTORIA, 2012, p. 63)

De forma bem simples, *coaching* é o processo de ajudar outra pessoa a operar no pico de suas habilidades. Envolve extrair a motivação de uma pessoa por meio da observação cuidadosa e *feedback*, e facilitar-lhe para funcionar como parte de uma equipe. O processo de *coaching* enfatiza mudança criativa, focalizando na definição e no alcance de metas específicas. Mas e a inteligência emocional? A inteligência emocional é um dos pilares do processo de *coaching*.

Vantagens de se conhecer e trabalhar a inteligência emocional

Uma das grandes vantagens de conhecer e trabalhar a inteligência emocional é a capacidade de se automotivar e seguir em frente, mesmo diante de frustrações e desilusões. Entre as características da inteligência emocional está a capacidade de controlar impulsos, canalizar emoções para situações adequadas, praticar a gratidão e motivar as pessoas, além de outras qualidades que possam ajudar a encorajar outros indivíduos. O "controle" das emoções e sentimentos, com o intuito de conseguir atingir algum objetivo, atualmente, pode ser considerado como um dos principais trunfos para o sucesso pessoal e profissional.

A inteligência emocional é a habilidade de perceber as emoções, acessar e gerar emoções que sirvam de apoio ao pensamento, entender as emoções e o conhecimento emocional, e para regular, de maneira efetiva, as emoções com a finalidade de promover o crescimento emocional e intelectual (Mayer e Salovey, 1997).

A inteligência emocional, para grande parte dos estudiosos do comportamento humano, pode ser considerada mais importante do que a inteligência mental (o conhecido QI), para alcançar a satisfação em termos gerais.

O aprendizado emocional inclui reconhecer e nomear sentimentos. As emoções são neurotransmissores com efeitos e estruturas específicos. Cada uma possui sua assinatura fisiológica única (como uma temperatura específica da pele, um padrão muscular e uma área ativada do cérebro). Cada emoção também afeta o pensamento de maneira específica e previsível (por exemplo, o temor foca sua atenção num risco ou problema).

O cérebro humano está estruturado por meio de redes neurais, que crescem devido à repetição e associação, para assim criar reações automáticas. Portanto, todas as pessoas têm padrões, e os seguem como se tivessem uma espécie de piloto automático. Aproximadamente 95% do comportamento de uma pessoa são inconscientes; sua maneira de agir é impulsionada por esses hábitos mentais e emocionais.

Alguns padrões são funcionais; outros não são. Quando uma pessoa aprende a reconhecer as suas reações automáticas, adquire a capacidade de avaliar quais estão sendo úteis e quais não estão. É neste momento que o processo de *coaching* é o aliado para desenvolver esta capacidade de avaliação.

Daniel Goleman, em seu livro *Primal leadership: unleashing the power of emotional intelligence*, "Artigos de Revisão de negócios de Harvard", fala que o processo de *coaching* é um método poderoso para desenvolver a inteligência emocional e cultivar a excelência. Goleman diz que: "Um *coach* ajuda você a descobrir seus sonhos, entender suas forças, proporciona novos entendimentos, traz um grande impacto sobre os outros e nos guia nos passos da aprendizagem".

Segundo Daniel Goleman, a inteligência emocional pode ser categorizada em cinco habilidades:

Autoconhecimento emocional: capacidade de reconhecer as próprias emoções e sentimentos. A ausência desta habilidade de reconhecer os sentimentos nos deixa à mercê das emoções.

Automotivação: trata-se da capacidade de dirigir as emoções a serviço de um objetivo ou realização pessoal. Se nos deixarmos levar pela ansiedade e pelos aborrecimentos, dificilmente conseguiremos nos concentrar na tarefa que estamos realizando.

Reconhecimento das emoções em outras pessoas: diz respeito à habilidade de reconhecer emoções no outro e ter empatia de sentimentos. Empatia é outra habilidade que constrói o autoconhecimento emocional.

Relacionamentos interpessoais: habilidade de interação com outros indivíduos, utilizando competências sociais. O relacionamento é, em grande parte, a habilidade de gerir sentimentos de outros.

Dentro do processo de *coaching*, o *coachee* (cliente) é convidado a vivenciar um intenso autoconhecimento, o que lhe permite conhecer, verdadeiramente, a sua essência e entender como suas experiências, valores e crenças afetam suas emoções. Muitas vezes, assuntos não ressignificados acabam trazendo à tona sentimentos ruins, medos e limitações afetivas que nos impedem de conquistar nossos sonhos.

Por meio do autoconhecimento de sua inteligência emocional, é possível identificar desequilíbrios emocionais, entender suas causas e consequências, e eleger ferramentas efetivas para eliminá-los. Entretanto, esse processo exige dedicação e empenho, uma vez que a repetição, por anos, de pensamentos e comportamentos ruins favorece o descontrole emocional. Por isso, é preciso estar atento e, progressivamente, ir eliminando atitudes e sentimentos nocivos.

Por meio do processo de *coaching*, o *coachee* (cliente) tem a oportunidade de desenvolver emoções novas e positivas, tanto com relação a ele mesmo, como também às pessoas à sua volta. Com isso, podemos observar ganhos expressivos nas relações de trabalho, familiares, afetivas e sociais, e maior autocontrole emocional para lidar com frustrações, perdas, desafios e momentos de crise.

O conhecimento e controle de sua inteligência emocional, por meio do processo de *coaching* irá ajudá-lo a: construir sua autoconfiança e desenvolver sua autoestima, sair de seu estado atual para o estado desejado; ter foco no presente e no futuro, e não no passado; efetuar mudanças rápidas, profundas e duradouras para alcançar seus objetivos; equilibrar todas as áreas de sua vida; comprometer-se com seu objetivo; concentrar-se em você; permitir-lhe controlar seu ambiente; colocar você no controle.

Todos os indivíduos têm a possibilidade de melhorar e desenvolver qualquer uma das habilidades destacadas por Goleman e adaptadas pela *Six Sencond* em seu modelo. Sendo assim, a inteligência emocional pode ser desenvolvida, treinada e aprimorada com a construção de novos hábitos, novas formas de pensar e se comportar. Porém, vale salientar que no livro *Inteligência emocional: a teoria revolucionária que redefine o que é ser inteligente*, do mesmo prestigiado psicólogo Daniel Goleman (GOLEMAN, 1995, p. 36), "[...] deficiência nesse tipo de capacidade" (inteligência emocional) "pode prejudicar a utilização de qualquer tipo de conhecimento especializado ou intelecto que uma pessoa possa ter".

Por fim, gostaria de citar quatro práticas que aprendi em um artigo que li de Joseph Grenny – conferencista e destacado cientista social na área de desempenho de negócios, além de cofundador do *VitalSmarts* e inovador em treinamento corporativo e desenvolvimento de lideranças –, práticas estas que fizeram uma enorme diferença para mim em momentos importantes de minha vida e carreira profissional.

Reconheça a emoção

A responsabilidade emocional é uma precondição da influência emocional. Você não pode mudar uma emoção que não identifica. A primeira coisa que faço quando sou atingido por um sentimento ou impulso incontrolável é aceitar a responsabilidade por esse sentimento.

Dê um título à história

A seguir, você precisa refletir sobre quanto você é conivente com o fato inicial para criar a emoção atual. As emoções resultam tanto do que acontece como da história que você conta a si mesmo sobre o que aconteceu. Uma das práticas mais poderosas que me ajudam a me desconectar e assumir o controle de minhas emoções é dar um nome às histórias que conto. Dar um título às minhas histórias me ajuda a vê-las pelo que são – uma única, de uma infinidade de maneiras, que podem dar sentido ao que está acontecendo.

Questione a história

Uma vez identificada a história, você pode assumir o controle fazendo a si mesmo perguntas que o arranquem de suas histórias de vítima, vilão e incapaz.

Descubra a origem de sua história

Ao longo dos anos, eu me perguntei por que as histórias que conto a mim mesmo são tão previsíveis. Em minha experiência como gestor administrativo com centenas de líderes, descobri que a maioria das pessoas tem histórias comuns que elas também contam em circunstâncias previsíveis. Experiências da infância, percebidas na época como ameaças à nossa segurança e reputação, tornaram-se codificadas em nossas poderosas lembranças. Com base nessas experiências, a parte mais primitiva de nosso cérebro codifica certas condições como ameaças – física ou psíquica. Daí em diante, você não consegue saber como reagirá quando essas condições estiverem presentes. Quando um colega de trabalho maior que você levanta a voz, seu cérebro pode estabelecer uma conexão com a experiência de *bullying*. Ao longo dos anos, experimentei uma sensação de paz à medida que me conscientizava da origem das histórias que conto – e aprendi a desafiar a percepção de que minha segurança e reputação estão em risco nesses momentos. Em momentos de provocação emocional, recitar um roteiro específico enfraquece a reação induzida pelo trauma, que é irrelevante nessa circunstância. Não há fórmula ou caminho mágico a seguir para alcançar o êxito total. Porém, os indivíduos com o conhecimento e o controle de sua inteligência emocional, apoiados pelo processo de *coaching*, traçam seu próprio caminho, caminho este com base em suas próprias habilidades e atributos. Se você usar a inteligência emocional de forma eficaz, será mais capaz de influenciar os outros, e de se comunicar e de manter-se concentrado durante momentos críticos.

Referências

Harvard Business Review. Controlar suas emoções e momentos de tensão. SixSeconds, 2016.

GOLEMAN, Daniel. *Trabalhando com a inteligência emocional.* Trad: M. H. C. Côrtes. Rio de Janeiro: Objetiva, 2001.

_____. *Inteligência emocional.* 77.ed. Trad: Marcos Santarrita. Rio de Janeiro: Objetiva, 1995.

MATTA, da Villela; VICTORIA, Flora. *Livro de atividades personal & professional coaching.* São Paulo: Sbccoaching Editora, 2012.

WEISINGER, Hendrie. *Inteligência emocional no trabalho.* Trad: Eliana Sabino. Rio de Janeiro: Objetiva, 1997.

29

A arte de se reinventar

Este capítulo vem lhes dizer que os seres humanos são incrivelmente adaptáveis, todos! E a transformação do ser é uma arte, por isso a escolha do título "a arte de se reinventar", porque a arte nos dá o sentido de movimento criativo e inventar novamente é recriar, porém de forma diferente, se ajustar às situações adversas pelas quais passamos

Micheline Sales

Micheline Sales

Graduada em Psicologia pela UNIP – Universidade Paulista. Formada em *Coaching* pelo Instituto Brasileiro de Coaching, especializada em *Business and Executive Coaching*, certificação e reconhecimento internacional dos institutos Behavioral Coaching Institute, IAC – International Association of Coaching, GCC – Global Coaching Community, ECA – European Coaching Association, ICC – Internacional Coaching Council. Atua na área de Recursos Humanos há 18 anos, vivenciando todos os subsistemas de Recursos Humanos, atuando de forma estratégica com foco no desenvolvimento saudável da organização. Trabalha com treinamento comportamental, formação e desenvolvimento de líderes, formação de equipes de alta performance e área clínica com a abordagem cognitiva.

Contatos
www.michelinesales.com.br
psicologa.micheline@gmail.com
Facebook:ProfissionalCoachMichelineSales
Instagram: desenvolvendo_pessoas

O ser humano possui uma capacidade inesgotável para criar, superar limites, enfrentar as adversidades, e o mais incrível de tudo isso é saber que as histórias sobre essa capacidade não se repetem e que os limites estão apenas para aqueles que determinam que existem.

Segundo os dicionários mais renomados, a arte é uma palavra que vem do latim e significa técnica/habilidade. É uma criação humana com valores estéticos, como beleza, equilíbrio, harmonia, que representa um conjunto de procedimentos utilizados para realizar obras.

A arte é um reflexo do ser humano e muitas vezes representa a sua condição social e essência de ser pensante. Segundo o dicionário Aurélio, é a capacidade humana de criação e sua utilização com vistas a certo resultado, obtido por diferentes meios como: a arte de cantar, as artes plásticas, artes gráficas, artes marciais, arte de viver, entre outras.

Inventar significa criar na imaginação, imaginar ou descobrir por meio do pensamento. Reinventar, por sua vez, significa tornar a inventar, inventar novamente. Foi pensando assim que escolhi o tema "A arte de se reinventar".

Ora, mas que importância teria de falar em reinvenção pessoal? Você pode estar num ótimo estágio e não querer sair desse conforto. Mas a sociedade pode lhe cobrar algo mais lá na frente. As mudanças estão ocorrendo muito rápido e nós temos que nos preparar.

Segundo Bauman, a "modernidade líquida" seria o momento histórico que vivemos atualmente, em que as instituições, as ideias e as relações estabelecidas entre as pessoas se transformam de maneira muito rápida e imprevisível:

> "Tudo é temporário, a modernidade (...) – tal como os líquidos – caracteriza-se pela incapacidade de manter a forma." (Zygmunt Bauman, 2001)

Vivemos atualmente num cenário que se renova a todo instante. Com a era da tecnologia, os avanços são imputados na sociedade numa velocidade cada vez maior. E a consequência desse cenário nos leva a buscar constantemente a capacitação para nos adaptarmos a essas novas realidades. E não só a tecnologia nos obriga a mudar, como também nossas vidas nos mostram inúmeras situações a que devemos nos apresentar com certa flexibilidade, do contrário não encontramos uma forma de enfrentamento para cada situação. Contudo, ou reagimos e acompanhamos as mudanças ou as mudanças nos consumirão.

Portanto, é hora de se fazer uma autoanálise para descobrir o que falta para uma bela transformação pessoal, profissional e/ou social e, por consequência, acompanhar os avanços, que por sua vez não estão nem um pouco preocupados com a sua evolução. A solução definitivamente é se reinventar. Usar sua capacidade de ser pensante, sua criatividade, para acompanhar esse movimento.

Acordar em nós a capacidade que temos de mudança de hábitos torna-se uma competência primordial e infalível nos dias atuais.

E essa capacidade não necessariamente está condicionada a exigência do mercado profissional. Tudo muda a todo instante em nossa volta.

Se casamos, se temos filhos, se perdemos empregos, se somos promovidos, se estudamos, se conhecemos novas pessoas, se perdemos alguém, se nos separamos, se descobrimos uma doença, enfim, tudo isso e muito mais nos leva a buscar um novo jeito de encarar cada situação.

A verdade é que nenhum de nós, seres humanos, estamos preparados para mudanças, mas temos que ter a certeza de que há em nós a grande capacidade de adaptação, de renovação. Essa competência só é acordada em nós quando queremos, por isso, aquele que a deixa estacionada ou esquecida, simplesmente pode não acompanhar essa era que se "liquefaz".

É preocupante a velocidade com que a sociedade se modifica, o desenvolvimento humano não tem a mesma velocidade, porém, somos capazes de encontrar em nós diversas formas de adaptação. Saber encarar as adversidades como oportunidades, adequar-se às necessidades atuais e também entender que temos limites diferentes da velocidade social é o desafio do momento, e não é impossível haver casamento nesta ambiguidade.

1.1. O homem e sua capacidade de reinvenção pessoal

O que diferencia o homem dos outros animais é a capacidade pensante e criadora. Lembra-se da história de nossos antepassados? Da Idade da Pedra? Daquela época podemos resgatar a lembrança de que o homem já demonstrava suas habilidades para pensar e criar, e que o fato de exercitar essas habilidades o levou a descobertas que modificaram o social e que hoje provamos e vivenciamos tais evoluções.

Se o homem foi capaz de modificar o meio em que vive, por que não usar sua capacidade para renovar também seu interior?

Acontece que estar na zona de conforto nos faz diminuir nossa visão. Afinal, se está confortável, para que sair de onde está?

Já ouviu alguém falar que não gosta de ir ao médico porque sempre encontra algo para tratar? É bem aquele dizer: "não mexe com o que está quieto!". Ou "Não se mexe em time que está ganhando". Não mexa no time que está ganhando e o adversário descobrirá rapidamente sua estratégia, até um dia ele se tornar o mais novo vencedor, e então será tarde para fazer o que deveria ter feito antes.

É bem assim mesmo, sair da zona de conforto irá te deixar desconfortável porque você irá fazer algo diferente. Não é tarefa fácil. É natural que qualquer tipo de mudança em nossas vidas gere um certo medo, por mais calculada que possa ser essa mudança. É o medo do desconhecido.

Se você vai à academia pela primeira vez, você precisa fazer inicialmente um treino de adaptação, porque precisa ir dizendo ao seu corpo que fará algumas mudanças e, ainda assim, o corpo "grita", com dores, cansaço, etc. Depois de algum tempo de adaptação é que o corpo vai aceitando, vai percebendo que a capacidade vai aumentando e então vai suportando uma carga maior.

Também o nosso cérebro precisa de ginástica, ele está limitado a um certo tamanho, conforme você vai ampliando seu conhecimento ele vai aumentando a capacidade de armazenamento de informações, mas em algum momento ele sofre também um treino de adaptação que pode gerar algumas dores de cabeça, cansaço, etc. O que não podemos é aceitar estacionar na comodidade, pois desta forma ficamos desprotegidos para lidar com as adversidades.

"A mente que se abre a uma ideia jamais voltará ao seu tamanho original."
(Albert Einstein)

O ser humano é capaz de superar toda e qualquer situação diferente em sua vida, acredite! Você não é capaz de superar quando você escolhe não superar. Porque a capacidade de inventar, fazer algo novo ou mesmo reinventar está dentro de cada um de nós.

Aprendo muito com as Paraolimpíadas, são muitos exemplos de superação e que só conseguiram suas conquistas porque quiseram, determinaram e não perderam o foco. Portanto, capacidade de mudança, para o novo, para superar limites e outras coisas mais todos nós temos, sem exceção, é só apertar o botão de escolha pela mudança.

O processo de mudança requer muito foco e determinação. Portanto, faça uma autoanálise, o que você mudaria hoje em sua vida? Comece pelo menor detalhe que necessita de mudança. Vá devagar! Conheça e respeite o seu limite! Supere-o!

Não existe nenhuma fórmula mágica para o processo de mudança pessoal, mas existe sim um ponto inicial, "A vontade de querer mudar".

Nossa vida é dividida em quatro importantes aspectos:

Aspecto pessoal, que envolve: saúde, disposição, desenvolvimento intelectual e equilíbrio emocional;

Aspecto profissional, que envolve: realização, propósito, recursos financeiros e contribuição social;

Aspecto relacionamentos, que envolve: família, desenvolvimento amoroso e vida social;

Aspecto qualidade de vida, que envolve: criatividade, *hobbies*, diversão, plenitude, felicidade e espiritualidade.

E então, como você avaliaria todos esses aspectos em sua vida hoje? Qual dessas áreas demonstra estar melhor avaliada e qual apresenta maior deficiência? Qual aspecto você acredita que, se for trabalhado, alavancará todas as outras áreas?

Compartilho aqui algumas dicas para iniciar o seu exercício para reinvenção pessoal.

Faça uma reflexão sobre todos os aspectos de sua vida. Não tenha pressa, e se você for aquela pessoa que não tem tempo para fazer isso, entenda que é muito importante para sua evolução e determine ao menos cinco minutos de seu dia para pensar sobre cada aspecto.

1. Após esta reflexão, determine um aspecto que necessita ser trabalhado, se for mais de um, escolha primeiro aquele que, se for trabalhado, vai alavancar todas as outras áreas.
2. Definindo o aspecto, defina a meta a ser alcançada.
3. Agora é hora de planejar a sua mudança! Em quanto tempo você terá que alcançar este objetivo?
4. O que você fará para alcançar seu objetivo?
5. Quais são os desafios que poderá enfrentar?
6. Escreva todos esses passos e encontre alguma forma de manter o foco em seu objetivo para se manter motivado a chegar ao estado desejado. Pode ser um cartaz num local onde visualize todos os dias seu objetivo, pode ser um cartão de visitas com seu objetivo escrito de modo que ao pegar sua carteira irá visualizar, enfim, use a criatividade e não perca o foco.

Estas são algumas dicas simples, mas valiosas que, se levar em consideração, darão início ao seu processo de reinvenção e transformará muita coisa em sua vida.

Comece com esses simples passos e verá o resultado. Depois passe a encarar mudanças maiores em sua vida e experiencie o melhor de você mesmo.

Thomaz Magalhães escreveu em seu livro, *Quebra de script: uma incrível história de reinvenção pessoal*, dicas preciosas vivenciadas por ele próprio e que nos serve também de aprendizagem:

1 – Não tome decisões precipitadas e mantenha a mente aberta a novas possibilidades;

2 – Veja até mesmo tragédias pessoais como oportunidades de superação e de mudanças;

3 – Todo mundo faz tudo igual na vida. O que os diferencia é o fato de que algumas pessoas se predispõem a mais, outras a menos; umas planejam mais, outras menos;

4 – Quando uma situação difícil não puder ser evitada, prepare-se para enfrentá-la com serenidade e determinação. Certamente será uma ótima oportunidade de aprender algumas coisas que muitas outras pessoas jamais aprenderão.

Conclusão

Contudo, se a arte é uma habilidade que nos leva a fazer diferente, e reinventar é inventar novamente, quero dizer neste capítulo que cada um de nós, seres humanos, possui essa capacidade para construir a história de sua própria vida e dar o colorido que quiser a ela, e o melhor, sem limites para ir além. Utilize-se dessa capacidade, mude quantas vezes for preciso, aprenda a cair e aprenda a levantar. Seja o artista que escreve, desenha e colore o seu livro da vida.

Referências
BAUMAN, Z. *Modernidade líquida*. ZAHAR, 2001.
Magalhães, T. *Quebra de script: Uma incrível história de reinvenção pessoal*. Agir, 2009.

30

O poder transformador do *coaching*
Cases de sucesso

Você sabe onde quer chegar pessoal e profissionalmente? Muitos não sabem qual caminho seguir! Quando conheci o *coaching*, descobri o quão maravilhosa é esta metodologia e como as ferramentas podem nos ajudar a alcançar metas. Neste capítulo, vou mostrar como ajudei pessoas a descobrirem as metas que as fariam felizes, quais áreas da vida precisavam ser ajustadas e como vi sonhos serem realizados

Palomma Alves de Alencar Barros

Palomma Alves de Alencar Barros

Master Coach, personal and professional coach e líder de alta performance. Atua potencializando resultados e desenvolvendo pessoas para ter alto desempenho na vida e na carreira. Ministra palestras nas áreas de motivação, liderança, empregabilidade, atendimento ao cliente e produtividade. Graduada em Administração pela UFC. Graduada em Direito, atua como conciliadora no Juizado Especial Cível e Criminal do Tribunal de Justiça do Estado do Ceará; é advogada e membro da AJA -– Associação dos Jovens Advogados, no Cariri cearense. Além de ser pós-graduanda em Direito Processual Civil.

Contatos
palommacoach@gmail.com
Instagram: palommaalencar
Skype: Palomma Alencar
(88) 99661-2223

Na linha da história da sua vida, você se encontra exatamente onde gostaria de estar? Sente que já realizou todos os seus sonhos, planos e objetivos e vive uma vida próspera e abundante? Se sim, que maravilha!

É certo que todos viemos a este mundo com o objetivo de sermos felizes e realizados, mas ao longo do caminho encontramos diversos obstáculos que nos impedem de alcançarmos a tão sonhada felicidade e algumas pessoas não conseguem viver em plena harmonia e alcançar tudo o que buscam. Porém, depois que descobri o *coaching*, fico a cada dia mais apaixonada e impressionada em como é capaz de transformar vidas.

O *coaching* é um processo poderoso, por meio de uma metodologia fantástica, que irá desenvolver potencialidades, capacitando pessoas a irem em busca de suas metas. Essa metodologia poderosa é capaz de trabalhar não somente uma meta da vida pessoal ou profissional de alguém, mas sim modificar toda a forma de pensar e agir daquele indivíduo. Nos *cases* a seguir, trarei os resultados obtidos em alguns processos de *coaching* que realizei.

Case 1

Este *case* de sucesso retrata a história de uma jovem de 26 anos que estava concluindo a sua formação em um curso superior e sentia-se bastante aflita com a entrega de seu trabalho final de conclusão e, por essa razão, resolveu procurar a orientação de um profissional de *coaching*.

Ela tinha como meta concluir com mérito a entrega de seu trabalho final. Nesse momento, faltavam menos de três meses para ela apresentar seu projeto e tudo o que havia feito era apenas ter definido o tema sobre o qual iria escrever, mas ainda não tinha iniciado a escrita.

Ela me confidenciou que estava preocupada, pois sentia-se perdida sem saber por onde iniciar. Logo na primeira sessão, após várias perguntas poderosas feitas por mim, ela foi levada a refletir sobre as razões que a faziam estar ali parada naquele estado atual e concluiu que estava procrastinando, pois não tinha um plano estratégico de ação. Ela percebeu ainda que precisava de organização nos seus horários e que iria conseguir se tivesse um planejamento efetivo e cronograma para suas ações.

Na sessão seguinte, a cliente já havia escrito algumas páginas de seu trabalho e apresentado para a sua orientadora, porém sentia-se insegura, ansiosa e angustiada. Naquele dia trabalhamos uma ferramenta poderosa de *coaching* em que ela fez uma análise de todas as áreas da sua vida e percebeu o quanto precisava mudar para viver uma vida com mais qualidade e equilíbrio.

A semana subsequente foi repleta de desafiadoras mudanças que envolviam cuidar melhor da sua saúde e disposição e, principalmente, de sua inteligência emocional. Tivemos uma sessão decisiva sobre administração do tempo, em que houve a tomada de consciência de que a quantidade de 24 horas diárias são suficientes para fazermos todas as atividades de que precisamos, basta fazermos um bom uso, gestão do tempo, para aproveitá-lo da melhor maneira possível.

A partir daí, a cliente (*coachee*) passou a ter novos comportamentos, como organização pessoal por meio de um planejamento semanal, estabelecimento de metas diárias, cumprimento do cronograma, evitar distrações, e com esse plano de ação a meta começou a avançar, com o desenvolvimento de mais pesquisas e escrita de boa parte do conteúdo.

Ao longo do processo de *coaching* aconteceram diversos imprevistos e barreiras nas vidas pessoal e acadêmica que essa cliente precisou superar, principalmente com relação ao controle das suas emoções e ansiedade, teve que ser resiliente diante das adversidades para manter-se firme na busca pela meta.

A *coachee* experimentou grandes mudanças durante todo o processo de *coaching*, que a fizeram evoluir como pessoa e profissional. Afirma ter um novo *mindset*, reduziu sua ansiedade e está conseguindo ter o controle da sua própria vida, pois está mais organizada, motivada, autoconfiante e os seus dias passaram a ter mais sentido e propósito. O processo foi finalizado na nona sessão com a meta alcançada.

Case 2

Esta é a história de uma jovem de 23 anos, que iniciou o processo de *coaching* por meio da indicação de um familiar e resolveu conhecer essa metodologia para saber se de algum modo poderia ser ajudada a ter progressos no campo pessoal ou profissional na sua vida.

Iniciamos o processo e ela não tinha nenhuma meta definida, sabia apenas que queria fazer escolhas acertadas na sua vida e que queria ter sua independência e realização profissional.

Já na primeira sessão a meta foi definida: começar a ser remunerada pelo seu *hobbie*, por sua paixão, que era fazer maquiagens. Definimos a quantidade de *makes* por mês, de modo realista e motivador, e ela me disse quais seriam as próximas atitudes com relação à meta.

Ela desenvolveu estratégias para aumentar sua visibilidade e atrair clientes, o que aconteceu de maneira bastante rápida e já na primeira semana estava atendendo profissionalmente algumas clientes.

Nesse processo, trabalhei várias ferramentas para que a *coachee* pudesse ter mais autoconhecimento, refletindo sobre seus valores, pontos fortes, pontos fracos, crenças que trazia consigo e que fomos trabalhando ao longo das sessões.

As competências e capacitações profissionais também foram trabalhadas para que ela pudesse se desenvolver mais enquanto pessoa e profissional.

Nesse *case* de sucesso com essa cliente, consegui ajudá-la a empreender desenvolvendo um negócio lucrativo e prazeroso, que a possibilitava trabalhar naquilo que realmente gosta. Além disso, houve o despertar do potencial dela, que passou a acreditar mais em si (no seu talento) e conseguiu organizar-se muito melhor tanto na vida pessoal, como na profissional.

Outros ganhos que foram percebidos por ela e por outras pessoas de seu convívio social foram a organização do tempo, o aumento do nível de comprometimento, a capacidade de planejamento e a execução dos planos, deixar de ser procrastinadora (deixar as coisas para depois).

A meta foi alcançada com sucesso em menos tempo que o previsto, em apenas oito sessões. Hoje a *coachee* é muito mais feliz, realizada e bem-sucedida!

Case 3

Esta é a história de um jovem bacharel em Direito, recém-casado, que estava vivendo um momento novo na sua vida pessoal e profissional e estava com dificuldades de posicionamento na sua vida profissional, pois não sabia se investia na carreira como advogado ou se iniciava uma jornada nos concursos, em busca de um cargo público.

O que ele sabia, *a priori*, é que precisava de um foco e queria aumentar sua produtividade para que pudesse ter melhores resultados.

Iniciamos um processo de autoconhecimento, com exercícios de autoavaliação, com a finalidade de proporcionar ao cliente mais conhecimentos sobre si mesmo, para que a partir daí ele fosse descobrindo suas afinidades e o que realmente o faria feliz, traria reconhecimento e realização na profissão.

O *coachee* decidiu seguir na direção dos concursos e fizemos toda a rota de ações e preparação para estudos, com planejamento, organização, definição de cronograma e gestão de tempo para que conseguisse conciliar a rotina de estudos com o trabalho como advogado (que era necessário para prover seu sustento) e ter uma vida equilibrada e saudável.

Ao fim de cada sessão eram deixadas algumas atividades para serem entregues na sessão seguinte e o que passei a observar foi uma grande dificuldade do *coachee* em conseguir entregar essas atividades, pois faltava-lhe comprometimento em suas ações. A partir daí, passei a trabalhar essa questão, a fim de que pudéssemos superar essa limitação e desenvolver as potencialidades dele.

O cliente precisou refletir sobre a importância de ter as atitudes certas para que sua meta se tornasse viável, assim, começou a descobrir e eliminar seus sabotadores e críticos internos, verificou falhas no processo de estudo e começou a progredir e avançar na caminhada.

O processo foi finalizado após três meses e trouxe bons resultados para o *coachee*: aumento do nível de comprometimento, responsabilidade e disciplina em todas as suas ações, elevação da capacidade de tomada de decisões, motivação, aumento da produtividade, após utilizar as técnicas de planejamento e organização, além de mudanças positivas de comportamento que foram percebidas pelos seus parentes próximos e amigos, o que proporcionou melhoria nesses relacionamentos interpessoais.

É certo que a meta de passar em um concurso público demanda tempo, dedicação, disciplina, consistência e estudo focado e comprometido. Com base nesses pilares, nosso jovem mantém-se confiante e motivado de que conseguirá sua aprovação. Já começou a prestar provas de concursos e tem percebido melhoria contínua nos resultados. Logo virá a aprovação.

Conclusão

O *coaching* é capaz de transformar vidas por completo, por meio de um despertar das potencialidades adormecidas dos indivíduos, capacidades e habilidades pessoais que são desenvolvidas, há mudança na forma de pensar e agir, o que fará com que o indivíduo saia da zona de conforto em que está acostumado e passe a ter desejos maiores e atitudes necessárias para conseguir concretizar seus sonhos e realizar suas metas.

Enfim, os benefícios são enormes! Não apenas na área da meta almejada, mas em todos os campos da vida haverá mudanças significativas que serão percebidas não apenas por aquele que as vivencia como também por todos que fazem parte do seu convívio e ciclo social ou pessoal.

31

Virando o foco para você

O foco do meu trabalho é transformar, ajudar as pessoas a terem uma nova visão, uma outra percepção a respeito das coisas que lhes acontecem no dia a dia. Com este capítulo, desejo elevar um pouco o nível de consciência delas para entenderem que as pressões, as tensões diárias, nunca deixarão de existir, o importante é saber o como sairemos dessas situações

Paulo César Dioto

Paulo César Dioto

Psicanalista Clínico, *Master Coach, Trainer* Comportamental. Empresário; formado em Administração de Empresas; pós-graduado em Recursos Humanos; psicanalista clínico; *master* em Programação Neurolinguística; *trainer* em Treinamentos Comportamentais de Autoperformance; formado em treinamentos de Comunicação Corporativa & Traumas; *master coach* em Nível de Identidade, *Personal, Executive, Leadership, Business* e *Team Coaching*; capacitado em Neurociência e Hipnose Clínica, formado em Renascimento.

Contatos
www.treinamentoautoperformance.com.br
paulodioto@hotmail.com
(19) 3453-3785 – 997530687

Escolhas

Você já parou para pensar que, durante a nossa vida, saímos de uma bifurcação e entramos em outra, ou seja, sempre temos que fazer escolhas, algumas até que são fáceis e rápidas, mas existem aquelas que devemos fazer entre algo importante e algo mais importante ainda, e são nessas escolhas que deveríamos colocar a máxima concentração, o que nem sempre fazemos.

Existe uma máxima que diz o seguinte: para cada sim, existe um não correspondente. É simples, se você já cursou uma faculdade ou ainda está no processo, pense um pouco, quantos alunos estavam no primeiro dia de aula e quantos se formaram, 70%, 60% ou 50%, dependendo do curso. Por que isso é comum? As pessoas que param e dizem sim ao vestibular, se esquecem de verificar os nãos que estão incluídos neste sim, não ao descanso, a ficar com a família, a ficar com os amigos, à atividade física, à parte financeira, entre outros nãos que a pessoa não levou em consideração ao dizer o sim para o vestibular. É importante que sempre haja um equilíbrio entre o sim e o não para que as escolhas feitas atinjam os resultados esperados até o fim.

Quando você tem que tomar uma decisão, normalmente é movido a escolher o que deseja (positivo) ou aquilo que não quer (negativo)? Ex.: você está acima do peso e não quer ser mais gordo e deseja perder cinco quilos (negativo) ou quer pesar 85 quilos (positivo). Parece que é a mesma coisa, mas existem muitas diferenças entre elas, inclusive no empenho e no comprometimento que você vai dedicar para obter o que deseja.

Em muitos atendimentos que faço, tenho o privilégio de trabalhar com todos os níveis hierárquicos dentro de uma empresa, desde os CEOs, até o chão de fábrica, passando por toda a diretoria. Por esse motivo, digo que é um privilégio, pois tenho a possibilidade de conhecer muitas pessoas, com objetivos diferentes e em momentos de vida diferentes, uns prontos para serem conselheiros e se aposentar e outros iniciando a carreira como profissional.

Em cada uma dessas etapas, o foco muda para responder a pergunta acima e não necessariamente segue uma ordem, nem sempre quem está iniciando uma carreira tem mais foco em atingir seus objetivos de uma maneira correta, da mesma forma que nem sempre os mais experientes e vividos levam vantagem em cima dos novatos, e é aí que se encontra o objetivo deste livro, auxiliá-los nas escolhas entre o prazer ou a satisfação, para obter o resultado desejado.

Prazer ou satisfação

É evidente que, assim como eu, você também sempre vai em busca de obter resultados positivos, seria ilógico pensar que alguém vai em busca do resultado negativo, porém, falando em lógica, para fazermos as nossas escolhas, caímos em algumas armadilhas e dificilmente as percebemos. Só nos damos conta quando os resultados se mostram diferentes do que esperávamos, e isso se deve a um simples fato, a busca pelo prazer inicial em sua maioria nos traz uma frustração final.

Olhando para a sua vida e para os resultados obtidos, e não necessariamente os bens materiais, como normalmente você se sente ao atingir esse resultado, você percebe que busca mais prazer ou satisfação? Qual é a diferença?

Prazer: é um sentimento imediato, aparece na forma de um impulso inconsciente, como uma criança, é assim que agimos quando vamos em busca apenas do prazer. Darei um exemplo real. Um dia um *coachee* (cliente) veio para a sessão e chegou até a minha sala com o seu filho, um menino lindo, de três ou quatro anos. Como não tinha naquele dia onde deixá-lo e a nossa conversa seria mais para um alinhamento, me perguntou se poderia levá-lo e eu disse que sim, pois teríamos muito a aprender com o seu filho. Quando nos sentamos, o garoto foi sentar-se na poltrona e enxergou uma caixinha de balas em cima da mesa, ao perceber a sua visão focada na bala, resolvi oferecer, ele olhou para o pai, que lhe disse para pegar apenas uma, e ele saiu da poltrona, aproximou-se da mesa e eu lhe entreguei a caixinha cheia de balas e disse: "Sente-se lá, escolha qual você gosta mais e pode pegar". Ao encerrar a conversa com o pai, ele me devolveu a caixa, inteiramente vazia, ele havia chupado todas as balas. O pai olhou para ele com olhar de reprovação, e ele apenas devolveu o olhar para o pai e para mim, como se dissesse: "Como vocês estavam conversando e esse assunto não acabava, chupei uma, estava muito boa, chupei outra e outra e quando eu vi acabou". Simples assim, foi o que ele quis dizer com aquele olhar, uma criança nessa idade não raciocina, não usa a razão, ela segue apenas a vontade para saciar o desejo e sentir um prazer imediato.

Contei essa história apenas para explicar que quando fazemos escolhas por impulso, sem pensar, visando apenas o prazer inicial, nossa idade psíquica é exatamente igual a do garoto que acompanhou o pai, ou seja, cinco ou seis anos. Por mais incrível que possa parecer, grande parte de nossas escolhas acontecem assim, de forma impulsiva, até pela pressa em resolver rápido a situação, sem muito tempo para raciocinar. Caímos na armadilha de achar que, ao agirmos rápido e sem pensar, atingiremos os nossos objetivos e muitas vezes entramos num círculo vicioso.

Fazer a mesma coisa e esperar um resultado diferente, doce ilusão, e se aprendemos por repetição fica aqui um alerta, preste atenção nos resultados que você está obtendo, se eles não estão de acordo com o que você espera, mude a estratégia e não o objetivo, que é o mais comum de acontecer, a pessoa desiste do objetivo, que é mais fácil, mas não muda a estratégia para atingi-lo, porque para se criar novos caminhos é preciso pensar, e para pensar tem que sair do automático, e isso está cada vez mais difícil de se conseguir em nossa correria do dia a dia.

Satisfação: é um sentimento que nos dá sempre que fazemos o que devemos fazer, mesmo que para isso tenhamos que nos esforçar e nos empenhar mais do que de costume e, muitas vezes, sem ter um prazer inicial. Um exemplo que cabe bem é fazer exercício físico. Mesmo muitas pessoas que não gostam de se exercitar sabem o quanto isso é importante.

O que lhe dá mais prazer inicial: ficar deitado no sofá assistindo um bom filme num dia frio de chuva ou ir ao clube para fazer natação? Mesmo sem te conhecer, é fácil saber a sua resposta, ficar deitado no sofá. Lógico, é muito mais gostoso, e essa atitude lhe dará um prazer inicial muito grande, mas em seguida trará um sentimento de fracasso e de culpa, por não ter feito o que deveria. Ao se esforçar um pouco para ir ao clube e nadar, durante duas horas, ao tomar um banho logo após o exercício, certamente também terá um sentimento imenso de satisfação, e quando isso acontece, permanece por muito mais tempo, gerando uma sensação de dever cumprido.

Fazer o melhor para cuidar da saúde é ótimo, e quando conseguimos agir assim, todo o sistema reage devido à química positiva que é liberada com essa atitude. Com isso, até o sistema imunológico reage positivamente, ou seja, com esse empenho fortalecemos não apenas a saúde física, mas há um ganho mental. Porém, normalmente, qual é a sua escolha, sofá ou piscina?

Fica fácil de perceber que quando nos esforçamos um pouco e não perdemos o foco do que realmente queremos, essa atitude desencadeia uma série de substâncias químicas, de neurotransmissores que geram, além da satisfação, alguns sentimentos positivos: paz, tranquilidade e um sentimento de prazer que permanecem por mais tempo conosco, sem interferência de sentimentos negativos.

Quem está no comando?

Um dia durante uma sessão, perguntei a um empresário: "Você dormiu bem essa noite?". Ele respondeu: "Sim, dormi!". Fiz outra pergunta: "Você pode me garantir que dormirá bem essa próxima noite?". Ele respondeu: "Não consigo responder a essa pergunta agora; se às 23h30min minha esposa me tirar do sério não conseguirei dormir, caso contrário, acredito que dormirei bem novamente!". Ao ouvir essa resposta, disparei outra pergunta: "Quem está no comando do seu sono, de suas emoções, você ou sua esposa, sua empresa, seu cliente, a crise, quem?". Ele permaneceu um tempo pensando, balançou a cabeça de um lado para o outro e começou a falar: "Eu nunca havia pensado sobre isso, mas, realmente, há muitas coisas e pessoas que estão comandando as minhas atitudes, meus sentimentos e até meu sono, que decepção". Tranquilizei-o ao dizer que a percepção disso é o primeiro passo para reassumir o controle de sua vida, não é uma tarefa simples, porém, como tudo, é uma questão de praticar.

Quando estou em minha sala e vou falar sobre esse controle, estico os meus braços para a lateral, o máximo que consigo, giro com a minha cadeira, fazendo um círculo como se fosse um compasso, meu corpo reto como se fosse um eixo e digo que dentro desse meu círculo quem manda sou eu, peço para a pessoa desenhar um círculo imaginário em volta de seu corpo. Se você quiser, faça um círculo imaginário agora mesmo em torno de você.

Muito bem, com o círculo pronto, eu me desloco um pouco para a esquerda e mostro que uma parte da minha direita ficou descoberta, vou para a frente e mostro que uma parte de trás ficou descoberta e vice-versa, e isso representa que quando perdemos o equilíbrio, quando saímos de nosso eixo, para atender necessidades que, às vezes, não são nossas, deixamos uma parte que é nossa responsabilidade desamparada e, dessa forma, ficamos vulneráveis a qualquer situação externa. Jamais conseguiremos evitar que coisas desagradáveis nos cheguem, porém, como reagimos a elas é que faz toda a diferença.

Um exemplo que podemos usar é quando um tsunami atingiu o Sul da Ásia, em dezembro de 2014. Um casal de brasileiros, ao mergulhar no mar da Tailândia, num dia bonito de céu azul, a 23 metros de profundidade, com tudo tranquilo, não percebeu nenhum movimento estranho, nenhum grão de areia se moveu, mas, meia hora depois, ao retornar à superfície, o céu continuava bonito, embora a superfície tivesse sido devastada por um tsunami; onde ocorreu toda aquela destruição e mortes, o barco do casal de mergulhadores foi encontrado há alguns quilômetros, completamente destruído.

Uso esse exemplo para explicar que dentro do nosso círculo deveria ser exatamente assim, não importando o que aconteça fora; dentro dele, ou seja, interiormente, nenhum grão de areia deveria se mover, não deveríamos nos abalar, esse é o nosso desafio e posso lhe garantir que não é nada fácil. Às vezes, você pode até pensar, escrever, falar, não é tão difícil, quero ver agir assim, observar as coisas desagradáveis, os tsunamis a nossa volta e nos manter inteiros e calmos. Novamente aqui entra uma escolha que, sem dúvida, vai gerar resultados, você pode ser arrebatado por essas situações desagradáveis, exatamente como o barco do casal, que estava na superfície e foi arrastado e destruído, e quando a escolha é essa, infelizmente, não há muito a se fazer, apenas esperar para ver o prejuízo. Sempre que entramos num tsunami, somos devastados pelas ondas da negatividade e parece que tudo nesse momento dá errado. Como sou azarado, por que eu? Afirmações e perguntas como essas são frequentes nesses momentos.

Seja qual for a sua escolha, certamente essa situação passará e, muitas vezes, você nem é o causador dessa desordem, mas o estrago será deixado para trás. Essa é a nossa responsabilidade, assumir o controle da situação, apenas observar, mantendo o equilíbrio, a razão e o autocontrole, perceber um leve balanço, e não importa a proporção, jamais deve ser forte o suficiente para nos arrastar como um pequeno barco.

Podemos começar a treinar esse equilíbrio, em pequenos detalhes, por exemplo: perceba a sua respiração agora, como ela está, tranquila, suave. Caso não esteja, inspire profundamente e solte bem devagar o ar, repita isso mais quatro vezes, até perceber a sua respiração fluindo tranquila. Pode parecer bobagem, mas a nossa respiração é uma das responsáveis por entrarmos ou não nos tsunamis, é simples, da mesma forma que você observou a sua respiração agora, perceba como ela fica quando você está numa situação de estresse. Ela ficará curta e ofegante, certo? Eu sei que em momentos de desespero, estresse e contratempos a última coisa que lembramos é da nossa respiração. Sendo assim, comece a treinar em momentos de calmaria, perceba e sinta a sua respiração e faça sempre esse exercício, se eu puder lhe receitar um remédio antiestresse é este, a cada hora, separe dois minutos para prestar atenção e respirar cinco vezes de uma forma bem tranquila e profunda, desse modo posso colocar na receita o uso contínuo para até o final de sua vida. Assim viverá mais feliz e tranquilo.

Espero de coração que essas simples dicas auxiliem você a viver melhor e mais equilibrado. Experimente! Sem sombra de dúvida, fazer o exercício de respiração vale muito a pena!

32

O *coaching* e a liderança

A mudança é uma porta que se abre somente por dentro, isto é, pelo desejo, vontade e ação da própria pessoa, pois cabe a ela tomar a iniciativa e fazer acontecer. Isso serve para todos, inclusive para quem ocupa uma posição de liderança e quer mudar. Só se muda a partir do binômio método e disciplina, que levam ao autoconhecimento e ao autodesenvolvimento.

O processo de *coaching* pode oferecer as ferramentas apropriadas para a melhoria dos resultados, desde que a pessoa, como *coachee*, se disponha a fazer acontecer

Paulo Lisboa

Paulo Lisboa

Pedagogo com especialização em Administração Escolar e Supervisão Educacional e pós-graduação em Gestão da Qualidade Total, pela Universidade Católica de Petrópolis/RJ; pós-graduação em Gestão de Pessoas e MBA Executivo em Gestão Empresarial, pela Universidade Dom Bosco. *Professional & Self Coach, Leader Coach* e Behavioral Analyst, pelo Instituto Brasileiro de Coaching, em parceria com a ECA, GCC, BCI e IAC. Líder *Coach* pelo Sebrae Nacional; certificado em Liderança pelo The Global Leadership Summit; certificado em Pedagogia Empresarial e Dinâmicas de Grupo, pelo Portal Educação. Participou do Fórum Nacional de Coaching; facilitador do Empretec, formado pela ONU/Sebrae, desde 1999. Certificado pelo Sebrae Nacional em Ciclo de Aprendizagem Vivencial (CAV). Professor na pós-graduação do Centro Universitário São Camilo; *coach* de Liderança e Educação; membro fundador do ICF/ES e membro do ICF (International Coach Federation). Consultor da Public para o Programa Desafio Empreendedor. Palestrante e CEO da Talentos Desenvolvimento Profissional.

Contatos
www.talentoscoach.com.br
lisboa.pr7@gmail.com
(27) 99890-5106

O *coaching* e a liderança inspiradora

Pediram-me há pouco tempo que definisse *coaching* numa única palavra. Já tinha lido e ouvido tantas definições que precisei pensar bem, antes de responder à solicitação. E, depois de muito pensar, decidi que a melhor definição é autodesenvolvimento.

Quando uma pessoa busca o *coaching* está querendo melhorar sua performance em alguma área de sua vida, seja no pessoal, no âmbito profissional ou em outros aspectos. Significa, portanto, que ela quer se desenvolver mais, possivelmente ampliar seus horizontes, caminhar para um nível mais elevado. Assim, busca o apoio de um profissional *coach* para que isso ocorra.

Assim, o *coach*, para realizar um trabalho eficaz, precisa estabelecer uma parceria que propicie que o *coachee* brilhe, que se sinta capaz de definir e alcançar os seus objetivos, sendo um apoio que lhe permitirá seguir seus caminhos, atravessar as pontes que aparecerem, superar as adversidades inevitáveis e obstáculos do dia a dia, buscar seus sonhos a tanto acalentados, atingir suas metas desafiantes e significativas, enfim, realizar-se no aspecto que mais deseja. O *coaching* contribui, pois, para o autoconhecimento, permitindo que o *coachee* identifique com mais clareza o estágio em que se encontra. E que defina aonde quer chegar, e como chegar, por meio de ações efetivas e eficazes. O *coaching* propicia que o *coachee* extraia o melhor de si mesmo e se autodesenvolva.

Conforme David Clutterbuck, "o *coaching* é uma atividade feita com alguém, e não para alguém. Assim, a responsabilidade para fazer com que esse processo de aprendizagem funcione é repartida entre *coach* e o *coachee*". (Coaching Eficaz p. 39). Assim, a parceria, anteriormente referida, carece de muita abertura e confiança, para que o vínculo entre ambos seja estabelecido e buscado durante todo o processo de *coaching*.

O *coaching* e as novas lideranças

O processo de *coaching* tem sido muito procurado por pessoas que ocupam papéis de liderança em empresas, organizações, instituições educacionais, dentre outras. E sua participação no processo de *coaching* promove mudanças significativas no modo de exercer sua liderança, pois passa a exercê-la de modo diferenciado, de maneira mais inspiradora. Passa a atuar como um líder *coach* para sua equipe. Embora não seja um *coach*, muda o enfoque de sua liderança, posto que descobre o valor de não oferecer respostas prontas aos seus liderados, e sim fazer perguntas abertas para que estes descubram as soluções, identifiquem possibilidades, saiam do lugar comum, quando colocados diante de situações-problema. Descobre, por assim dizer, o valor que as perguntas têm, para levar à reflexão, análise e resolução, por meio de ações práticas. Surge a partir daí uma nova liderança, um novo estilo de liderar. Na verdade, não é novo, desde há muito tivemos e temos líderes que usam esse estilo de liderança, como destacarei mais a seguir.

Como um dos objetivos do *coaching* é a realização e o sucesso do *coachee*, a partir da melhoria de seus resultados, o líder *coach* passa a ter essa nova visão de sua liderança, qual seja: inspirar e apoiar seus liderados a alcançar os resultados almejados, a partir de ações pensadas e desejadas, em vez de ações mecânicas, engessadas e, antes, impostas. O que tem acontecido é que as mudanças comportamentais no líder têm levado muitos liderados a também procurarem o *coaching* para alcançar melhorias em suas vidas, seja no pessoal e/ou no profissional; aliás, é quase impossível melhorar um aspecto sem alterar positivamente o outro. Com isso, tem-se o efeito da multiplicação a partir de resultados cada dia mais surpreendentes.

Recentemente li um artigo em que Rhandy Di Stéfano declarava que "as empresas estão descobrindo rapidamente que investir no capital humano vai além de teorias abstratas, pois se traduz, na prática, no aumento da capacidade de resposta ao estresse. O próprio processo de *coaching* teve que evoluir, chegando hoje ao *coaching* integrado, que colabora com o cliente para o desenvolvimento da capacidade de liderança, eficiência emocional e resolução de crenças ineficientes, que afetam a capacidade de subir ao próximo patamar de sucesso profissional". E nos dias atuais vemos que o *coaching* está sendo oferecido para todos, sem exagero, os aspectos da vida humana.

O real poder das perguntas

Um processo de *coaching* é tanto mais efetivo quanto mais efetiva for a condução das sessões. Diz-se que quem conduz uma conversa bem-sucedida, levando a bons resultados, é sempre quem faz as perguntas. E esse é o verdadeiro papel do profissional *coach*: fazer perguntas!

É por meio da arte de fazer perguntas e de ouvir ativamente que o *coach* consegue apoiar o *coachee* no alcance de seus objetivos, é desse modo que ele consegue fazer com que o *coachee* saia do estado atual para o estado desejado.

As sessões de *coaching* poderão se tornar, então, uma fonte inesgotável de melhoria, desde que a parceria entre *coach* e *coachee* se estabeleça de modo aberto, sincero e incondicional. Ambos precisam entrar e estar em sintonia. Cabe ao *coach* fazer com que isso ocorra e com a maior brevidade. Caso consiga estabelecer essa conexão logo na primeira ou segunda sessão, o sucesso de todo o processo está muito mais garantido. Caso a parceria não seja estabelecida, gerará uma necessidade de maior esforço de ambas as partes, e os resultados não serão satisfatórios para ambos. A escuta ativa precisa ser a ferramenta mais utilizada pelo *coach* para o alcance dos objetivos pretendidos.

Ainda sobre o poder das perguntas...

Ouvir e escutar

Segundo o Dr. Michael Hall, "... os *coaches* mais eficazes, mais bem-sucedidos e mais poderosos atuam melhor por meio das perguntas". Perguntar, diz ele, "é a ferramenta primária de um *coach*". Assim, a disposição do *coach* em fazer perguntas e estar totalmente aberto a escutar é de suma importância, é a garantia maior de um resultado efetivo de todo o seu trabalho na condução das sessões de *coaching*.

Aqui desejo fazer uma distinção entre ouvir e escutar. Distinção essa que, certamente, faz toda a diferença em todo processo dialógico, posto que esse objetiva levar a resultados satisfatórios para todos os envolvidos. Para ouvir, basta ter o aparelho auditivo funcionando bem, pois independe da vontade da pessoa. Agora, escutar demanda um esforço e uma vontade pessoal, pois significa processar aquilo que se está ouvindo. Quando você ouve, pode simplesmente captar e entender o que a outra pessoa fala, principalmente se fala no mesmo idioma que o seu, no papel de interlocutor. Já escutar exige compreensão do que é falado. Quem escuta ativamente não faz interpretações ou conjecturas, não julga, nem condena. Apenas compreende pela escuta ativa, e faz perguntas. Gera reflexão, em si e no outro. Em si mesmo para fazer outras perguntas, e no outro para a tomada de decisões e/ou (re) elaboração de respostas internas e, se for o caso, para ações externas e efetivas.

O *coach*, posso afirmar, é um curioso, não no sentido de querer saber da vida do outro, mas de conhecer o *coachee* e, mais que isso, levá-lo a conhecer-se mais e melhor. Para tanto, utiliza-se de perguntas e mais perguntas. Não cabe ao *coach* dar respostas, direcionar, ensinar o caminho, mas tão somente provocar o *coachee* à reflexão.

O *coach* se desenvolve na lida com o seu trabalho e descobre, desde logo, que "aprender a aprender é melhor que apenas ensinar", diz Tim Gallwey.

Hoje, pode-se afirmar: o *coaching* é uma das ferramentas mais eficazes para o desenvolvimento de pessoas, bem como para as organizações, pois leva a resultados mais consistentes e efetivos, já que utiliza métodos e técnicas comprovadamente testados.

O processo de *coaching* permite que o indivíduo seja e esteja mais consciente de que as escolhas que fizer gerarão os resultados que colherá e que existem outras e novas opções que conduzirão a mudanças mais positivas e, quem sabe, mais duradouras. Isso aumentará sua autoconfiança, quebrando e/ou substituindo paradigmas limitantes e que engessam suas ações, colocando limites onde, muitas vezes, apenas existem restrições ou obstáculos superáveis.

Por tudo isso, o *coaching* é a arte de aumentar a performance das pessoas e/ou equipes, por meio do aumento progressivo da competência individual, com foco nas metas pessoais e também nas metas coletivas.

A liderança pós-*coaching*

Estamos vivendo uma imensa carência de líderes inspiradores e renomados, em todos os setores profissionais e segmentos da sociedade. É uma constatação pura e simples. Realizei uma pesquisa, por meio do *WhatsApp*, com cerca trezentas pessoas, com a seguinte pergunta: Quem você destaca como um líder inspirador? Não direcionei e nem fiz menção a segmento, espaço, tempo, área de conhecimento... Imediatamente as respostas começaram a chegar, e eis os nomes mais mencionados, aqui segue por ordem de citações: Jesus Cristo, Gandhi, papa Francisco, Nelson Mandela, João Paulo II, Madre Tereza de Calcutá, Martin Luther King, Billy Graham, Bill Gates, Steve Jobs, dentre outros.

Todos os líderes acima citados exerceram a liderança pelo exemplo, muito mais que pelas palavras. Todos, sem exceção, deixaram um legado. E uma característica muito determinante e marcante da maioria deles foi, ou é, a humildade, pessoas que levaram, e alguns ainda levam, uma vida dedicada às pessoas, esse foi o maior legado. Pessoas que souberem fazer com que seus liderados fossem capazes de realizar de modo apaixonado, entusiasmado, o que precisava ser feito. Aliás, como declara James Hunter em seu livro *O monge e o executivo*, "liderança é a habilidade de influenciar pessoas para trabalharem entusiasticamente visando atingir os objetivos identificados como sendo para o bem comum". (p. 25). Todos os líderes mencionados foram capazes dessa proeza, por isso deixaram um legado.

No entanto, apesar da carência de líderes renomados, temos em nossas empresas, organizações e instituições líderes que têm se destacado por seus empenhos na busca de resultados, independentemente das adversidades. São pessoas que buscam, por meio de sua liderança, inspirar as pessoas, seus liderados a conseguirem resultados, melhoria de vida. São lideranças preocupadas com o ser humano, acima de tudo.

E muitos desses líderes têm buscado o *coaching*, para si e para os seus liderados, como apoio à melhoria de suas performances. É o processo de *coaching* ocupando papel preponderante na vida de muitas pessoas. São inúmeros os casos de sucesso, e aqui compartilho alguns depoimentos que recolhi, ao longo e/ou ao final de alguns trabalhos de *coaching*, com pessoas que exercem a liderança em suas próprias empresas ou mesmo como funcionários:

- "Hoje me sinto muito mais preparado para liderar minha equipe, pois me conheço mais. E aprendi que escutar faz toda a diferença. Tenho praticado e colhido excelentes resultados."
- "Passei a aplicar o STOP* e tem funcionado muito melhor comigo e com minha equipe. Poder e ter a coragem de parar para pensar, sentir o ambiente, identificar outras opções e depois agir, tem feito toda a diferença."
- "Estou com as rédeas de minha vida muito mais nas minhas mãos. E tenho até dado mais autonomia aos meus liderados, pois estou mais autoconfiante."
- "O *coaching* me proporcionou compreender melhor como agir na minha liderança, pela autoridade e não pelo poder, assim consigo melhores resultados. Ajudou-me muito no meu autoconhecimento e no ajuste de minha liderança, que está mais eficiente e eficaz."
- "Sinto-me muito mais empoderada! Estou mais feliz, pois sei que sou capaz, descobri aqui nas sessões que posso muito mais que pensava poder."
- "Aprendi o poder das perguntas. Agora, evito dar respostas. Faço per-

guntas e sei que isso tem contribuído muito para o crescimento e desenvolvimento de cada um e de minha equipe como um todo."

• "Descobri que não sou o dono da verdade e que perguntar me dá muito mais autoridade que o meu cargo. E gera resultados que antes não gerava."

Muitos outros depoimentos foram e têm sido manifestados, demonstrando, de modo categórico, que o processo de *coaching*, se bem aplicado, consegue propiciar resultados surpreendentes, levando *coach* e *coachee*, parceiros na busca de resultados, a realizar seus propósitos de vida. Sempre aprendendo mais e mais.

Referências
CLUTTERBUCK, David. *Coaching eficaz*. 3.ed. São Paulo: Gente, 2008.
DI STEFFANO, Rhandy. *O líder coach – líderes criando líderes*. Ed. Qualitymark.
HUNTER, James. *O monge e o executivo*. São Paulo: Ed Sextante, 2009.
GALLWEY, Timothy. *The inner game – A essência do jogo interior*. São Paulo: Ed. Saraiva, 2016.

33

Service coaching: a importância do processo de *coaching* para o prestador de serviços

A vantagem competitiva, associada à diminuição de custos, ao aumento da qualidade e a maior flexibilidade no prestar serviços, além do aumento da produtividade e da diminuição de riscos, faz com que as empresas busquem ferramentas para incrementar essas qualificações de seus colaboradores. Este texto traz como o *coaching*, em prestação de serviços, pode incrementar a qualidade e o desempenho desses prestadores de serviços

Prof. Me. Manoel Garcia Néto

Prof. Me. Manoel Garcia Néto

Graduado em Bacharelado em Matemática (1989) e Administração de Empresas (1995) pelo Centro Universitário Fundação Santo André. MBA em Gestão Empresarial (2007) pelo Centro Universitário Fundação Santo André. Pós-graduado em Educação Docente (2012) pelo Centro Universitário SENAC. Mestre em Administração de Empresas - Capacitação Organizacional e Inovação com tema da dissertação em Competência Comportamental Relacional em Serviços de tecnologia (2010) pelo Centro Universitário FEI. Experiência em ministrar cursos e treinamentos *in company* sobre os temas de comportamento relacional. Por 25 anos trabalhou no mercado de Tecnologia da Informação, sendo 22 anos na IBM Brasil. Desde 2007 é professor de graduação e pós-graduação, ministrando aulas de Serviços, Gestão e Governança de TI, Novas Tecnologias e Administração de Empresas. Certificado em *Coaching* pela Potenciar. Estudioso em assuntos de novas tecnologias, comportamento relacional e educação, desenvolveu os programas *Educational Coaching Service* e *Service Coaching*, além do programa *Tailor Made* Confraria/Cachaça/*Coaching*.

Contatos
mgarcia@pasport.com.br
(11) 97957-2711

Nas últimas décadas, cada vez mais, o setor de serviços vem conquistando um novo *status* no mercado, seja pela sua expressiva participação na geração de riqueza das economias cêntricas e emergentes, seja como vetor crítico nas estratégias empresariais e em novos negócios cuja criação de valor seja baseada em ativos de conhecimento e em elevada intangibilidade.

A formatação e a preparação do serviço têm de levar em conta todos os aspectos de *delivery* (entrega) associados à sua oferta: conhecimentos, habilidades, metodologias, ferramentas, impacto organizacional, aspectos políticos e culturais, dependências de recursos, preparação do cliente para obter os benefícios esperados, a gerência das informações de serviços, pesquisas de satisfação, soluções de continuidade no caso de substituição e a atitude comportamental do prestador de serviços, além de outros itens.

A maior dificuldade das empresas de serviços é justamente traduzir novas ideias e conceitos em ofertas de serviços. Isso porque elas necessitam de altos investimentos para treinar os profissionais nas competências técnicas e, em alguns casos, nas competências relacionais, além de desenvolver as metodologias e ferramentas demandadas.

Diante desse quadro de complexidades e desafios, as atividades e rotinas de "prestação de serviços" requerem um perfil de profissional específico, possuidor de comprovada vivência e de competência nas atividades em que se propõe trabalhar. Investir na capacitação profissional, a partir das mudanças que caracterizam o mundo dos negócios em serviços é, nos dias de hoje, condição fundamental para quem deseja tornar-se competitivo num mercado econômico e tecnologicamente globalizado. As exigências, tanto em relação à qualidade dos profissionais como aos serviços prestados, se alteraram de tal forma que agilidade na comunicação, qualidade nos relacionamentos e conhecimento adquirido tornaram-se vantagens competitivas mais poderosas que o próprio capital das empresas prestadoras de serviços.

Para o prestador de serviços executar plenamente o seu trabalho e buscar a satisfação do cliente, as competências técnicas são extremamente necessárias, porém a mais importante, sem dúvida, é a competência relacional, composta pelas ações essenciais do prestador de serviços, tais como saber ouvir, estar aberto à divergência de ideias; respeitar individualidades; comunicar-se com clareza e transparência, entre outras. Muitas empresas, preocupadas com o comportamento relacional de seus colaboradores, buscam desenvolver treinamentos específicos, que podem ser de alto custo monetário, com o propósito de melhorar essa competência em seus colaboradores.

Entendendo do *coaching* ao prestador de serviços

Por que o processo de *coaching* pode ser o caminho para intensificar a qualidade de um prestador de serviços?

A função de *coach* é clarear objetivos do *coachee* (nesse caso o prestador de serviços) e montar um plano de ação para virar a realidade. Portanto, o processo de *coaching* é também um tipo de serviço, em que os profissionais dessa área ajudam outros, pessoa física ou jurídica, a alcançarem seus objetivos e metas.

O *coaching* é gerenciamento do tempo, o bem mais importante que uma pessoa possui e que nunca mais volta! É descobrir o que é importante na vida de seu cliente, aqui o prestador de serviço, e fazê-lo investir mais tempo nele.

Para conseguir trilhar tal caminho, os envolvidos utilizam ferramentas e métodos bem comuns, como entrevista onde existem perguntas objetivas e subjetivas. Mas em qualquer que seja o método utilizado para extrair informações do cliente (ou profissional de serviços para esse caso) é fundamental entender duas questões:

- Qual o estado desejado?
- Qual o estado atual?

Após entendido o estado atual e onde o indivíduo almeja chegar, é hora de desenvolver "como" o indivíduo irá buscar seu objetivo. São elaboradas mais perguntas que vão ajudar o cliente a identificar os seus pontos cegos e ter *insights*, assim o *coach* e o *coachee* estabelecem juntos tarefas para que o objetivo seja alcançado.

É importante salientar nesse tipo de serviço que *coaching* não se trata de um tipo de terapia ou tratamento de apoio emocional, mas sim atendimento ao cliente para buscar formas de realizações e objetivos claros, lógicos e tangíveis, que para o caso de um prestador de serviços pode ser: a potencialização de negócios; a organização de projetos; a idealização de novos negócios; a maximização de produtividade; ou até mesmo a melhor conduta a ser seguida com qualquer tipo de cliente.

É importante para o *coach* que o *coachee* (aquele que está passando pelo treinamento) alcance sua meta de forma ecológica, ou seja, garantir que não haja quaisquer prejuízos no ambiente que o cerca, seja familiar ou de negócios.

A busca por maiores índices de produtividade e competitividade demanda das organizações investimentos em seus colaboradores mediante treinamentos e/ou *coaching* profissionais destinados a desenvolver uma nova qualidade na atuação voltada não somente para o ocupante do posto de competência técnica específica, como também com vistas a obter uma concepção evolutiva que permita críticas e melhorias – aqui inclui-se o processo de *coaching* – constantes capazes de combinar a base de conhecimento específico com as exigências da prática do trabalho, o desenvolvimento de atitudes, a tomada de decisões, a facilidade de trabalhar em grupo, criatividade, dentre outros.

Um treinamento ou até mesmo o *coaching* deve promover aos colaboradores de serviços a capacitação para atividades tecnicamente mais complexas, de maneira a instigar a capacidade de aprender, avaliar, criticar, propor e tomar decisões.

A habilidade de relacionamento intrapessoal e interpessoal é imprescindível para promover as competências comportamentais, com base em valores como ética, justiça social, qualidade de vida e cidadania. Ela requer, enfim, um treinamento e/ou *coaching* profissional visando adequar a competência relacional conforme a exigência do dinâmico mundo do trabalho (TEECE, PISANO, SHUEN, 1997).

Entendendo a competência do profissional de serviços

Ao longo do tempo, passou a ser reconhecido socialmente no que tange à capacidade do indivíduo em pronunciar-se a respeito de alguma coisa específica. Contudo, o significado foi assumindo conotação genérica, principalmente dentro das organizações, para caracterizar o indivíduo capaz de realizar, com habilidade, determinada tarefa. A multiplicidade de definições e de aplicações, juntamente com o desenvolvimento acelerado do termo, sugere uma classificação para diferentes conceitos e tipos de competências, proporcionando um aprendizado mais ágil e organizado.

Segundo Ruas (1999), o conceito de competência se assimilaria a uma forma de repensar as interações entre pessoas, seus saberes e capacidades, as organizações e suas demandas, um princípio muito próximo ao processo de *coaching*. Para Parry (1996), ela é definida como um agrupamento de conhecimentos, habilidades e atitudes correlacionados. Esse agrupamento afeta parte considerável da atividade de alguém, relacionada com o desempenho.

Conhecimento, Habilidade e Atitude: os pilares da competência & Conhecimento, Habilidade, Atitude, Reflexão e *Feedback*: os pilares do *coaching*

Carbone *et al.* (2006 *apud* GILBERT 1978), pioneiros no debate desse tema, ressaltam que a competência é expressa em função do desempenho da pessoa no trabalho, conceito que engloba tanto o comportamento adotado pelo indivíduo como suas consequências, no que diz respeito a realizações.

O conhecimento é o saber, os conceitos, as informações que adquirimos por meio da aprendizagem concebida nas escolas, nos livros, no trabalho e que acumulamos ao longo da vida. São as informações que fazem parte da nossa memória e influenciam o nosso julgamento e/ou comportamento.

A habilidade é o saber fazer, é a aplicação do conhecimento, ou seja, a capacidade de utilizar os conhecimentos armazenados na memória, no dia a dia, de forma prática e produtiva.

A atitude, por sua vez, é o querer fazer, é o que nos impulsiona a executar nossas habilidades e conhecimentos. É a predisposição que influencia nossa conduta diante de pessoas e situações. É o comportamento.

Ainda de acordo com Carbone et al. (2006), a aplicação sinérgica desses três pilares no trabalho evidencia sua própria interdependência e complementaridade e gera um desempenho profissional que é expresso pelos comportamentos manifestados no ambiente organizacional e pelas suas consequências, em termos de realizações e resultados. Conforme esse mesmo autor, para prestar um atendimento com excelência, é necessário mobilizar os conhecimentos sobre os serviços da empresa, rotinas e processos do trabalho, a habilidade clara de argumentar e comunicar-se, assim como a atitude positiva perante o cliente, manifestando receptividade e cortesia (CARBONE et al., 2006, p. 46).

Com o processo de *coaching*, dentro do CHA (Conhecimento, Habilidade e Atitude), podemos incluir mais duas vertentes para apoiar as competências de um prestador de serviços:

A reflexão, que é o ato que nos leva a aplicar – com ou sem apoio de outra pessoa – o refletir sobre aquilo que foi ou será executado. É o saber pensar!

O *feedback*, que é o saber gerenciar todo e qualquer retorno dado referente a sua conduta ou papel executado, de forma a obter benefícios e aplicar essa melhoria em próximos eventos.

Competência relacional: o conceito muito utilizado pelo profissional de serviços e que deve ser sempre aprimorado

A competência relacional trata-se de uma competência imprescindível para o desenvolvimento em um profissional de serviços, na medida em que responde por ações essenciais ao funcionamento das empresas de serviços. Assim, ações do tipo saber ouvir, estar aberto à divergência de ideias; respeitar individualidades; comunicar-se com clareza e transparência, dialogar, negociar e argumentar em bases éticas e respeitosas, em busca sempre de soluções pautadas na solidariedade e no respeito mútuo, são alguns comportamentos por meio dos quais essa competência se evidencia.

Levando em conta o fato de que são as pessoas o foco principal e o verdadeiro diferencial de uma empresa de serviços é importante considerar o fato de que a atuação profissional de excelência deve preparar pessoas para lidar com pessoas, condição fundamental para que o negócio continue existindo.

A qualidade de uma primeira impressão pode facilitar (ou dificultar) as relações relacionais posteriores, sobretudo na área de serviços. A comunicação e as atitudes, fatores de importância vital nos relacionamentos, são afetadas, positiva ou negativamente, em decorrência da percepção inicial, o que nos leva a destacar os sentimentos positivos de simpatia como propulsores de aproximação, colaboração, entendimento, tanto quanto os de antipatia podem ser geradores de afastamentos, indisposição ou rejeição. Quando ficamos restritos e limitados às primeiras impressões, podemos incorrer no erro de impedir que o outro se revele em sua verdadeira face, empobrecendo o encontro ou favorecendo o desencontro. Essa constatação nos leva a considerar a importância da abertura e a disponibilidade para o outro que chega à nossa vida, como primeira possibilidade de relação significativa.

Enfim, o foco de uma proposta de desenvolvimento comportamental relacional consiste, ainda, em sinalizar que a relação entre "interações – sentimentos – atividades - clima grupal - modalidades de relacionamentos - produtividade" (MOSCOVICI, 1998, p. 32) está associada não com a competência técnica das pessoas, e sim com as competências comportamentais relacionais, sendo plenamente capaz de utilizar a ferramenta *coaching* para seu desenvolvimento.

Conclusão

Se a competência técnica pode ser desenvolvida a partir de cursos, seminários, palestras, leituras especializadas, a competência relacional, considerada a habilidade de lidar adequada e eficazmente com relações interpessoais, de acordo com as necessidades de cada pessoa e as exigências da situação, pode ser igualmente desenvolvida e construída em situações de aprendizagem ou orientações eficientes mediante a adoção de uma metodologia construtivista que possibilite a vivência de trocas interpessoais e o desenvolvimento de habilidades relacionais. Nesse sentido, possibilitar a construção e o desenvolvimento de competências comportamentais relacionais passa a ser mais um foco no trabalho de desenvolvimento interpessoal.

Com o processo de *coaching*, é possível maximizar as habilidades e competências de um profissional de serviços. Assim, esse profissional pode conseguir dominar sua atividade e colocar toda sua competência voltada para buscar a qualidade de serviço tão desejada e, por consequência, melhorar ainda mais seu plano de carreira. Por fim, o *coaching*, e suas ferramentas, é um processo muito forte a fim de trazer os benefícios que os clientes esperam e a fidelização que o prestador de serviços almeja.

34

O *coaching* na minha virada de vida

"*Coaching* não é apenas sobre o que fazemos, mas, também, sobre quem somos e quem estamos nos tornando.
Um *coach* tem de ser capaz de receber e experimentar o poder transformador do *coaching* para saber como se sente internamente, a fim de facilitá-lo.
Coacheabilidade tem a ver com a capacidade de receber *coaching* e utilizar *coaching* para a descoberta, tomada de consciência, mudança e melhoria."

L. Michael Hall

Raquel Dantas

Raquel Dantas

Coach certificada pela The International Association of Coaching e Sociedade Latino-Americana de Coaching. Especializada em *Personal, Positive and Happiness Coaching* pela Sociedade Brasileira de Coaching. *Meta-Coach* pela ISNS – The International Society of Neuro-Semantics. *Master Practitioner* em Programação Neurolinguística pelo Indesp – Instituto de Desenvolvimento Pessoal. *Master Avatar*, licenciada pela Star's Edge Internacional, Flórida, EUA. Formação Acadêmica em Engenharia Elétrica e Direito. Especialização em Engenharia de Petróleo, Geoengenharia de Reservatórios e Direito Tributário.

Contato
rcdantas707@hotmail.com

Tornando isso pessoal

O que me incentivou a escrever como coautora neste livro foi o seu título. Quando fui convidada a escrever este artigo com um *case* de sucesso, não tive dúvidas de que queria escrever sobre o meu próprio, a minha virada pessoal e profissional. No início, pensei em abordar apenas a virada em relação à aposentadoria. Quando, entretanto, me debrucei sobre as palavras; experiências vivenciadas, percebi haver muito mais experiências de virada em minha vida antes de conhecer o *coaching*. Isso porque minhas viradas profissionais sempre estiveram entrelaçadas com as viradas da minha vida pessoal.

Ainda adolescente, decidi fazer um curso profissionalizante de eletrotécnica e gostei. Mesmo assim, meu primeiro concurso não foi o vestibular para Engenharia Elétrica – tive medo de não passar e acabei ingressando na Engenharia Civil. Mas a energia que carrego dentro de mim não deixou que eu me distanciasse da minha vontade inicial. Quando minha família se mudou para Goiânia, não havia vaga de transferência para Engenharia Civil e foi aí que veio a "virada" para a Engenharia Elétrica. É interessante observar que nem sempre a gente percebe que nossa "virada" foi deliberada. Hoje, eu entendo que era o que eu queria, mas, naquela época, relutei em trocar a engenharia civil pela elétrica.

Comecei a trabalhar com projetos elétricos totalmente por acaso. Quem diria que uma caminhada pela Praia de Boa Viagem, em Recife, iria me levar ao meu primeiro emprego? Pois foi assim que iniciei minha vida profissional. E logo depois, ao acompanhar uma colega do primeiro emprego para fazer sua inscrição para o concurso da Petrobras, veio-me a pergunta: por que não me inscrever também?

E em 1985, eu estava em Salvador no curso de Engenharia de Petróleo, sentindo uma liberdade contagiante, quando decidi constituir minha família. Esta foi a virada mais significativa da minha vida. A partir daí, o significado de viver deliberadamente passou a ser mais robusto. A minha liberdade passou a incluir outras quatro pessoas maravilhosas. Em 1995, depois de trabalhar dez anos como engenheira de petróleo decidi pedir demissão da Petrobras e "virar *mãetorista*" (leva um filho no futebol, leva outro no basquete, busca a filha no balé e lá estava eu compartilhando alegria com meus filhos!). Quando eles foram crescendo, decidi voltar ao mercado de trabalho regular, e foi então que fiz mais alguns concursos e acabei ingressando na Receita Federal do Brasil.

Como servidora pública federal, atuei muito mais do que apenas como Auditora Fiscal, assumi cargos de chefia tão logo fui requisitada, participei da rede de capacitação e desenvolvimento, atuei na equipe de gerenciamento de projetos e na equipe de gerenciamento de riscos. Tornar-me uma servidora pública não estava entre meus sonhos, mas eu consegui fazer a virada e desenvolver várias outras atividades além da vinculada aos lançamentos tributários. E me orgulho muito de ter deixado meus registros no importante papel que tem a Educação Fiscal para o nosso país, construindo uma caminhada útil, por certo, para ajudar posteriores caminhantes.

Como fazer a grande virada depois da aposentadoria?

Ao completar a idade legal para a aposentadoria, eu ainda não havia terminado o tempo necessário de contribuição. Foi então que decidi planejar minha "transição de carreira". Eu não queria ter medo da aposentadoria como eu julgava que vários colegas tinham. Após aposentar-me, desejava continuar a me sentir uma pessoa produtiva, capaz de reconhecer a responsabilidade de fazer com que as coisas aconteçam. Foi nessa hora da virada que eu conheci o *coaching* e o chamado para organizar a minha vida, superar desafios e realizar sonhos. Movimento! Virada! Vibração! Ondas! Energia! E, assim, logo me identifiquei com o propósito do surfista de curtir a onda e viver o presente. Curtir a virada surfando na onda do agora, algumas vezes, até mesmo sem a intenção de chegar à praia.

Qualifiquei-me por meio de vários cursos não só de *coaching*, como outros afins, que foram muito mais do que cursos, mas processos vivenciais que me auxiliaram na transição de carreira. Embora de forma diferente, os *insights* me conduziam na mesma direção de continuar a ser uma pessoa produtiva após a aposentadoria. Nessa direção, vivenciei o *autocoaching*, o *peercoaching* e as rodadas de *coaching*.

Quando iniciei meus atendimentos como *coach*, comecei a perceber que, mesmo ainda não tendo muita segurança, eu conseguia contribuir e observar que os resultados de satisfação dos clientes eram surpreendentes. Desse modo, fui me apaixonando cada vez mais pelo *coaching*. E não quis continuar apenas aplicando ferramentas, eu queria mais; eu queria trabalhar também as emoções, porque passei a compreender que *coaching*, mesmo não sendo terapia, é terapêutico.

Meu passo seguinte nesta virada foi trabalhar a minha parte "zen", porque todo processo de crescimento tem início com a autopercepção seguida pela autoaceitação e autorresponsabilidade. E, acreditem, colocar a minha parte racional da engenharia para conversar com aquela não foi muito fácil. Houve momentos em que a turbulência que elas faziam dentro de mim era tanta que eu pensei em deixar tudo de lado. Entretanto, um poderoso recurso foi eu vivenciar e mergulhar em experiências como *coachee*, e, também, como observadora conscientemente responsável por minhas aprendizagens e transformações. Uma das vivências marcantes aconteceu no Curso Avatar. Lá, eu conheci pessoas que se propõem a constituir uma civilização planetária iluminada. E tomei a decisão de inspirar pessoas a também entrarem no movimento dessa onda. Por que não?

É empoderador reconhecer que a verdadeira mudança – ou a verdadeira virada (já que este é o nosso tema) – acontece dentro de cada um de nós. E isso é uma coisa muito pessoal que só eu posso fazer por mim mesma. Ademais, é importante reconhecer que o apoio e a facilitação é que nos ajudam a seguir em frente. Quando reflito mais sobre essas palavras, me sinto assumindo responsabilidade pessoal por apoiar e facilitar o meu processo e o de outras pessoas. E quando o tópico principal passa a ser responsabilidade, a minha parte racional se sente incluída, e aí tudo fica mais fácil.

Quando decidi planejar a transição para a aposentadoria, eu dizia sentir "medo". Mas medo não é a palavra correta, embora eu a tenha utilizado em diversos contextos. Sabidamente, as palavras exercem forte influência em nós, mesmo sendo apenas rótulos ou etiquetas que utilizamos sem perceber o que está por trás. Então, experimentei trocar rótulos que eu colocava em objetos, pessoas, ações, sentimentos e comecei a perceber a grande diferença que isso fazia. Hoje, já aposentada, tenho consciência mais aterrada de que a aposentadoria é apenas mais uma das fases da vida, e que, em si, não é melhor nem pior do que as outras. Ou seja, não existe uma verdade absoluta, tudo depende do rótulo, do valor ou do significado que lhe atribuímos. Eu me identifiquei com o rótulo "transição de carreira" e, durante aproximadamente três anos, me preparei para a fase que começaria no dia em que seria publicada a portaria que me concederia aposentadoria voluntária.

Os cursos valeram tanto pelo seu conteúdo quanto, e sobretudo, pelas pessoas com quem passei a me relacionar. Minha tranquilidade para o momento da publicação da Portaria da Aposentadoria foi adquirida por mim mesma, e contei com o apoio das pessoas com quem participei de rodadas de *coaching*. Fui apoiada e também apoiei muitas pessoas. Aprendi que a gratidão não diz respeito só ao outro, como também, e, especialmente, a mim mesma.

Algumas distinções de *coaching* no processo da virada

Neste meu processo planejado de virada, realça-se a importância da força do ego para encarar a nova fase, a realidade como ela é. E isso passa pelo significado mais forte de que o ensinamento de amar ao próximo como a si mesmo não está em sua primeira parte, está sim na segunda, amar a si mesmo. A compreensão de que autoestima é incondicional me ajudou muito. É libertador compreender que nosso valor não depende do que fazemos, pois até um bebê que não sabe fazer quase nada é um ser humano valoroso. E separar o SER humano do FAZER humano é fundamental. Autoestima é diferente de autoconfiança. A confiança depende do contexto, dos comportamentos, do fazer. A autoestima não depende de nada, ela é apenas a forma como eu me valorizo como SER humano, como eu amo a mim mesma.

A abertura à mudança, aprendizagem e desenvolvimento pessoal, que são impulsionadores da virada, é condição para o processo de *coaching*, que fez e faz a diferença para a transformação. Desse modo, a transformação que me levou a continuar me sentindo uma pessoa produtiva após a aposentadoria ocorreu de forma planejada, de acordo com minha própria vontade consciente, com a atenção voltada para o que tem maior significado e no meu ritmo. O dom humano da autoconsciência para buscar, seguir e ir encontrando, entre o estímulo e a resposta, a liberdade de escolha de ser o SER que quero me tornar, dispondo-me aos desafios, comprometida com o crescimento, isso é o norte para a virada.

Outras distinções que o amadurecimento no processo evidencia: disposição para receber *feedback* sem me tornar reativa, abertura para ser capaz de me relacionar de forma aberta e vulnerável, de ser paciente e persistente para seguir os passos na direção dos meus sonhos, objetivos e metas para viver a vida que poderá ser melhor do que o sonho sonhado, do que o imaginado.

Entendo melhor agora que o título deste livro que, como disse inicialmente, me incentivou a escrever poderia ser melhor colocado, não apenas como "a hora da virada", e, sim, como o "processo da virada": não existe um momento específico associado à mudança, trata-se de um processo contínuo.

Eu continuo em transição e reconheço que as perguntas me auxiliam muito. Por isso, compartilho aqui algumas das perguntas que continuam me ajudando a refletir:

- O quanto eu estou me valorizando como SER humano?
- De que forma estou lidando comigo mesma?
- Que significados eu tenho atribuído a minha vida pessoal e profissional?
- De que forma meus significados me empoderam como pessoa?
- Como é o filme que eu estou vivendo hoje?
- E como é o filme que eu quero viver?
- O que está acontecendo no segundo filme que ainda não está acontecendo no primeiro?
- Quais os recursos e habilidades necessários para viver de forma ainda mais significativa?

Quero deixar registrado que eu escrevi aqui sobre minhas experiências e por certo algumas palavras que utilizei foram faladas ou escritas por outras pessoas. Sou grata a essas pessoas por contribuírem com ensinamentos que eu incorporei de tal forma que não consigo mais identificar as fontes, motivo pelo qual deixo de registrar as referências que são mais do que apenas bibliográficas.

Quando comecei a escrever este artigo, pensei que, como iria ser publicado, estava escrevendo para os leitores. Porém, ao concluir, percebo que escrevi para mim mesma. Este artigo, na verdade, também faz parte da minha transição, do meu processo de *coaching* da virada.

Sou grata a você que leu até este ponto por me permitir compartilhar parte da minha virada no movimento dessa onda. Bem-vindo ao movimento da onda da virada! Por tudo, minha gratidão!

35

Conexão como elemento do sucesso na carreira

A habilidade de se conectar cultural, social, laboral, interpessoal e até mesmo intrapessoalmente é um diferencial intelectual no mundo. Nessa ótica, a conexão sublime entre as dimensões do sucesso, os valores e o propósito de vida de cada indivíduo é crucial, a fim de que se atinja o equilíbrio emocional e a abundância financeira

Ricardo Santos

Ricardo Santos

Formado em Direito, MBA em Gestão Estratégica de Pessoas, especialista em Direito Previdenciário, procurador chefe da Procuradoria Federal do Vale do São Francisco/PE, conselheiro da Previdência Social em Petrolina/PE. *Personal, Professional* e *Executive Coach* formado pela Sociedade Latino-Americana de Coaching (SLAC). Analista Disc, *Master Coach* de Carreira formado pelo Instituto Maurício Sampaio. Mentor na preparação para Concursos Públicos, criador do método Exitus para definição e desenvolvimento de carreira, palestrante motivacional e gerencial, autor do *e-book Produtividade como elemento do sucesso*, escritor de artigos na área de desenvolvimento comportamental.

Contatos
ricardosantoscoach.com.br
ricardocoach25@gmail.com
Facebook: ricardosantos2507
(87) 98832-2517 (celular/WhatsApp)

magine uma enorme sala com uma infinidade de escadas e no topo de cada uma delas está escrito a palavra sucesso. Você tem a liberdade de escolher qualquer escada e subir a quantidade de degraus que desejar. Só tem um problema: escolher a escada errada ou parar num degrau indesejado pode ser desastroso.

Para isso não acontecer com você, dissertarei quatro passos de forma concisa e cautelosa, pautados em conhecimento científico e empírico, para que você possa escolher a escada certa e conquistar todos os seus sonhos.

O primeiro passo: a clareza

Ao longo da história, inúmeros filósofos, sociólogos e psicólogos buscaram definir o conceito ideal de sucesso. Um deles é do sociólogo norte-americano Everett Hughes (Sociedade Brasileira de Coaching – SBC), em que ele distingue teoricamente sucesso objetivo do subjetivo. E a compreensão desses dois aspectos seria essencial para a percepção do entendimento do que seria de fato sucesso. Pois bem, Hughes afirma que:

"O sucesso objetivo é diretamente observável, mensurável e verificável por uma terceira pessoa. Seus indicadores são: *status*, prestígio, posição hierárquica, nível de poder, remuneração e outros marcos publicamente visíveis e reconhecíveis".

"O sucesso subjetivo, por sua vez, não é publicamente identificável: pode ser experimentado, reconhecido apenas pela própria pessoa. Seus marcos são estritamente internos, individuais e referem-se à satisfação de valores, aspirações e propósito de cada um".

Estudos comprovam que uma pessoa pode ter alto grau de sucesso objetivo, mas sentir-se insatisfeita no trabalho, pois os seus valores e sua missão profissional não estão sendo atendidos. Por outro lado, existem pessoas com elevado grau de satisfação laboral, mas devido à escassez financeira, tornam-se descontentes com sua carreira. Os níveis de sucesso objetivo e subjetivo variam de pessoa para pessoa. Portanto, não se pode afirmar que a pessoa é desprovida de sucesso – seja objetivo ou subjetivo – pois não se sabe os critérios que essa pessoa criou para si.

Acredito que o grande desafio do sucesso está no encontrar a proporção ideal entre os sucessos objetivo e subjetivo de cada um. Ou seja, ter clareza tanto do caminho a ser trilhado quanto da distância a ser percorrida é primordial.

O segundo passo: os valores

Os valores são os princípios que representam o estilo de vida de cada um. São os elementos que dão o norte em nossas vidas quando estamos perdidos ou estamos em dilemas sobre qual o melhor caminho a seguir. De forma simplória, seriam as coisas que você dá mais importância em sua vida, como por exemplo: respeito, individualidade, honestidade, comprometimento consigo, crescimento contínuo, família, sucesso, poder, dinheiro, liberdade, amor, compaixão, sabedoria, serenidade, independência, *status*, etc.

Imaginemos uma pessoa que trabalha 14 horas por dia. Ela pode ser extremamente feliz, caso o crescimento contínuo, o poder e o *status* sejam seus valores. Contudo, essa mesma pessoa pode ser extremamente infeliz, caso os seus valores sejam a família e o comprometimento consigo. A situação é idêntica, porém os estados emocionais gerados no indivíduo são absolutamente distintos.

Classicamente, os valores são divididos entre valores meios e fins. Por valores meios entendem-se como aqueles que são um instrumento para alcançar algo, como dinheiro. Na verdade, a pessoa quer o estado emocional que o dinheiro pode lhe trazer a exemplo de: segurança, liberdade e tranquilidade. São o caminho para um fim. Por outro lado, os valores fins são o estado emocional almejado em si, como sentir-se respeitado, ser honesto, ter sua individualidade preservada, etc.

A distinção entre esses não é meramente acadêmica, mas sim pragmática. Imagine a seguinte situação: uma pessoa trabalha arduamente durante anos e torna-se milionária. Contudo, ao atingir a meta financeira almejada, passa a se sentir completamente vazia e frustrada. Nessa hipótese, indaga-se: o que, de fato, essa pessoa queria que o dinheiro lhe trouxesse? Esse exemplo retrata o cuidado que devemos ter ao escolher nossos princípios, sobretudo se escolhermos nos guiar por princípios meios e não fins. Lembre-se ao pensar em princípios meios, o que esse valor pode lhe dar? Negligenciar essa ótica pode torná-lo um eterno insatisfeito com suas conquistas.

Nesse contexto, os valores exalam sua relevância em todos os papéis de sua existência, sejam estes como pai, mãe, irmão, filho, marido, esposa, profissional, amigo, etc. Aqui, não se trata de conhecer o significado, mas sim *to realize*, "dar-se conta" da magnitude do vocábulo valores (Cortella, 2017). Pois, mesmo sem perceber, ou saber de sua existência, eles estão ali, como um maestro, regendo as nossas vidas. Os valores interferem em nosso pensar, sentir e agir, atuando, assim, diretamente no ciclo da realidade de cada um.

Caso você ainda não tenha refletido ou tenha dúvidas quanto aos seus valores, transcrevo algumas perguntas do Livro de metodologia da Sociedade Latino-Americana de Coaching (SLAC, 2016), que poderão ajudá-lo nesta caminhada:

Se houvesse apenas três regras que todos teriam de seguir, quais seriam essas regras?
Pense nas vezes em que você ficou chateado. Quais valores foram desrespeitados?
Pense nas vezes em que você foi feliz. Que valores foram atendidos?
O que é para você ter uma vida rica e plena?
Pelo que você vai à luta?
Quem você admira? O que, exatamente, você admira nessa pessoa?
Qual a sua atividade favorita e por quê?

Por fim, a perfeita cognição dos seus valores é o primeiro passo para que você se torne o "autor de sua obra e não um mero expectador" (Cortella, 2017). Metodologias de *coaching* pregam que o conhecimento dos seus cinco principais valores, bem como da ordem hierárquica entre eles, é algo fundamental. Pois esses parâmetros morais podem ser a grande diferença entre uma vida com muito mais acertos do que erros.

O terceiro passo: o propósito

> "Uma vida com propósito é aquela em que eu entenda as razões pelas quais faço o que faço e pelas quais claramente deixo de fazer o que não faço." (Cortella, 2017)

A busca pelo propósito profissional é uma aspiração cada dia mais presente na Geração Y (nascidos entre 1978 a 1992) e na Geração Z (nascidos após 1993). Esta inquietude modificou por completo as relações no âmbito corporativo nas últimas décadas. Para grande parte das novas gerações, uma boa remuneração e estabilidade não bastam para caracterizar a carreira dos sonhos. Elas querem desafios, liberdade para criar, ter poder de decisão na corporação, negociar seus benefícios, poder liderar, ter uma identidade profissional. Em suma, querem se orgulhar do que fazem. Na busca dessas aspirações, os colaboradores mudam de emprego na mesma velocidade que trocam de *smartphone*.

O grande dilema é por que é preciso ter um propósito profissional? Por que é errado simplesmente trabalhar no piloto automático?

Em 1943, Abraham Maslow publicou *The theory of human motivation*, que o colocou como um dos fundadores do movimento humanista da psicologia. A teoria de Maslow tornou-se popular por ser impactante, de fácil compreensão e também por ser representada por meio de um desenho piramidal. De acordo com essa teoria, na base da pirâmide tem-se as necessidades mais básicas, e à medida que se sobe na escala piramidal, atinge-se o topo – que é uma vida de realização e plenitude.

Maslow defendia que as pessoas tinham necessidades motivadas por deficiências, tais como: fisiológicas (ar, comida, bebida, sono, exercício), de segurança (estabilidade, saúde, abrigo, dinheiro), de pertencimento (aceitação, amizade, intimidade, relacionamento), de autoestima (conquista, reconhecimento, respeito); e necessidades por crescimento, tais como: cognitiva (compreender, conhecer), autorrealização (alcançar o seu potencial pessoal máximo) e autotranscendência (ajudar os outros, ligar-se a algo além de nós mesmos). (*O livro da psicologia*, 2012)

Recorro à teoria das necessidades humanas como um elemento de embasamento científico, para provar a inevitabilidade de que todo indivíduo busca galgar na escala piramidal de Maslow, até atingir o nível que ele possa integrar-se consigo e tornar-se, exatamente, "aquilo que ele foi talhado para ser". (*O livro da psicologia*, 2012)

Nesse contexto, a International Stress Management Association, a mais antiga e respeitada associação sem fins lucrativos e a única com caráter internacional voltada para pesquisa e desenvolvimento de prevenção do estresse no mundo, apontou que, no Brasil, cerca de 80% dos profissionais ativos no trabalho estão insatisfeitos. (Sampaio, 2015) A gênese dessa colossal insatisfação tem inúmeras causas, dentre elas destaco a escolha profissional errada e a falta de propósito profissional.

Centenas de milhares de pessoas ao redor do mundo agem mecanicamente, como se fossem infindavelmente robôs, sem sentir. Dia após dia, sem dar-se conta da essência de suas atividades laborais, passam a negar, esquecer ou não acreditar nos seus talentos, competências e sonhos. Tornam-se doentes psíquica e/ou fisicamente, gerando um desmedido custo pessoal, familiar e social.

A jornada em busca do propósito é longa, nebulosa e muitas vezes dolorosa. Porém, abandoná-la, ou sequer iniciá-la, é um erro contumaz. Aos 25 anos de idade, fui nomeado para o cargo de procurador federal. Conquistei *status*, dinheiro, constituí uma linda família, mas com o correr dos anos o entusiasmo inicial foi, paulatinamente, se apagando. A semana passou a se arrastar, o final de semana era uma bênção, mas o fardo da segunda-feira era algo inexorável em minha vida. O automatismo havia me dominado, eu nunca havia pensado nas "razões pelas quais faço o que faço e pelas quais claramente deixo de fazer o que não faço" (Cortella, 2017). O *coaching* me fez ter visão de futuro, consciência de missão de vida e clareza dos meus valores. Aos 38 anos, eu consegui, verdadeiramente, dar-me conta do que eu fui talhado para ser. As segundas-feiras, atualmente, são como um dia qualquer da semana.

Se isso ainda não aconteceu com você, não se desespere. Pois você não precisa demorar 38 anos para descobrir os seus valores, a sua visão de mundo e a sua missão de vida. Hodiernamente, o acesso à informação vem pelo *Wi-Fi* com velocidade medida em gigabites, acessíveis em qualquer lugar do planeta. Existem centenas de métodos de desenvolvimento pessoal para apoiarem o seu autodescobrimento. Seja cartesiano, busque-os, seja curioso, siga em frente, transcenda essas linhas, tenha clareza do que quer, pois a vida é curta, passa rápido e acaba em um segundo.

A fim de dar um *start* em sua reflexão sobre o tema, sugiro que você responda calmamente e por escrito as perguntas abaixo:

Qual remuneração/pró-labore o faria se sentir feliz em sua carreira?
Qual tipo de satisfação que você busca obter na sua carreira?
Que função, exatamente, você quer exercer?
Com quem você quer trabalhar?
Quem você quer ajudar?
Fazer isso lhe dará inspiração todos os dias?
Você sente que tem uma capacidade especial para fazer isso?
Será que fazer isso é algo natural para você, sem demandar um grande esforço?
Gostaria de fazer isso durante uns 30 anos?

Cada questionamento acima foi escolhido, cuidadosamente, para que você pondere, ao máximo, sobre qual escada você deve eleger e quantos degraus você quer subir. A resposta poderá vir a sua mente com facilidade ou não, isso dependerá, exclusivamente, do nível de autoconhecimento que você tiver agora.

O último passo: a conexão

Acredito que uma das palavras mais poderosas do mundo é conexão. A história da evolução do homem está ligada intrinsecamente a essa palavra. Foi a conexão das tribos, do comércio, do câmbio, dos mercados, da ciência, da rede mundial de computadores, das redes sociais, etc., que fizeram a humanidade chegar a este patamar evolutivo que se encontra. Mas, e você, está conectado consigo?

Por fim, relato que "a história da raça humana está escrita nas histórias de vida de homens e mulheres que seguiram os desejos de seu próprio coração, realizaram o que foram singularmente qualificados para fazer, e o fizeram de corpo e alma. Não importa a situação em que você se encontra; essa possibilidade está aberta para você, agora" (Tracy, 2013).

Referências
Cortella, M. S. *Por que fazemos o que fazemos?* São Paulo: Planeta do Brasil, 2017.
Maslow, A. *Theory of human motivation*, 1943.
O livro da psicologia. São Paulo: Globo, 2012.
Robbins, A. *Desperte o gigante interior*. São Paulo: Editora Record, 2015.
Sampaio, M. *Coaching vocacional*. São Paulo: DSOP, 2015.
SLAC. *Livro de metodologia do Professional Coach Certification*. São Paulo: SF Trinamentos e Editora Ltda, 2016.
SBC, Sociedade Brasileira de Coaching. *Livro de metodologia Career Coaching*. São Paulo: SBC Coaching Editora, (s.d.).
Tracy, B. *O ciclo do sucesso*. São Paulo: Gente, 2013.

Advogados: como empreender em alta performance

Nos últimos anos, a advocacia tem se deparado com transformações significativas, que exigem dos profissionais conhecimento técnico apurado, atualização constante e olhar atento para as novidades. Romper a fronteira acadêmica, passar a entender de gestão e desenvolver o perfil empreendedor – eis o caminho, detalhado no artigo, para se obter destaque e êxito neste que é um dos mais concorridos setores

Rose Montenegro

Rose Montenegro

Profissional com mais de 28 anos de experiência, desempenhou papéis de liderança e contribuiu de maneira significativa no desenvolvimento de líderes e equipes, formando profissionais de alta performance. Consultora empresarial, *coach* e treinadora comportamental, utiliza seu estilo arrojado para ajudar empresas, executivos e advogados na carreira e no alcance dos objetivos. Com mais de cinco mil horas de treinamentos, *workshops* e atendimentos de *coaching*, é coautora do livro *Estratégias de alto impacto*, da Literare Books. Pós-graduada em Administração de Empresas – FGV. Especialista em *Marketing Estratégico* – FGV. Graduada em Administração de RH – UNIT. *Master Coach Trainer* pelo IBC, Certificação internacional: Behavioral Coaching Institute – BCI, Global Coaching Community – GCC, European Coaching Association – ECA e International Association of Coaching – IAC. Analista Comportamental e 360 graus. Treinadora Comportamental pelo IFT.

Contatos
www.rmconexao.com.br
rosemontenegro@rmconexao.com.br

Empreender é inovar; é saber explorar o produto ou serviço, é agregar valor para o cliente, é ajudar a resolver problemas. A resistência ao empreendedorismo tem aprisionado muitos advogados em sua masmorra arcaica, fazendo com que entreguem uma advocacia há muito superada, mediana, sofrível. Muitos estão vivendo a advocacia romântica, aquela que foi eficiente quando se tinha baixíssima concorrência. Entretanto, vivemos em um mercado competitivo e exigente, fruto da explosão tecnológica. Com isso, os últimos anos exigiram mais resultados da advocacia. Se você é advogado, autônomo ou sob condição societária, você é (ou deveria ser) empreendedor.

Desenvolva um *mindset* empreendedor

Acredite, não mudamos de fora para dentro. É preciso promover uma mudança interna, por meio do autoconhecimento, quebrando paradigmas, transformando crenças limitantes em crenças fortalecedoras, ou seja, mudando o *mindset*.

Você está satisfeito (a) com a vida que tem levado? O que gostaria de mudar em sua advocacia, mas até agora não conseguiu?

Para obter resultados diferentes, as mesmas ações jamais funcionarão. O autoconhecimento, portanto, é a chave-mestra para conquistar seus objetivos.

Mas, o que é *mindset*?

Diversas traduções servem para explicar o termo: modelo mental, atitude, paradigma, maneira de pensar, processo mental, crenças. A PNL e a psicologia cognitiva definem as crenças como a relação entre aquilo que está registrado na mente e programado no cérebro, por meio das seguintes perspectivas:

- Conjunto de pensamentos ou interpretação de estímulos a situações externas;
- A maneira como a pessoa se vê, julga e compreende as coisas ao redor;
- A capacidade de perceber as próprias qualidades e potencialidades, limitações e fraquezas.

Quando nos deparamos com adversidades, a porção racional da mente, com o intuito de nos defender, envia mensagens de defesa:

Você não vai conseguir! Desista, isso vai dar muito trabalho! O outro advogado é mais experiente. Você não terá sucesso na audiência! Você acabou de se formar, não sabe nada! O mercado está saturado! Você não tem experiência para advogar!

Talvez o maior "adversário" não esteja fora, na concorrência, mas dentro de você; destruindo sonhos, limitando ações, impedindo vitórias. Crenças positivas são aquelas que determinam ao cérebro capacidade, merecimento, condições de realização, enquanto as negativas estabelecem fracasso, limitação de ação, não merecimento, percepção de derrota e impedimentos variados.

Responsabilização

É a crença de que você é responsável pelo sucesso ou fracasso obtido. É a convicção amadurecida de que nada é por acaso, e o que fazemos ou deixamos de fazer é uma questão de decisão e se reflete nos resultados de amanhã. Adote o cuidado de não fazer parte do time que arruma desculpas, que "culpa" a crise, o mercado, o desemprego, a morosidade da justiça, a falta de tempo, a concorrência desleal, a infância difícil, a falta de oportunidade ou a equipe que não ajuda. Embora tudo isso possa aplacar a frustração, em nada vai mudar o resultado.

Como gerar valor por meio da segmentação

A concorrência setorial exige algo incomum à maioria, além de estratégias para atrair e reter novos clientes. Segmentá-los é o ideal. O código de ética veda qualquer ação de propaganda, mas o *marketing* jurídico, com caráter informativo, pode e deve ser explorado.

Ao segmentar clientes e escolher um nicho específico, os advogados se posicionam como especialistas. Pensemos: quando surge um problema específico na saúde, a quem procuramos? Ao especialista ou ao clínico geral? É o posicionamento setorial que ajuda a direcionar o *marketing* de conteúdo dos advogados.

O novo relacionamento com os clientes

Eis uma demanda que merece ininterrupto foco. Confira seis ações fundamentais: 1) Tenha interesse genuíno pelo problema do cliente; 2) Mantenha-o informado e atualizado; 3) Crie o hábito de dar *feedback*; 4) Fale a linguagem do cliente; 5) Cuide de sua imagem pessoal; 6) Quando atender, não se distraia, faça o cliente sentir-se único, desligue o celular e avise à secretária que não pode ser interrompido.

Como gerar autoridade

Produza conteúdo que desperte a atenção dos clientes fidelizados e daqueles que são clientes em potencial. Use as mídias sociais e produza contribuições ao público-alvo. Dessa forma, não se infringe o Código de Ética da OAB. Participe de associações, ministre palestras, inscreva-se nos grupos de interesse em seu serviço, escreva e publique artigos, tenha um site claro, dotado de informações atuais e relevantes.

Planejamento estratégico

O planejamento é uma ferramenta organizacional indispensável, que norteia as ações gerenciais com um plano definido e bem estruturado de objetivos e metas. Dessa forma, reduz os erros durante a elaboração. O ponto de partida para desenvolver um planejamento estratégico requer três etapas básicas e cinco avançadas:

Etapas básicas

Definir a missão, a visão e os valores da empresa; encontrar o propósito; aferir onde pretende que o seu escritório chegará.

Etapas avançadas

Análise do ambiente interno, forças e fraquezas do escritório ou do profissional; análise do ambiente externo, oportunidades e ameaças para o escritório; definição de objetivos e metas, ou seja, o que o escritório pretende alcançar; onde e quando pretende chegar. É imprescindível identificar o público-alvo para cada ação e objetivo; realização de *feedback* e controle, onde os interessados verificam os resultados do planejamento estratégico.

Missão

É a razão de existir do negócio. A missão deve responder o que seu escritório se propõe a fazer, e para quem. Por exemplo: oferecer serviços jurídicos com excelência, por meio de soluções inovadoras que proporcionam resultados expressivos e garantem a satisfação dos clientes.

Defina a missão do escritório

1- Quais serviços ou produtos o escritório oferece?
2- Qual é a contribuição ou importância para a sociedade?
3- Qual é a posição de mercado que o seu escritório deseja ter?

4- Qual é o diferencial de sua oferta para o mercado e para a sociedade?

5- O que será do mercado sem o seu serviço/produto?

6- Refletindo sobre cada item, escreva em uma frase a declaração de missão do seu escritório.

Visão

É como a empresa se vê no futuro. É o sonho da organização em longo prazo. É aquilo que se espera ser num determinado tempo e espaço. É usada também como guia para realizar a missão e definir as metas. Por exemplo:

Ser referência no Estado e nos segmentos de atuação, ser reconhecida como um escritório inovador.

Defina a visão do escritório

1- O que o seu escritório há de se tornar? Ex.: referência setorial, líder de mercado, modelo de negócio.

2- Para qual direção e nicho de mercado deseja apontar os seus esforços?

3- Quanto se dispõe a investir nisso?

4- Em quanto tempo se espera atingir o estado desejado?

5- A quem pretende atender?

6- Refletindo sobre cada item, escreva em uma frase a declaração de visão do seu escritório.

Valores

São os princípios éticos que norteiam todas as ações do escritório. São crenças que servem como guias. São critérios para bussolar as atitudes e decisões de todos; um balizador na tomada de decisões e na busca dos objetivos alinhados com a missão, em direção à visão. Indica o padrão de comportamento aceitável e como se dará a busca pela excelência. Ex.: transparência, ética, excelência e responsabilidade.

A tríade organizacional missão, visão e valores, no entanto, precisa ser vivenciada. Não deve resumir-se a uma placa na parede, mas compor a congruência no cotidiano das ações, para que seja possível obter comprometimento e engajamento de todos os envolvidos.

Defina os valores do escritório

1- O que seu escritório considera como intolerável ou inegociável?

2- Quais as principais qualidades que distinguem o seu serviço ou produto?

3- O que se espera dos sócios, estagiários e parceiros do escritório?

4- Qual a história de sua advocacia, como surgiu, de onde veio?

5- Refletindo sobre cada item, escreva uma lista com no máximo quatro valores inegociáveis do escritório.

Matriz SWOT na advocacia

SWOT é um clássico da administração estratégica. É o mapeamento do ambiente interno que classifica pontos fortes (*strengths*) e pontos fracos (*weaknesses*); e do ambiente externo, para descobrir as oportunidades (*opportunities*) que podem ser aproveitadas e as ameaças (*threats*) que devem ser minimizadas.

Forças: são as vantagens em relação aos concorrentes. Podemos dizer que refletem as características positivas mais relevantes do escritório ou do profissional. Por exemplo: as instalações do escritório ou a motivação do advogado.

Fraquezas: são as características internas que interferem no desenvolvimento do negócio ou do profissional, como a ausência de um *software* de gestão, a diminuta carteira de clientes ou o pessimismo do advogado.

Oportunidades: aspectos externos que influenciam e potencializam o negócio, forças que, bem convertidas, podem contribuir de forma significativa e trazer vantagem competitiva ao escritório.

Ex.: os escritórios de concorrentes tradicionais não costumam fazer *marketing* jurídico.

Ameaças: oposto das oportunidades, reflete os aspectos externos incontroláveis, com potencial para comprometer a vantagem competitiva. Devem ser tratadas com cuidado, para não prejudicar o planejamento ou os resultados. Ex.: concorrentes mais experientes ou aumento dos impostos.

Faça o cruzamento das respostas, veja qual estratégia vai trazer maior impacto positivo para o seu negócio e monte o plano de ação.

Estratégia ofensiva: pontos fortes x oportunidades
Estratégia de confronto: pontos fortes x ameaças
Estratégia de reforço: pontos fracos x oportunidades
Estratégia de defesa: pontos fracos x ameaças

Ferramenta 5W2H: plano de ação mais eficaz

Após a definição da análise SWOT, detalhar cada passo é importante. O método mais utilizado para organizar o plano de ação tem por base a ferramenta 5W2H, que auxilia o mapeamento detalhado das atividades, do início ao fim, para alcançar suas metas. Confira as definições e comece a montar o seu. Siga a organização e responda cada questão com o impacto e a sinceridade que o seu escritório merece:

• *What* – O que deve ser feito? – descreva as etapas necessárias para atingir o objetivo proposto, sem usar expressões vagas como "vários" ou "diversos".

• *Why* – Por que será feito? – o executor do plano de ação deve justificar a necessidade de se alcançar o objetivo definido.

• *Where* – Onde será feito? – deve-se determinar onde serão executadas as tarefas para a concretização do plano. No escritório, em campo, numa bateria de visitações?

• *When* – Quando será feito? – a data determinada para finalização de todas as ações garante que sejam executadas no prazo combinado, em favor do objetivo.

• *Who* – Por quem será feito? – com equilíbrio, delegue as atividades para cada profissional, sem a atitude de centralizar, mas sem "rifar" as ações.

• *How* – Como será feito? – estabeleça os métodos necessários para a execução de cada etapa proposta no plano de ação.

• *How Much* – Quanto custará fazer? – no valor investido para executar as etapas exigidas, deve-se incluir recursos financeiros, logísticos e humanos.

Depois de implementar o plano de ação, acompanhe e corrija possíveis desvios. Existem ferramentas importantes para esse acompanhamento. Uma das mais eficientes é o PDCA, disponível em meu site, gratuitamente, junto com outras ferramentas.

Resultados obtidos com o *coaching* para advogados

Dedico-me integralmente ao *coaching*, atendo aos advogados em início de carreira, e também àqueles com a carreira consolidada. São demandas diferentes, mas os ganhos são similares, segundo o próprio relato desses clientes:

Aumento de autoconfiança, o que impacta nas audiências; implementação de gestão, que contribui para o controle financeiro; desenvolvimento da liderança, que melhora a comunicação interna e externa; relacionamento com o cliente satisfatório, que aumenta a carteira; aumento da produtividade e elevação da qualidade jurídica, que corrobora sua presença no mercado; alinhamento dos processos administrativos, que reduz o retrabalho; planejamento com objetivos e metas claras, que favorece o clima sinérgico, o comprometimento e a motivação da equipe. Implantação de pós-venda, que dá frutos ao escritório, garante a satisfação e a fidelização do cliente. Que tal fazer contato e contar com tudo isso para alavancar o presente e fortalecer o futuro de seu escritório?

Referências

CARVALHO, Gustavo. *Neurociência-coach*. Rio de Janeiro, 2017.

IBC. *Business and executive coaching*, Apostila. São Paulo, 2013.

37

Por que você não chega lá?

Conheça como as crenças limitantes são criadas ao longo da nossa vida e como atuam no nível inconsciente de forma a sabotar nossos esforços, em particular quando se trata da nossa relação com o dinheiro, em nossa busca pela prosperidade. Reconhecer tais crenças e transformá-las de forma a converter um comportamento sabotador em um comportamento colaborador é uma tarefa viável e libertadora

Samir Trad

Samir Trad

Possui mais de 15 anos de experiência atuando como *coach*, facilitador de treinamentos diversos e de liderança e consultor de Desenvolvimento Organizacional por meio dos indivíduos. Atuou por mais de 20 anos como executivo em empresas de conteúdo tecnológico, como Compaq e Sid Informática, em áreas como produtos, planejamento de negócios, *Supply Chain*, operações e *e-Business*. É *coach* certificado ICF pelo EcoSocial, *Practitioner* em PNL, formado em Consultores Internos e Aprofundamento pela ADIGO, formado em *Black Belt* para Melhoria de Processos pela UNICAMP, mestre em Administração pela USP e engenheiro formado pelo ITA. Atualmente é sócio-diretor da Via Solis Consultoria, dedicando-se ao tema da relação dos indivíduos com o mundo econômico. É coidealizador do *workshop* Biografia e Dinheiro em parceria com Tânia Matos.

Contatos
samir.trad@viasolis.com.br
samir.trad@gmail.com
LinkedIn: https://www.linkedin.com/in/samir-trad-58b1a4/
Skype: samir.trad13
(11) 2803-1317
(11) 98065-3995

Como crenças limitantes atuam sabotando seus esforços

Acredite se quiser, é aí que tudo começa, na sua crença. Estamos aqui falando de prosperidade. Por que pessoas como você e outros tantos homens e mulheres, que se prepararam para uma profissão e encontraram situações propícias, não são bem-sucedidos financeiramente?

O fato de você ter se preparado para atingir o sucesso conta muito, sem dúvida. Anos de estudo, essa atenção que você dedica examinando as oportunidades do mercado, o fato de você ter se municiado de ferramentas, isso tudo é necessário. Mas não é suficiente! Todo seu esforço pode vir abaixo se você, em seu íntimo, tiver crenças limitantes atuando de forma sabotadora e inconsciente. A boa notícia é que o sabotador pode ser transformado em colaborador na medida em que as crenças limitantes são identificadas, compreendidas e ressignificadas em um novo contexto.

Você e eu temos crenças que vão além daquilo que conseguimos dar nome e explicitar a alguém. Elas são sempre verdadeiras para nós e, sem percebermos, agimos de acordo com elas de forma praticamente automatizada. Nós não podemos evitar que elas se manifestem, mas podemos alterar as bases sobre as quais elas atuam. É disso que vamos tratar nesta conversa.

Piloto automático

Imagine que viver é conduzir o barco da sua vida por um grande oceano. Você é o piloto consciente desse barco, faz seus planos, estabelece o roteiro de viagem dando a direção que deseja e preparando-se para a jornada, mas não alcança o destino que traçou. Acontece que você não é o único a pilotar esse barco, pelo menos não conscientemente. Quando você se distrai ou reduz seu estado de consciência, quem assume o leme é você mesmo na sua versão mais próxima do inconsciente.

Se em seu inconsciente existirem crenças que não se alinham com seu objetivo consciente, o piloto inconsciente vai sabotar a viagem impedindo ou dificultando que você chegue lá. Veja na Figura 1 como se passa tudo isso. O piloto em cima do barco é a sua versão consciente. Repare que você navega em direção ao seu objetivo. Quando você se distrai ou "baixa a guarda" do seu estado de alerta, o piloto inconsciente, que está na parte de baixo, assume o leme e desvia o barco para outra direção.

Figura 1 - Piloto inconsciente com postura sabotadora.

O que faz o piloto de baixo olhar em outra direção é a existência de uma crença íntima que não se alinha com seus desejos conscientes. Quanto mais intenso for esse desalinhamento, maior será a sabotagem que o piloto inconsciente fará, indo até mesmo na direção oposta ao que você planejou.

Construindo crenças

Como é possível que existam crenças que não estão alinhadas com o que você acredita e deseja? Justamente por estarem no seu nível inconsciente.

Suas crenças o protegeram e o ajudaram a se manter vivo e a chegar aonde você chegou, mas hoje elas podem torná-lo cego para certas coisas que estão à sua volta. As crenças que temos foram construídas em grande parte pelo que recebemos dos nossos pais e da nossa família. Naturalmente, evoluímos nossas crenças a partir das experiências que temos ao longo da vida. Experiências boas e ruins, todas contribuem para isso.

Nossas crenças têm origem nas fontes mais diversas. Quer um exemplo? Compare a linguagem que temos com a dos norte-americanos. Quantas vezes você já se queixou da dificuldade de ganhar dinheiro? Afinal, ganhar dinheiro é difícil, certo? Pois bem, há algo sutil aqui que não se trata de dificuldade ou de facilidade. Trata-se de ganhar dinheiro. Isso mesmo! Na língua portuguesa, falamos ganhar dinheiro. É possível perceber a semente de uma crença reconhecendo no significado da palavra usada que, se alguém ganha, então alguém perde.

Há um componente subliminar me alertando que, para o dinheiro vir na minha direção, deixará de ir para outra pessoa. Sem juízo de valor, é como se eu entendesse que para eu ter esse dinheiro (ganhar), alguém tem de perdê-lo. Ou posso entender "ganhar" como o resultado de uma disputa de algo limitado, que está sendo concorrido por mim e todos os demais: o dinheiro. Daí só um pode "ganhar", ninguém mais.

Isso é um prato cheio para despertar o desalinhamento, que pode gerar o comportamento sabotador do piloto inconsciente: enquanto o piloto consciente navega na direção de "ganhar" dinheiro, o piloto inconsciente navega na direção de perdê-lo para não prejudicar outras pessoas. Resultado: você não chega lá.

Há uma esperança: transformar a postura sabotadora do piloto inconsciente em uma postura de colaboração. Veja como os norte-americanos se referem a essa mesma situação: eles dizem *"make money"*. A tradução literal é que eles fazem dinheiro. Ora, aqui não há risco de o dinheiro deixar de ir para alguém se agora eu faço dinheiro.

Não há mais a condição de que para eu ter dinheiro, alguém precisa perder. Tampouco se sustenta a ideia de um recurso limitado sendo disputado por várias partes. Dentro da lógica das crenças, não existe a mesma limitação, e o piloto inconsciente pode manter o curso do barco para você fazer dinheiro, ou, se preferir, para gerar riqueza sem causar pobreza. Neste caso, não existe crença limitante, e o piloto inconsciente tem postura de colaborador.

Perceber as crenças transmitidas pela nossa língua materna se constitui em um bom ponto de partida. Por ter caráter geral, tais crenças são relativamente fáceis de se identificar. O caminho se torna mais complexo à medida que nos afastamos da generalidade de uma nação e nos aproximamos das peculiaridades de uma geração, do seio de uma família e, principalmente, da individualidade de um cliente.

Chegando mais perto

Você certamente já ouviu de um brasileiro, ou quem sabe já pronunciou frases como: "alguém tem que resolver isso" ou "o governo tem que resolver esse problema". Aqui há certamente uma contribuição do que conhecemos como Getulismo, que nasceu quando o povo brasileiro recebeu a política pública de Getulio Vargas. A ideia de uma onipresença do Estado Nacional e de que o governo é como pai para o povo seguramente contribuiu para a crença de que alguém deve cuidar de mim.

Acreditar intimamente nisso é diminuir meu protagonismo diante da vida e minha versão inconsciente sabe disso e atua coerentemente, deixando-se a mercê de um poder maior. Com isso, o piloto inconsciente freia a pilotagem do meu barco. Nesse aspecto, o Getulismo contribui para o *locus* externo em casos onde o verdadeiro *locus* é interno, ajudando a construir crenças limitantes.

Nossa herança cultural e certos períodos históricos não são as fontes mais poderosas de crenças. As mais fortes vêm da nossa história familiar. Tendemos a receber como verdade absoluta aquilo que ouvimos das pessoas que mais amamos, especialmente quando somos muito jovens. O que aconteceu com nossos pais tem muito mais peso, especialmente se isso nos afetou quando criança. Veja o que aconteceu com a Paula, uma de minhas clientes.

Ela não compreendia a razão pela qual não era bem-sucedida do ponto de vista de dinheiro e patrimônio e estava angustiada com isso. Ela é uma advogada respeitada que trabalha em um escritório de renome e é reconhecida pela sua competência profissional. Ela recebe um bom salário, mas não tem patrimônio nem bens e se ressente bastante disso. Ela é uma profissional preparada atuando em um cenário favorável, o que ela mesma reconhece ao se comparar com seus colegas de trabalho.

Usando a imagem do barco, o caso dela era a do piloto inconsciente que atua de forma sabotadora indo no sentido contrário ao do que ela deseja. Todo o esforço que ela fazia para alcançar sucesso financeiro era inconscientemente desfeito por uma força que a fazia gastar todos os seus recursos sem que ela percebesse. Foi a partir de um trabalho de identificação de crenças que ela percebeu a crença limitante que a sabotava.

Na época em que ela tinha oito anos, seus pais planejaram trocar a casa da família por uma maior. A venda da casa antiga havia sido concluída e o comprador já havia pagado por ela. Restava apenas concluir a compra da casa nova. Não foi o que aconteceu. Antes que se efetivasse a compra, foi decretado feriado bancário e instituído o que veio a ser conhecido como Plano Collor. Era dia 16 de março de 1990.

Com esse plano econômico, todos os depósitos bancários que excediam um certo valor foram congelados (confiscados), incluído aí o valor da venda da casa. Claro que a compra do novo imóvel não foi feita, mas a venda da antiga casa, sim. Paula e sua família ficaram sem casa e sem dinheiro. No período difícil que se seguiu, Paula ouviu repetidas vezes de seus pais que não valia a pena guardar dinheiro, que tudo o que se guarda acaba sendo retirado de forma abrupta, inesperada, injusta. Estabeleceu-se assim a crença limitante.

Paula se desenvolveu com um desalinhamento entre a vontade consciente de se tornar bem-sucedida, construindo um patrimônio pessoal na vida, e uma crença inconsciente que lhe dizia para não guardar dinheiro e recursos. Ela não tinha consciência disso. É assim que atua a crença limitante.

Foi num *workshop* sobre biografia e dinheiro que ela pôde se confrontar com isso ao recuperar sua história. Amparada por um processo cuidadoso de resgate, ela reconheceu em seu íntimo a instalação da crença limitante e sua atuação. Compreendeu, então, que se encarregara inconscientemente de gastar tudo que recebia para evitar o risco de um novo confisco. Ela se autossabotou no decorrer de sua vida profissional, para a qual tão bem havia se preparado. Ficou claro para ela por que não conseguia construir seu patrimônio.

Ora, você pode pensar que é um absurdo alguém ficar com esse temor depois de 27 anos e que, além do mais, há maneiras alternativas de se construir patrimônio valendo-se da capacidade que essa profissional possui. Você pode achar ridículo que isso aconteça. Pois, acredite, Paula pensava assim.

Não há nada de misterioso aqui. Ocorre que Paula não percebeu isso a não ser quando se debruçou sobre suas próprias crenças. A descoberta que ela teve foi ao mesmo tempo surpreendente e libertadora. A solução que ela buscava estava dentro dela mesma, apenas não era vista. Com o processo de resgate de sua história, ela pôde ressignificar aquilo que ela ouvia de seus pais num novo contexto, possibilitando um alinhamento entre as vontades consciente e inconsciente. Deu-se assim o alinhamento de objetivos e o piloto inconsciente passou à postura de colaborador.

Casos como o de Paula estão em todo lugar. Pode ser um vizinho que em sua infância ouvia que o dinheiro deve vir com o "suor do nosso rosto" e que tem se esforçado arduamente e sem sucesso para alcançar a prosperidade. Pode ser que ele tenha ignorado a possibilidade de ganhar dinheiro com seu *hobby* preferido, pois ele faz isso com prazer, sem transpirar. É possível até que não tenha acreditado em uma proposta real de trabalho ganhando dinheiro fazendo o que gosta. E tudo isso ocorre de forma inconsciente.

Alinhando os pilotos

Quando você vem falar comigo, você traz o que deseja conscientemente. Você não me conta os seus desejos inconscientes. Ainda que eu possa desconfiar de mecanismos de autossabotagem, eles precisam vir à tona por você. De outra maneira, não haverá descoberta. É você quem ilumina o piloto que está oculto.

É necessário um processo de investigação das crenças limitantes apoiado por um trabalho de autoconhecimento centrado no resgate de sua biografia. Foi assim que aconteceu com a Paula. Num método com base na Antroposofia, investigamos juntos os eventos que cunharam os alicerces da sua individualidade e que condicionam os padrões estabelecidos na sua relação com dinheiro e patrimônio, trazendo assim consciência às crenças. Crenças limitantes podem ser ressignificadas diante de um contexto ampliado. É dessa forma que o piloto inconsciente se alinha, deixando de sabotar a viagem e passando a colaborar na sua condução. Essa é a situação retratada na Figura 2.

Figura 2 - Piloto inconsciente com postura colaboradora.

Quando a Paula ressignificou sua crença limitante, a angústia por não alcançar seu objetivo deu lugar a uma serenidade interior que a acompanha na viagem. Sem alarde, começa a haver alguma sobra de recursos – algo que não havia antes. Ela agora percebe que caminha em direção ao porto de destino. Além dessa serenidade, ela fala em se sentir poderosa por conta de ter se apropriado de algo que sempre esteve com ela.

É esse o ganho que acontece quando você se apropria da sua própria biografia e a relaciona com os sabotadores que o estão limitando, freando ou o impedindo de navegar em direção à sua prosperidade. Reconhecer o poder que sempre esteve com você faz parte do processo de alinhamento para seguir a direção desejada, e isso só é possível quando você identifica suas crenças limitantes e amplia o significado num novo contexto, coerente com seus anseios. Desta forma, se você se preparar para a viagem, você chegará lá.

38

Fatores, leis e necessidades que governam nossas vidas e que fazem um *coach* ser bem-sucedido!

Este capítulo apresenta informações prévias à prática do *coaching*; são pré-requisitos ao conhecimento que um bom *coach* deve dominar, antes do início da aplicação e utilização das ferramentas do *coaching*. Vamos falar de alguns fatores, leis, necessidades e processos que governam o nosso dia a dia e, muitas vezes, são negligenciados, comprometendo o nosso sucesso. Não basta apenas conhecer as técnicas, há conhecimentos anteriores relevantes a serem considerados em nossas atitudes profissionais e pessoais

Sandra Maria Souza e Silva

Sandra Maria Souza e Silva

Psicóloga, *coach*, consultora em Gestão de Pessoas. Mestre em Educação (UAA). Pós-Graduada em Administração em Recursos Humanos (FAAP) e Metodologia do Ensino Superior (UNIRON). Bacharel em Direito. Com 20 anos de experiência na área de GP, atuando nos ramos da Indústria, Comércio e Prestação de Serviços. É docente em Ensino Superior há 17 anos. Marília/SP.

Contatos
www.sandracrh.com.br
contato@sandracrh.com.br
(14) 98145-7766 / (14) 2105-0086

Etapas emocionais do processo de aprendizagem

Partindo do princípio de que o processo de *coaching* é um processo de aprendizagem, de mudanças comportamentais, de aquisição e desenvolvimento de novas habilidades e competências; conhecer os estágios emocionais da aprendizagem irá potencializar os resultados do processo do *coaching* para seu cliente e para você, *coach*!

1º Estágio - Inconsciente: quando há total ignorância sobre um assunto, não sabemos nada, nem sabemos que não sabemos. De repente o tema surge, ficamos curiosos e vamos investigar. A curiosidade impulsiona a querer descobrir sobre o tema; a investigação se inicia e entra no estágio seguinte.

2º Estágio - Confusão: a investigação te conscientiza que "sabe que não sabe" e a confusão se instala quando se depara com as dificuldades, barreiras e inúmeras informações que chegam de forma confusa, isso desencadeia um estado emocional desfavorável, nervosismo, agressividade e alguns desistem de aprender. Ao perceber esse estado emocional no seu cliente você deve ajudá-lo a superar, motivá-lo, e passe ou ajude seu cliente a passar rapidamente, para o próximo estágio. Brinque, se possível, com essa confusão e deixe-o fortalecido, motivado. Pense: "Ah, se alguém aprendeu, eu também posso!" E a confusão se desfaz, e o comportamento novo surge.

3º Estágio - Competência consciente: o estado emocional aqui é o *insight*; quando a aprendizagem se conclui, mas o comportamento precisa ser repetido: é treinar, treinar e treinar até fazer "sem pensar".

4º Estágio - Competência inconsciente: o estado emocional é a excelência, fluidez, você nem sabe que já sabe. O comportamento aprendido acontece sem pensar, de maneira automática, de forma natural.

Mesmo considerando que algum estágio de aprendizagem é tenso, chato, maciço, não precisa ser assim, pois o *coach* tem que ter o papel de facilitador, mediador, sem influenciar, sugerir ou criticar!

Fatores que influenciam nossas conquistas

Veja como o assunto é importante!!! Alguns fatores que governam as nossas decisões, que fazem a gente ser bem-sucedido na vida, ser uma pessoa de sucesso é: ter foco no futuro!

1º fator são as nossas fisiologias: como você se comporta diariamente? Qual é a sua fisiologia diária? Cabisbaixo, desanimado ou ereto, cabeça erguida animado? Você já viu alguém dizer que está triste e posicionar-se ereto, de peito estufado e cabeça erguida? Claro que não; porque a nossa fisiologia fala mais do que as palavras!

Dificilmente irá atrair clientes se apresentar-se fisicamente desmotivado, triste, cansado, mesmo se o seu discurso for genial e frenético. Você deve estar sempre com a postura positiva: em pensamento e gestos. Isso vai potencializar o seu sucesso.

2º fator é o foco. Nós temos três tipos de foco: no passado, no presente e no futuro. A) O foco no passado não serve para nada, a não ser pelas experiências, por aquilo que aprendeu. Quanto mais rápido você souber o que aprendeu com o passado, melhor será o seu foco no futuro. B) O foco no presente é ficar preso nos coisas ruins que estão acontecendo. Coisas boas e coisas ruins estão acontecendo o tempo todo. Pessoas são bem-sucedidas, não porque coisas boas acontecem com elas, mas porque elas não ficam presas nas coisas ruins. Não importa qual seja o seu momento hoje, sempre existem coisas boas e coisas ruins, sempre existem as duas faces da moeda... Em qual face você vai focar? Qual lado você vai focar para que realmente possa tomar decisões na sua vida; decisões que vão em direção aos seus objetivos? Você deve focar no lado positivo, sempre! C) O foco no futuro. Se você realmente sabe aonde quer chegar, consegue isso focando no futuro; mas as pessoas não sabem onde querem chegar... elas acordam diariamente, cheias de opções, repletas de oportunidades e não sabem o que querem: "Ah, eu posso fazer isso, posso fazer aquilo..." Por isso temos que trabalhar o foco no futuro! Quanto mais foco tiver no futuro mais controle terá de sua vida. O seu futuro deve pertencer a você, e é você quem deve ter o controle da sua vida! Quando você foca no futuro com planos corretos, com caminhos corretos, consegue o que quer. Isso vai potencializar o seu sucesso.

3º Fator: é a LINGUAGEM. Não estou falando da linguagem escrita, falada, aqui é a linguagem de comunicação consigo mesmo e não com os outros. É linguagem que você tem internamente; que usa para resolver problemas, solucionar questões, tomar decisões... Qual é a ordem, a estrutura e o pensamento que você tem?

A linguagem interior que você tem no seu dia a dia

Você já percebeu o impacto que a sua comunicação interior causa em sua vida? Se você prestar atenção vai perceber que o tipo de linguagem que você usa consigo mesmo resulta num estado emocional/sentimento. Essa linguagem é composta pelas imagens que temos no cérebro, pelos sons internos e pelas palavras que usamos para nominar as experiências. Basta você se lembrar de uma experiência qualquer em sua vida e irá perceber que essa lembrança possui estes três componentes: palavras, sons e imagens. A linguagem interior dirige nossa atenção e nos ajuda a criar nossa realidade, potencializando ou limitando nossos talentos. É importante vigiar este tipo de linguagem porque estas palavras podem dificultar nossa comunicação e gerar limitações em nossas vidas:

Não: a palavra que mais ouvimos quando éramos crianças qual é? Isso mesmo! É a palavra "não". E obviamente que a palavra mais negativa do mundo é a palavra não. Mas preste atenção que o problema não é a palavra "não", mas como internalizamos ela. O "não" é uma abstração. O "não" existe apenas na linguagem e não na experiência. Por exemplo, "não pense em não..." (não vem nada à mente, você fica esperando, "não pensar em quê?"). Agora "não pense em uma girafa vermelha com bolinhas rosas". Eu pedi para você não pensar na girafa e você pensou. O problema do "não" é que o cérebro, para não pensar, precisa primeiro pensar. A frase que contém "não", para ser compreendida, traz à mente o que está junto com ela. Portanto, se você falar muitas palavras "não" para si mesmo, acaba concentrando no que não quer, e isso direciona sua percepção, aumentando as chances de manifestar em sua vida aquilo que não quer. Uma dica importante: procure falar no positivo, diga o que você quer e não o que você não quer. Exemplo: "Não quero engordar", mude para "quero emagrecer x quilos". "Não quero ter medo", mude para "quero ter coragem".

MAS: cuidado com a conjunção mas, ela é adversativa e nega tudo que vem antes. Tudo o que você diz antes do "mas" representa um estado. Quando você pronuncia o "mas" o estado muda. Exemplo: "Quero fazer outra faculdade, mas não tenho dinheiro". O "mas" é sinônimo de restrição e de impossibilidade. Substitua-o por: vou, quero...

Tentar: nas palestras que realizo Brasil afora, enfatizo para as pessoas que evitem usar com elas próprias a palavra tentar, principalmente quando definem algum objetivo. O "tentar" pressupõe a possibilidade de falha, ou acerto, mas qual é o estado que deixa no cérebro? Estado de insegurança e dúvida. Exemplo: "Vou tentar chegar mais cedo". Mude para "vou chegar mais cedo". Não tente, faça.

Devo, tenho que, preciso: cuidado para não gerar obrigação excessiva com o uso dessas palavras. Essas palavras pressupõem que algo externo controla sua vida e o estado gerado pode ser negativo. Exemplo: "Tenho que estudar mais", ou "tenho que ganhar mais dinheiro, "preciso chegar mais cedo". Note como muda a qualidade do pensamento e do sentimento substituindo por "quero, decido e vou". Por fim, vigie suas palavras interiores. Crie uma nova realidade para si, começando a mudar as palavras que você usa internamente.

Ilustrando a linguagem interior no mundo do *coaching*, podemos citar alguns fenômenos, tais como:

1 - Crença limitante: são todas aquelas "verdades" que as pessoas internalizam e que não as deixam "crescer". Ah, eu não sou inteligente, não consigo... Na maioria das vezes, essas crenças não têm fundamentos, não se sustenta, mas elas existem dentro de você. Quais são suas crenças limitantes?

2 - O segredo do êxito: o que é necessário para você ter êxito na vida? R.: Vontade, saúde, conhecimento, técnica, planejamento etc. Se você colocar tudo isso numa cesta e levar para casa, você vai ter êxito? Que coisa externa a pessoa precisa para ter êxito? R.: Demanda, cliente, dinheiro, cenário favorável, o meio, apoio da família... A maioria das pessoas responde e usa isso como crença limitante, dizendo que o meio não oferece oportunidade... Está certo, o meio é um fator para o êxito, mas não podemos usar isso como responsável pelo êxito ou fracasso!

As pessoas não acreditam que todos os recursos necessários para ter êxito estão disponíveis e só dependem de elas adquirirem conhecimento, tempo, dinheiro, pessoas, todo o necessário. Elas têm que criar Estratégias e Planejamento para suprir essas necessidades. Existe ainda um terceiro elemento que se junta aos recursos internos e externos, que é o *coach*.

Ser *coach* é profissional que une os talentos, desenvolve as competências e te ajuda a planejar e elaborar estratégias de quer chegar! Ser *coach* é fazer a diferença na vida destas pessoas. O *coach* sempre trabalha com um conjunto de características que a pessoa pode ter, ou precisa desenvolver ou lapidar, que chamamos de potencial. Isso sozinho não gera êxito, por isso o *coach* vai trabalhar para potencializar as características, desenvolver ou lapidar.

Então, se o *coach* juntar os recursos internos (talentos, competências do *coachee*) e os recursos externos favoráveis irá atingir o êxito? Não! Ele precisa traçar estratégias. Estratégias significam o passo a passo, significa o que o *coachee* precisa fazer para gerar ações e alcançar o objetivo, é isso que um *coach* faz! Transforma talentos em resultados por meio de estratégias. O *coach* precisa saber planejar de acordo com o perfil do cliente, de suas potencialidades e oportunidades, cada um tem um modo diferente de planejar.

Resumidamente: a primeira parte do trabalho de um *coach* é desenvolver competências, lapidar talentos. A segunda parte é identificar oportunidades (externas) e criar estratégias com o cliente. Tem que haver estratégias, ações, resultados, criamos a liga entre potencial, recursos e resultados.

As sete leis do universo: leis que regem o comportamento humano

1º causa e efeito: o que você pensa resulta no que você sente e o que sente resulta no que você é. Cuidado com o que pensa! Pensamentos fortalecedores, resultados positivos; pensamentos negativos, resultados negativos. Por isso, para mudar resultados em nossas vidas, temos que mudar nossos pensamentos e, consequentemente, nossos sentimentos.

2º lei da busca: esta explica que para obter qualquer resultado na vida é necessário um esforço continuado, independentemente de qualquer resultado, não existe um "de repente estou com quilos a mais". Para ser um bom profissional é necessário anos de estudos, prática e um esforço contínuo; mas infelizmente não somos educados para acreditarmos em processo e sim em momentos! Tudo aquilo que você deseja é possível com esforço contínuo, buscando.

3º lei do controle: você pode controlar qualquer coisa na sua vida, a partir do momento que você se sentir responsável por isso. Se você não está satisfeito com algo; por alguma razão, não assumiu o controle disso, não consegue mudar essa condição porque não está em suas mãos.

4º lei da crença: tudo que você acredita com sentimento forte, profundo e verdadeiro, vira realidade. Esse sentimento puro e genuíno potencializa suas competências, habilidades e favorece o alcance de seus desejos. Se acreditar e ficar no passado de fracasso, continuará no fracasso; mas se acreditar ser capaz de mudar e ganhar dinheiro, irá ganhar dinheiro.

5º lei da expectativa: bem, esta lei diz que tudo o que você espera, com confiança, torna-se profecia autorrealizável, ou seja, o que e quanto você espera para si o levará a realizar. Afinal, sempre buscamos responder as expectativas que os outros têm de nós ou a expectativa que geramos de nós mesmos. O que impede os seres humanos de serem/terem qualquer coisa? Nada! A diferença entre os que conseguem e os que não é que os que realizam têm expectativas e confiança.

6º lei da atração: ela nos mostra que o resultado de nossas vidas está atrelado ao valor que damos às leis anteriores. Se você está insatisfeito, pergunte: qual das leis anteriores eu estou desrespeitando?

7º lei da reflexibilidade: tudo que temos é reflexo nosso! Aquilo que você aprecia, receia ou não gosta nos outros há em si mesmo, e vice-versa; somos em verdade o reflexo do outro. A pessoa imatura e inconsciente das leis do universo apenas projeta no outro a parte de si que não torna consciente.

Pense em tudo isso que acabou de ler! Quer aprofundar-se mais nestes assuntos? Procure um *coach*! Procure a mim!

39

Como o *coaching* ajudou a criar o Programa Desafio Acadêmico

O Programa Desafio Acadêmico é um plano de transformação pessoal voltado para acadêmicos em geral, que lhes permite pensar e agir de forma mais produtiva, além de controlar melhor o seu tempo e permitir que alcancem os resultados desejados e está construído em quatro pilares: criação de modelo mental de sucesso, criação de hábitos saudáveis, gestão da produtividade e gestão do tempo

Sérgio Franco Leão

Sérgio Franco Leão

Professor universitário, mestre em Direito e advogado atuante há mais de dezesseis anos. *Coach* com formação pelo Instituto Brasileiro de Coaching (IBC). Formado no curso completo do Agrotalento (programa voltado para o desenvolvimento pessoal e profissional na pecuária brasileira). Formado no Curso "Ferramentas de *Coaching*", pela Academia da Produtividade. Criador e *coach* do Programa Desafio Acadêmico. Sócio-fundador da Empresa ELO Treinamentos. Atuação como *Coach* de Carreira e Vocacional em Goiânia (Goiás).

Contatos
www.desafioacademico.com.br
treinamentoselo@gmail.com
(62) 98118-6090

Sou advogado e professor universitário em curso de Direito há mais de quinze anos e sempre, dentro de sala de aula, percebi que o conteúdo ministrado era pouco para que os alunos pudessem ter melhores resultados. E, assim, sempre questionei se existia ou não algum método ou ferramentas que pudessem melhorar esse processo de ensino-aprendizagem e que pudesse transformar a vida acadêmica dos alunos para que alcançassem os seus objetivos.

No final do ano de 2015, fui apresentado ao Programa de *coaching* e ali encontrei a resposta que eu carregava comigo há tantos anos. A partir daí, realizei uma série de outros cursos, inclusive o de Formação em *coaching* pelo Instituto Brasileiro de *Coaching*, além de ter lido vários livros sobre o assunto.

Então, restaurei os pensamentos e dúvidas anteriores e comecei a planejar um treinamento específico para acadêmicos que seriam submetidos a um exame ou outro na carreira profissional, e começamos a construir o nosso atual programa de treinamento que denominamos de Desafio Acadêmico.

Como construí o Programa Desafio Acadêmico

A partir do conteúdo apreendido nos treinamentos subsequentes e na literatura trabalhada, detalhei o Programa Desafio Acadêmico em cima de quatro pilares básicos: I – Criação de modelo mental de sucesso; II – Mudança de hábitos; III – Gestão de produtividade; IV – Gestão do tempo.

Comecei a aplicar, inicialmente, de forma *pro bono*, o programa e fui ajustando, na prática, o que impactava mais ou não os alunos, além de, ao mesmo tempo, ter *coachees* pagantes. Criei vários grupos específicos nas redes sociais, o que me permitiu um maior alcance de divulgação do Desafio Acadêmico, além de ter um custo zero. Passei a utilizar as redes sociais com a divulgação de vídeos, *e-books*, transmissões ao vivo etc., como forma de lançar conteúdo sobre os pontos abordados no Desafio Acadêmico, o que também representou outro canal interessante de divulgação do Programa.

Os quatro pilares do programa representam, basicamente, as dores sofridas pelos acadêmicos que são submetidos a provas de concurso, de proficiência profissional etc. Assim, partindo dessa premissa, decidimos escolher ferramentas que fossem substanciais e importantíssimas para a transformação e obtenção de resultados.

Os pilares do Programa Desafio Acadêmico

Criação de modelo mental

Esse tema foi definido como o principal pilar do programa, tendo em vista que sem um modelo mental de sucesso, focado na solução e não nos problemas, não seria possível desenvolver os demais pilares do Desafio Acadêmico.

Assim, passamos a demonstrar para os alunos a necessidade de se conhecer melhor o que é e como funciona um modelo mental de sucesso, e como o nosso cérebro pode ser programado de forma diferente, para que possamos obter resultados desejados.

Os alunos passaram a conhecer ferramentas simples, porém poderosas, para transformar a forma de pensar e agir, de modo que pudessem obter resultados positivos. Tudo isso partiu da premissa de que o cérebro, como órgão definidor das nossas decisões, deve ser amoldado com características específicas de pessoas altamente produtivas.

A ciência já demonstrou que o cérebro não consegue distinguir o que é real do imaginário, portanto, passamos a aliar o uso das ferramentas escolhidas com algumas técnicas de Programação Neurolinguística (PNL), e os resultados foram fantásticos, com alunos supermotivados, com vontade enorme de superar os desafios e mais confiantes no processo de aprendizagem.

Mudança de hábitos

O segundo pilar do Programa Desafio Acadêmico se pautou na necessidade de criação de hábitos saudáveis e produtivos, o que, praticamente, é uma sequência dos ensinamentos do primeiro pilar.

A criação de hábitos produtivos é fundamental para se alcançar níveis relevantes de resultados, além de se permitir um melhor uso da nossa energia física e mental.

O nosso cérebro começa a criar hábitos corriqueiros, justamente para que possa poupar energia no processo de decisão e, consequentemente, não esgote o corpo no aspecto físico.

Assim demonstrado, apresentamos como é possível criar hábitos que possam poupar o nosso cérebro de decisões e como podemos economizar energia para desafios maiores e mais complexos.

Além disso, destacamos uma série de dicas para que os alunos pudessem ter hábitos saudáveis que representassem ganho de energia e bem-estar físico e mental, tais como: dormir mais cedo, ingerir mais água durante o dia, praticar exercícios físicos de forma regular, praticar mais leituras etc.

Gestão da produtividade

Com o treinamento de *coaching*, aprendi uma coisa que impactava na minha vida e não sabia como resolvê-la, que era a diferença entre ser uma pessoa ocupada e produtiva. Costumava sempre dizer, às vezes, com certo orgulho, de que eu era uma pessoa muito ocupada. Depois, percebi que isso só estava me levando a um estado de estresse e não conseguia apresentar resultados satisfatórios aos meus clientes.

Transformei essa lição em aprendizado para mim e para os alunos do Desafio Acadêmico e demonstrei a eles a importância de estarem focados em ações produtivas e não em ações que apenas ocupariam a agenda deles sem trazer qualquer resultado interessante.

Alcançar um nível considerável de produtividade permite que você transforme, de forma substancial, os resultados no seu dia a dia, ao mesmo tempo que traz uma carga de alívio nos níveis de ocupação.

Demonstrei que ser uma pessoa ocupada não era o mesmo que ser uma pessoa produtiva, pois aquela vive correndo e sem tempo para os projetos de vida, além de viver em nível de estresse muito alto; enquanto que ser produtivo é "jogar o seu jogo", é "cumprir a sua agenda".

Ter produtividade é ter mais tempo para as coisas que você mais gosta, para a família, para os amigos e, especialmente, para si mesmo.

Gestão do tempo

Ao conhecer o trabalho de Christian Barbosa, considerado o "Senhor do Tempo", percebi a importância de termos uma maior e melhor gestão do nosso tempo e, por isso, decidi construir um módulo sobre o tema dentro do Desafio.

Passei a aplicar o teste elaborado pelo Christian (Tríade do Tempo) e percebi, o que já imaginava, o quanto os alunos, em termos gerais, perdem tempo hoje com as distrações ou, o que ele denomina de "esfera da circunstância", ou seja, com aquelas atividades que não nos trazem qualquer resultado. E eles também perceberam a importância de se ter um melhor aproveitamento do tempo disponível para os estudos e preparação em geral.

Nesse pilar, passamos a utilizar ferramentas fundamentais para que os alunos aprendessem a controlar melhor o seu tempo, sem se perderem no dia a dia e que pudessem estar mais focados nas atividades que realmente vão trazer resultados a eles.

A vida corrida dos dias atuais tem nos levado a um nível de estresse e cansaço enorme, além de não nos tornarmos pessoas produtivas, mas sim pessoas cansadas. A correria nos afasta da família, dos amigos e também das coisas que mais gostamos de fazer. Ter um mecanismo eficaz de gestão do tempo é de suma importância para que se obtenham os resultados profissionais desejados.

Assim, no quarto pilar do Programa Desafio Acadêmico, os alunos aprendem técnicas de como "economizar" o seu tempo diário e, consequentemente, se tornarem mais produtivos. A fórmula é, aparentemente, simples: "Eu ganho tempo, quando deixo de perdê-lo". Como bem dito por Christian Barbosa: "É preciso parar de correr e começar a andar".

Criação do "Clube do bem"

Conhecendo o trabalho de outros *coaches*, tive a oportunidade de participar de obras fantásticas e fundamentais na vida de pessoas que realmente necessitam e muito da nossa ajuda. É, simplesmente, o exercício da gratidão.

De imediato, criamos o denominado "Clube do Bem", que é um conjunto de ações propositivas que têm um único objetivo: ajudar a transformar a vida de pessoas que são beneficiadas por programas sociais não governamentais.

Resolvemos "adotar" o CORAE – Centro de Orientação e Reabilitação ao Encefalopata" – localizado na cidade de Goiânia, Goiás, sendo que tal entidade, há mais de quarenta anos, vem desenvolvendo atividades em várias áreas da medicina, psicologia, pedagogia etc., com o intuito de amenizar a vida dos familiares e dos pacientes com lesão permanente cerebral.

Parte dos recursos adquiridos com o Programa é destinada diretamente ao CORAE, de modo que os alunos, ao conhecerem o alcance do Clube do Bem, percebam a importância da obra que estão participando e ajudando a construir.

Assim, o Programa consegue, também, despertar o sentido de gratidão em todos os envolvidos com as suas atividades e ajudar pessoas que necessitam muito da nossa participação.

Conclusão

Da mesma forma que o *coaching* impactou de forma muito positiva na minha vida, foi possível conhecer ferramentas e técnicas que pudessem ajudar as pessoas no processo de transformação de suas vidas.

Além disso, passei a conhecer pessoas, não só eficazes naquilo que fazem, mas também que realizam obras importantíssimas e transformadoras na vida de outras pessoas. Por meio do *coaching*, conheci o trabalho fantástico que vem transformando vidas, transformando sonhos em realidade.

E esse espírito também foi levado para dentro do Desafio Acadêmico, sendo que aplicamos uma série de atividades e ações em prol de pessoas que muito necessitam da nossa ajuda, seja de forma direta ou de forma indireta. A construção do "Clube do Bem" tornou possível também transformar a vida de pessoas que tanto necessitam de nossas contribuições.

No *coaching*, aprendi uma frase muito interessante e que tem impactado em todas as minhas ações: "gratidão gera gratidão". Assim, construímos o espírito do Desafio Acadêmico, que é transformador, colaborativo, produtivo e realizador de sonhos.

Organize a sua vida, supere os seus desafios e realize os seus sonhos. Para isso, vamos entrar em ação!

DeepCoaching®
Metodologia *coaching* associada a técnicas terapêuticas integrativas para a transformação pessoal

Este artigo pretende mostrar novas abordagens para o alcance de uma vida mais plena e saudável, apoiando o desenvolvimento humano nesta nova era

Shirley Anne de Lima Regueira

Shirley Anne de Lima Regueira

Bacharel em Ciências Econômicas pela Universidade Católica de Pernambuco. Pós-graduada em Finanças Empresariais pela FGV (Fundação Getulio Vargas). *Personal Coach Certification* pela SLAC (Sociedade Latino Americana de Coaching). *Coaching* Executivo com foco nas Ferramentas de Competências pelo IGP/MRG (Instituto de Gestão de Pessoas/MG). *The Coaching Clinic – Corporate Coach U International* por LB2 Treinamento e Desenvolvimento Executivo, Recife/PE. *Coaching Assessment* com foco em Análise Comportamental pelo IBC (Instituto Brasileiro de Coaching). Instrutora formada pela Universidade Caixa e pelo Instituto FranklinCovey. Terapeuta Integrativa com Certificação Internacional nas técnicas energéticas *Thetahealing*, pelo ThetaHealing Institute of Knowledge. Certificação em *The Access Bars Course* pelo Access Consciousness e *Master* em Terapia Reiki Usui Tibetano.

Contatos
shirley@hotlink.com.br
(81) 99974-7274 (fone/Whatsapp)

Associando metodologia *coaching* a terapias integrativas
O que a experiência demonstra

Estamos experimentando a fase mais desafiadora e instigante na história recente da humanidade. São muitas variáveis atuando num mundo de transformações rápidas em todos os setores do conhecimento humano. É de amplo conhecimento a existência de grandes massas populacionais em todas as regiões do planeta precisando de crescimento com sustentabilidade, muitos jovens entrando no mercado de trabalho com outra forma de pensar e agir, grande fluidez nas relações humanas e profissionais, alta rotatividade nas empresas e níveis de exigência cada vez mais elevados nos diversos espaços de convivência sociais.

Nesse contexto, surgem dois elementos intrínsecos da condição humana para a transformação pessoal que são o autoconhecimento e a autorresponsabilidade, conteúdos interiores do ser que possibilitam a autonomia e sobrevivência em condições adversas. A partir da observação desse cenário, nasceu o método que criei e denomino DeepCoaching®, união de elementos do processo de *coaching* associados às abordagens terapêuticas integrativas.

Observamos que essa associação favorece o encontro de novas e infinitas possibilidades para o desenvolvimento da pessoa, oferecendo uma dinâmica mais adequada às atuais circunstâncias do cotidiano, exigindo forte determinação de quem deseja utilizá-las, porém possibilita uma performance superior, com transformação íntima verdadeira e superação de desafios de forma mais leve e harmoniosa. Esta metodologia estimula a descoberta de talentos, a missão e o propósito de vida, ou se já encontrados, apoia para enfrentar e sustentar os desafios decorrentes de forma mais assertiva e saudável. Constatamos ainda que auxilia o indivíduo na liberação de sentimentos e crenças limitantes instaladas em sua mente e corpo. Elementos que, minimizados ou eliminados, facilitam o desenvolvimento pessoal, relacionamentos intrapessoal e interpessoal, além do avanço nas realizações profissionais e na qualidade de vida. E o mais importante, melhora a autoaceitação e a autoconsciência.

Encontramos nessas duas potentes abordagens, *coaching* e terapias integrativas, uma ajuda eficaz à realização do potencial máximo com mais saúde, vigor e alegria.

Sistema de crenças e seus impactos na dinâmica interior

Conforme estudos publicados em diversos livros e artigos científicos, trazemos registrado em nosso DNA um complexo sistema de crenças ancestrais manifestado a partir de nossos comportamentos. As conexões com antigos e novos padrões comportamentais possuem vínculos muito profundos. Alguns estudiosos de sistema familiar dizem que os comportamentos de uma pessoa repercutem por até seis gerações. Os padrões negativos podem impelir o indivíduo à repetição dessas crenças, fator obstáculo para patamares de uma vida mais plena, saudável e pacífica.

Em seu livro *Biologia da crença*, o professor e biólogo Bruce H. Lipton investiga e traz luz a essas questões. Ele diz que "nossas crenças, experiências e sonhos, moldam nossa vida e a de nossos filhos". E resgata o conceito da medicina chamado de efeito nocebo, onde demonstra o impacto da crença negativa sobre a vida de uma pessoa. E podemos inferir que isso se repercute na educação dos filhos, vida familiar, profissional e demais relacionamentos.

Terapias integrativas

Ao longo do tempo, as terapias integrativas receberam denominações diferentes, tais como: complementares, holísticas, alternativas, sistêmicas ou energéticas. São abordagens terapêuticas explicadas conceitualmente pela ciência por meio da física quântica. No Brasil, são reconhecidas pelo Ministério da Saúde, aplicadas em posto SUS – Sistema único de Saúde e chamadas de PICS – Práticas Integrativas e Complementares em Saúde, realizadas por profissional terapeuta certificado, em consultório com tratamento sequencial, seguindo um protocolo específico, estabelecido por entidades competentes. As terapias integrativas promovem inicialmente um realinhamento do fluxo de energia vital, trazendo o equilíbrio energético ao corpo e uma sensação de bem-estar emocional. Conforme o processo evolui, a pessoa se torna mais serena, permitindo identificar e atuar na mudança de crenças limitantes, registros e informações negativas, o que promove a liberação das emoções nocivas instaladas no ser.

Como exemplo clássico de técnica ou terapia energética, citamos o *Reiki*, difundida pelo monge japonês Mikao Usui, no início do século XX, bastante utilizada para cuidados com a saúde, por meio da organização dos centros energéticos, conhecidos também como *chakras*, responsáveis pela qualidade da saúde e o bem-estar humano. Esta terapia mundialmente conhecida, compreende que tudo no universo é energia, a mesma flui a nossa volta e dentro de nós. Consideram o homem como um todo, em sua dimensão física, emocional, mental e energética e propiciam melhorias nessas diferentes dimensões do ser.

Sabemos que pensamentos, sentimentos, emoções e atitudes negativas levam as pessoas a viverem em estado de sofrimento e infelicidade. Quem se permite vivenciar as terapias integrativas inicia um processo de alinhamento em seus centros energéticos, possibilitando ter um bem-estar e qualidade de vida mais elevados, o que permite à pessoa pensar e discernir com maior serenidade e clareza e, assim, reconhecer crenças limitantes que estão interferindo em sua evolução. Com o avanço do processo, a pessoa adquire maior autoconfiança, amplia a compreensão de si e vê outras possibilidades para experimentar os eventos de vida e de carreira, tornando a tomada de decisão mais leve e comprometida com seus planos e sonhos. É um método que exige determinação, tempo e foco, porém os resultados são sustentáveis e valem toda a dedicação empenhada.

O tema terapias integrativas pode ser pesquisado em inúmeras fontes disponíveis em livros e sites. Ao final do artigo daremos sugestões de bibliografia.

Como funcionam as sessões num processo de *DeepCoaching*®

Aprofundando a investigação, a partir do estabelecimento da confiança, identificamos quais são as necessidades e prioridades e, em seguida, quais crenças negativas e limitantes estão interferindo nos processos internos do indivíduo, em seu funcionamento e qualidade de Definimos um protocolo onde decidimos qual a abordagem terapêutica e dinâmicas do processo de *coaching* são mais adequadas ao caso, a prioridade a ser resolvida pela ótica do cliente, quantidade de sessões necessárias indicadas e as metas a alcançar no curto, médio e longo prazos. Utilizamos vida metodologia de perguntas, respostas e *insights* para que a pessoa identifique conscientemente suas necessidades e encontre respostas conscientes

Em cada sessão verificamos o cumprimento do que foi acordado, como estão a mudança de hábitos, como está o padrão de respostas às questões abordadas, grau de assertividade, a construção do pensamento, a alegria em viver, as conquistas obtidas, os sentimentos e ações em relação aos objetivos definidos e a qualidade dos relacionamentos. Se necessário, podemos aplicar a mesma abordagem ou alterar para outro protocolo priorizando o bem-estar geral da pessoa, pois muitas vezes observamos crenças e hábitos arraigados, atuantes num nível profundo, onde a resistência à mudança é maior e sabemos que liberar questões onde existem resistência gera incômodos. Tenho observado uma melhoria e avanços significativos no alcance dos objetivos definidos em poucas semanas.

Comentário final

Sabemos que lidar com as necessidades humanas avança sobre um terreno desafiador, somos um microcosmo multiverso, uma humanidade que vive momentos desafiadores e de extremos emocionais. Ao olhar para tudo isso, entendemos ser essencial abrirmos o foco para aceitar novas possibilidades de ajudar pessoas. Precisamos de soluções e possibilidades humanistas que tornem o ser mais fortalecido, sujeito de sua própria vida, pois são experiências necessárias para um salto consciencial evolutivo e não há receita pronta para tudo. Vale ainda ressaltar o nosso papel ao buscar novas possibilidades, observando sempre a ética, a ciência e o desejo sincero de ajudar o outro.

Importante esclarecer: as técnicas terapêuticas aqui abordadas associadas ao processo de *coaching* são complementares, jamais pretendem substituir as ferramentas tradicionais e as demais terapias com profissionais da área da saúde.

Referências
BABA, Sri Prem. *Propósito*, 2016.
DOUGLAS, Gary e HEER, Dain. *Manual de barras de Access Consciousness*, 2015.
GERBER, Richard. *Medicina vibracional*, 1988.
JÚNIOR, Ademir Barbosa. *Reiki. A energia do amor*, 2015.
LIPTON, Bruce H. *A biologia da crença. O poder da consciência sobre a matéria*, 2005.
STIBAL, Vianna. *Thetahealing. Umas das mais poderosas técnicas de cura energética do mundo*, 2014.
WHITMORE, John. *Coaching para performance*, 2006.
BRENNAN, Barbara Ann. *Mãos de Luz, Um guia para cura através de energia humana*, 1987.

41

Como encontrar felicidade no trabalho

Em meio a tantos desafios e crises atualmente, é cada vez mais comum e crescente a busca da felicidade no trabalho. Nunca foi tão importante ser feliz no campo profissional.
O texto a seguir oferece uma reflexão sobre como os profissionais enxergam sua relação com o trabalho, quais são os fatores determinantes para a autorrealização e como o processo de *coaching* pode ajudar na obtenção de uma carreira mais feliz e bem-sucedida

"Escolha um trabalho que você ame e você nunca terá que trabalhar um dia em sua vida." (Confúcio)

Silvia Mollica

Silvia Mollica

Atua como *coach* e *headhunter*, auxiliando profissionais que estão insatisfeitos em suas carreiras a desenvolverem um planejamento estratégico para alcançarem sucesso profissional. Fundadora da Mollica RH, empresa de recrutamento e seleção para profissionais da Tecnologia da Informação. Possui catorze anos de experiência em RH de grandes empresas e consultorias. Formada em Psicologia pela PUC de Campinas e pós-graduada em Administração de Recursos Humanos pela FAAP. *Professional & Self Coaching* pelo Instituto Brasileiro de Coaching e *practitioner* em PNL pela Neuro Training Institute.

Contatos
www.mollicarh.com
silvia@mollicarh.com
Linkedin: https://br.linkedin.com/in/mollica-it
(11) 99919-3860

Felicidade é um tema de extrema importância e relevância na vida de todo ser humano. É um conceito muito subjetivo, mas que está diretamente relacionado com satisfação. A felicidade é uma busca contínua, seja na vida afetiva, familiar, financeira, no sucesso pessoal e profissional.

Quando falamos de trabalho, geralmente somos remetidos a uma conotação pesada, como sendo árduo e obrigatório. A palavra trabalho vem do latim *tripalium* e basicamente quer dizer "tortura", pois era como um *tripalium*, uma espécie de três estacas fincadas no chão onde se castigavam os escravos na Idade Média. Apenas no século XIV é que o trabalho começou a ter o sentido genérico que hoje lhe atribuímos: o de aplicação das forças e faculdades humanas para alcançar um determinado fim.

A insatisfação com o trabalho é uma realidade que a cada dia afeta mais profissionais. Atualmente, 80% das pessoas estão insatisfeitas com seu trabalho, segundo pesquisa realizada pelo Deloitte's Shift Index. Se você perguntar para qualquer pessoa se ela prefere trabalhar ou fazer outras atividades também prazerosas, como passear, namorar ou viajar, possivelmente em um primeiro momento o trabalho pode ter um baixíssimo percentual de sucesso. Agora imagine que tenhamos que ficar oito horas por dia, cinco dias por semana, quatro semanas por mês, onze meses por ano durante quarenta anos, realizando apenas essas atividades preferidas. Muito provavelmente grande parte das pessoas enjoaria com a falta de desafios, surtaria de tédio e se sentiria inútil.

Se o profissional não estiver satisfeito com seu trabalho, há grandes possibilidades de que ele não esteja bem em outras esferas da sua vida. Mesmo que essa pessoa tenha uma válvula de escape, como um *hobby*, é triste imaginar que será feliz apenas aos fins de semana, feriados, enfim, em qualquer momento que esteja fora do ambiente de trabalho. Pessoas infelizes no trabalho tendem a ficar estressadas, sentem que não estão cumprindo suas missões no mundo e acabam descontando suas frustrações em amigos e familiares, podendo até mesmo desenvolver uma depressão.

O trabalho é um dos principais instrumentos para cumprirmos nossa missão de vida, concretizarmos sonhos, atingirmos objetivos, construirmos e fortalecermos relações sociais, desenvolvermos senso crítico, além de ser uma excelente forma de expressão. Individualmente contribui para a autoestima, o desenvolvimento intelectual, a satisfação pessoal, a realização profissional e a independência financeira.

Conforme pesquisa citada anteriormente, 20% das pessoas estão satisfeitas com seu trabalho, em estado de *flow* que, segundo o professor de Psicologia Positiva Mihaly Csikszentmihalyi, ocorre quando, ao realizarmos determinada atividade, mergulhamos em uma sensação de foco energizado, envolvimento total e fluidez no processo de realização. Talvez você esteja se perguntando se realmente é possível viver uma vida plena, conectado com a sua essência, expressando suas habilidades, e a minha resposta é sim! No entanto, como conseguir isso? É claro que não existe pílula mágica nem fórmula que o colocarão no caminho da sua felicidade. Porém, existem métodos que podem ajudar algumas pessoas a entrarem no grupo de profissionais satisfeitos.

O processo de *coaching* pode ser de grande valia, pois, por meio de um conjunto de técnicas e ferramentas, contribui para que se construa e mantenha uma carreira de sucesso. Geralmente, as metas que não foram atingidas ocorrem devido a falhas em uma ou mais destes quatro pilares: foco/clareza, planejamento, ação e desenvolvimento contínuo. O papel do *coaching* é verificar quais são os pontos cegos de cada pessoa e ajudar no avanço de cada uma das fases com mais leveza e rapidez. No Coaching de Carreira existem diversas variáveis que devem ser analisadas. A seguir, vou listar dez fatores determinantes que podem auxiliar nesta jornada de descobrimento rumo a um trabalho que traga satisfação e felicidade.

1 - Autoconhecimento

"Conhece-te a ti mesmo", disse Sócrates. Essa proposta nos desafia a fazer uma análise profunda do nosso interior. A importância do autoconhecimento é imensurável, pois quanto mais fizermos exercícios de autoanálise, menos nos enganaremos sobre nossos interesses, almejos e aspirações. Em outras palavras, quanto mais nos conhecermos, maior o contato com nossas qualidades, habilidades e limitações, resultando em mais controle emocional e menos autoboicotes.

2 - Encontrando suas habilidades e interesses

Para identificar as atividades que realmente gosta e ajudá-lo a identificar aquelas que tem mais afinidade, proponho que reflita sobre as questões a seguir:

• Pergunte a amigos e familiares quais atividades eles acreditam que você faria bem, que você deveria trabalhar com isso. Às vezes, você pode ter um dom natural e não parou para refletir sobre isso.

• Quem é referência para você? Quem te inspira e por quê?

• Quando foi a última vez em que você se sentiu em total sintonia com uma atividade a ponto de perder completamente a noção do tempo? O que você estava fazendo?

• Qual a sua sessão favorita em uma livraria? Qual a primeira revista que você pega em uma banca de jornal?

• Quando foi a última vez que você não conseguia dormir por causa da sua empolgação a respeito de um trabalho? Que trabalho foi esse?

• Fora das suas atuais obrigações no trabalho, o que você amaria fazer de graça?

• Se você tivesse agora uma hora livre para navegar na internet, o que você exploraria?

3 - Qual sua missão de vida?

"Os dois dias mais importantes da sua vida são: o dia em que você nasceu e o dia em que você descobre o porquê." (Mark Twain)

Quando falamos de missão vamos além de fazer o que se gosta, mas também o impacto que causamos em outras pessoas e no mundo em geral. Segue mais alguns questionamentos para ajudar a encontrar sua missão.

• O que te deixa mais preocupado sobre as futuras gerações?

• Se você pudesse participar do seu próprio funeral, o que você gostaria de ouvir os outros falando?

• Pelo que você gostaria de ser lembrado? Qual a marca que você quer deixar no mundo?

• De que forma você contribui para sociedade sendo você mesmo?

4 - Descubra seus valores

Os valores governam seu estilo de vida, eles são a base que define nossas reações a qualquer situação dada na vida e, claro, podem ser considerados os pilares que norteiam as decisões de carreira dos profissionais. Trazendo o processo de definição de valores na carreira, podemos citar a Teoria das Âncoras de Carreira de Edgar Schein, que define oito âncoras de carreira: autonomia e independência, segurança, competência técnico-funcional, competência gerencial, criatividade empreendedora, dedicação a uma causa, desafio puro e estilo de vida.

Se uma pessoa tem como valor muito alto autonomia e independência, trabalhar em um lugar extremamente engessado aumenta em muito as chances de estar infeliz com o trabalho. Da mesma forma, uma pessoa com valor da segurança muito alto, provavelmente não se adaptará a um trabalho como autônomo ou em *startup*, por exemplo.

5 - A importância de saber o que se quer

"Nenhum vento sopra a favor de quem não sabe para onde ir." (Sêneca)

Saber o que se quer é fundamental para o direcionamento da nossa vida pessoal e profissional. Isso pode parecer óbvio, mas não é. É muito comum ver profissionais andando em círculos, exatamente por não saberem o que estão buscando.

Faça uma lista detalhada das coisas que você quer e se mantenha fiel. Qual cargo você deseja ocupar, qual tipo de empresa gostaria de trabalhar, qual salário pretendido, os benefícios que você não abre mão, o que você tem a oferecer como profissional. Quando houver clareza nos seus objetivos, o universo começa a conspirar a favor.

6 - Aceite particularidades da sua escolha

Uma coisa é fato, tudo na vida tem seu lado bom e seu lado ruim. Não seria no trabalho que isso mudaria. No entanto, acredito que boa parte do tempo, ao menos em 70% dele, deve ser realizando atividades satisfatórias. Assim, se você gasta mais de 30% do seu tempo fazendo atividades que não gosta, talvez seja um ponto de atenção. Cada escolha tem suas particularidades. Cabe a cada um identificar possíveis problemas na sua área de atuação, compreender que algumas atividades não se identificam, mas são necessárias. Com isso, o nível de resiliência aumenta, resiste às adversidades com maestria e reage assertivamente diante de uma nova situação.

7 - Coragem para a mudança

Uma das principais dificuldades na carreira é enfrentar o medo da mudança, seja essa mudança pequena, como a realização de uma atividade nova, ou maior, como mudança de emprego ou área de atuação. Às vezes, uma mudança de pensamento pode fazer toda a diferença, mas para quem está passando pela situação parece uma muralha intransponível. Os profissionais geralmente caem na armadilha de que só existe um caminho e se limitam a permanecer no estado atual. É claro que não estou dizendo para abandonar tudo de repente. A maioria das pessoas tem compromissos e responsabilidades, mas qualquer mudança pode ser planejada com prazo para acontecer. É importante não tomar nenhuma ação sem preparo, mas também não podemos nos deixar levar pelo medo. Se você está com medo, mas está preparado para a mudança, sugiro fortemente que vá com medo mesmo.

8 - Desenvolvimento de habilidades

Para sermos prósperos na carreira, seja obtendo cargos com mais responsabilidade e consequentemente maiores ganhos financeiros, temos que nos desafiar e nos desenvolver com frequência. O que te trouxe até o nível que você está no momento não o ajudará a chegar ao próximo nível. É preciso desenvolver habilidades técnicas e comportamentais, aumentando por conta própria o grau de dificuldade, estabelecendo metas cada vez mais elevadas que exijam um aumento progressivo do nível de habilidades necessárias para atingi-las. Trata-se de um autodesafio que parte de perguntas como:

- O que posso fazer para tornar essa tarefa mais interessante?
- Como posso utilizar minhas forças para melhorar meu desempenho?
- O que os profissionais que admiro possuem que eu ainda não tenho?
- O que eu posso fazer que não fiz até o momento?

9 - Crie oportunidades

Independentemente de ter trilhado vários caminhos, há sempre algo para ser explorado. É nas grandes crises que surgem as grandes ideias. Não é por acaso que o ideograma de crise, em japonês, é o mesmo ideograma da palavra oportunidade. Pensando nisso, talvez seja melhor estar em momento de crise do que estado de zona de conforto, visto que quem está mais infeliz está também buscando muito mais soluções que os demais.

O modelo de trabalho tradicional está em constante evolução, algumas carreiras serão extintas e em alguns anos teremos carreiras que jamais imaginamos. Atividades que podem ser feitas por robôs e computadores não serão mais realizadas por humanos. O modelo de contratação está passando por mudanças também, estamos analisando mais o resultado do que o número de horas. Antigamente, era uma afronta trabalhar *home office*, hoje é algo cada vez mais aceito.

Com a internet, todos estão conectados e surgem cada vez mais profissões, com uma escala incrível, visto que não estamos limitados a um local ou empresa. Existem muitas possibilidades para obter sucesso na sua carreira, se você não encontrou uma forma de obtê-lo, sugiro que crie seu caminho.

10 - Autorresponsabilidade

A responsabilidade da sua vida é apenas sua, assuma. Seja autor da sua própria história. Deixar a carreira apenas nas mãos da empresa é um erro. É claro que o local onde se trabalha influencia muito, mas a única coisa que podemos mudar efetivamente somos nós mesmos. Ao tomarmos a direção da nossa vida, temos muito mais poder e encontramos cada vez mais formas de superar dificuldades.

Converse com profissionais de sucesso e perceberá que eles assumem suas limitações e trabalham para superá-las. Não imagino ninguém de sucesso colocando a culpa na empresa, no chefe ou na economia.

Você é o único responsável pela vida que tem levado, você colhe a vida que você planta. Sua colheita tem te deixado satisfeito? Quais suas ações, sentimentos, palavras, pensamentos? Se você está infeliz com seus resultados atuais o convido a fazer diferente, parando de colocar a culpa em terceiros.

Não permita que ventos desfavoráveis o estanquem. Como foi dito no início, a felicidade é uma busca incessante, portanto, se você pretende ser mais feliz em seu trabalho, arregace as mangas e comece a agir. A felicidade está aqui e agora. Basta encontrá-la.

Referências

27 perguntas para encontrar seu propósito. Disponível em: <http://abracoaching.com.br/wp-content/uploads/2016/01/27-Perguntas-Para-Encontrar-Seu-Prop%C3%B3sito.pdf>. Acesso em 20 de dez. de 2016.

Como você faz suas escolhas de carreira? Disponível em: <http://exame.abril.com.br/carreira/qual-o-pilar-da-sua-carreira/>. Acesso 6 de jan. de 2017.

O que é e como promover o flow no trabalho. Disponível em: <https://www.sbcoaching.com.br/blog/motivacao/flow-no-trabalho/>. Acesso em 8 de janeiro de 2017.

Trabalho. Disponível em: <http://www.dicionarioetimologico.com.br/trabalho/>. Acesso em 3 de jan. de 2017.

42

O primeiro passo rumo ao seu objetivo: respirar!

Compreenda o seu presente. É ele, o seu presente e o que você faz dele que, definitivamente, te levará ao encontro dos seus objetivos. Se o que você faz hoje não o está direcionando aos seus objetivos, não são os seus planos que você precisa mudar, mas suas ações do agora

Silvio Soledade

Silvio Soledade

MBA em Gestão Por Processos pela ESPM-SP. Especialista em Comunicação Social pela Anhembi-Morumbi e em Gestão Empresarial pela FGV-SP. Participou do PDC – Programa de Desenvolvimento Comercial da Fundação Dom Cabral. Bacharel em Administração de Empresas pelo Mackenzie. *Personal & Executive Coach* certificado pela SBC – Sociedade Brasileira de Coaching. Consultor de empresas e sócio da PlanoGestão. Mentor da Aliança Empreendedora, que assiste a empresários e empreendedores. Coordenador da cadeira de Gestão Empresarial do Projeto Objetiva Audiovisual realizado em parceria com a APRO – Associação dos Produtores de Audiovisual e o SEBRAE Nacional. Acumula ainda os cargos de Diretor Financeiro e Diretor Cultural da Associação dos Profissionais de Propaganda (APP). Atuou nas áreas de gestão financeira de empresas como: TV Bandeirantes, TV Globo, Grupo RBS (RS e SC), Canal Rural, LageMagy (Grupo Talent), Agnelo Pacheco e Lautert_Associados.

Contatos
www.planogestao.com.br
silvio@planogestao.com.br
LinkedIn: https://www.linkedin.com/in/silviosoledade/
(11) 3477-1993

Num templo qualquer, o mestre e seu aprendiz meditavam quando o mestre foi surpreendido por um questionamento do seu aprendiz:

— Mestre, se o tempo é igual para todos, por que para alguns ele passa mais rápido do que para outros?

O mestre, que estava com os olhos fechados, abriu-os lentamente, inspirou profundamente e respondeu:

— Porque cada tem o seu próprio tempo. Uns vão viver muito, outros vão viver pouco. Uns podem atravessar o tempo amanhã, outros podem ficar presos a ele pela eternidade.

Não contente com a reposta e com o semblante de quem a fala do mestre alimentava suas dúvidas, o aprendiz continuou:

— Mestre, como posso ter o meu tempo se não sei como controlá-lo?

O mestre pacientemente respondeu:

— Todos têm o seu tempo. O seu hoje pode ser o ontem de outros. Não se pode controlar o tempo. O tempo passa a cada batimento de seu coração. Tê-lo não significa controlá-lo, assim como o filho ao assumir sua possibilidade de voar sozinho. Você o acompanha, mas não o controla.

O aprendiz por um momento deu a entender que estava satisfeito com a resposta do mestre. Mas logo o indagou novamente:

— Mestre, e por que nos preocupamos tanto com o tempo se não temos controle sobre ele?

Respondeu o mestre:

— Não nos preocupamos com o tempo. Mas nos preocupamos com o tempo que está por vir.

Em cada resposta do mestre, suas dúvidas sobre o tempo eram estimuladas:

— Mestre, não controlamos o presente, mas temos como controlar o futuro?

O mestre fechou os olhos novamente e respondeu ao seu aprendiz com a paciência de um monge:

— O futuro não existe. O que existe é um fluxo, conjunto de uma série de ações, da soma do acaso com o destino, do passo após passo, do divino, da esperança, de esperançar e não de esperar.

O aprendiz continuou:

— Mestre, por que planejamos então?

— Planejar é uma forma de controlar. Em pensamento, tudo o que faremos amanhã já está feito. Precisamos da sensação de controle para que possamos ter poder. O poder nos consola.

Àquela altura do diálogo, o mestre já tinha compreendido onde seu aprendiz queria chegar. Assim continuou com seus questionamentos:

— Se o poder nos consola, mestre, por que não temos poder sobre o tempo?

Respondeu o mestre:

— O tempo não exige poder. O tempo exige compreensão.

Depois de alguns segundos de reflexão, o silêncio foi rompido pelo aprendiz:

— Mestre, o que precisamos compreender?

— Compreender que estar presente é a única forma de andarmos juntos ao tempo. Precisamos sincronizar nossos passos, para que não exijamos do outro a mesma compreensão.

— Mestre, se temos tempos diferentes, como exigir a mesma compreensão?

— Só temos tempos diferentes, porque não estamos presentes ao mesmo tempo. Enquanto estou aqui agora, tu estás no teu futuro ou estás no teu passado.

O aprendiz novamente entrou em silêncio, fechou os olhos por alguns instantes, mas logo um novo questionamento o provocou:

— Mestre, e como me concentrar no presente, sem estar no passado ou no futuro?

O mestre, com os olhos fechados, respondeu:

— Respire! Apenas respire.

O diálogo acima não é cena de um filme, tampouco um trecho de um livro sobre o tempo. Foi fruto da minha imaginação quando estava estudando sobre o porquê de nos preocuparmos tanto com o futuro e não dedicarmos o mesmo peso ao nosso presente.

Nós, *coaches*, somos preparados para provocar as pessoas a se movimentarem de um ponto A para um ponto B. Mas, cada vez mais, percebo a importância da compreensão do que vem a ser estar no ponto A.

Nenhuma folha cai de uma árvore se não for por reação de alguma interferência, seja pelo desgaste do tempo, seja pela ação do vento.

Assim entendo que funciona a nossa vida. Ficar parado é também uma opção. E mesmo sendo essa opção, interferências agirão em nossa vida, como o desgaste do tempo por exemplo.

Por isso compreender onde estamos é mais importante do que compreender onde queremos chegar. Isso exige um diálogo consigo mesmo, sincero e provocador.

Olhar para o futuro como um objeto de desejo nos dá sensação de alívio por termos um horizonte.

Já o olhar para o presente nos dá um choque de realidade, por nos mostrar às vezes o quanto deixamos de fazer as coisas mais básicas, e de tão básicas entendemos que pouco podem contribuir para nos locomover ao futuro promissor que nos espera e que nos alivia.

Este choque nos leva a não fazer o que é necessário. Nos angustia, nos deprime e nos congela.

O passado apenas resume-se a experiências que nos mostram caminhos já traçados e seus resultados. As pessoas mudam, os fatores mudam, os lugares mudam, as condições são outras. Isso nos leva ao desconhecido. E quando percebemos que estamos defronte ao desconhecido, preferimos a inércia.

A inércia é fruto do medo, das palavras que nos imobilizam, da procrastinação, da ligação que não fizemos, dos e-mails que não enviamos, ou que não lemos. Das reuniões em que não expressamos nossa opinião, dos encontros que fingimos ir, da incapacidade da ação.

Ficamos presos no presente, buscando soluções para corrigir o passado, e nos esquecemos de construir o futuro.

Este tempo que perdemos é que faz com que demoremos a tomar decisões que terão muito mais impacto na nossa vida e no nosso trabalho.

Ficamos buscando modelos, enquanto os movimentos são diferentes.

Precisamos testar, arriscar, ir e não fingir que foi. Corremos mais riscos se ficarmos parados.

Vamos nos concentrar no presente.

Onde estamos? Quais as nossas condições atuais? O que precisamos fazer agora?

É preciso maturidade e serenidade para sermos suficientemente autocríticos e entender que o movimento depende muito mais da gente do que de qualquer outro fator.

Investir mais tempo em entender nosso presente é, para mim, o principal passo num processo de *coaching* visando provocar essa movimentação.

Não creio que o planejamento seja deixado em segundo plano. O planejamento serve para traçar rotas. O mais importante é o primeiro passo.

Este primeiro passo é o mais difícil, porque ele carrega uma simplicidade em nossa forma de agir, que numa primeira análise nos parece distante do nosso objetivo principal.

É como o vento. Nós não o vemos, mas sabemos que ele existe e que provoca mudanças.

Por menor que sejam às vezes, são esses pequenos movimentos que nos aproximam de nossos objetivos.

Por isso tenho me concentrado em fazer com que meus *coachees* provoquem esse vento.

É necessário olhar o nosso despertar. Como levantamos da cama. Como percebemos quem está à nossa volta, filhos, esposa, marido, pais, amigos.

Precisamos perceber como nos locomovemos até o trabalho, quem são as pessoas que cruzamos pelo caminho, todas elas.

Sua primeira decisão do dia foi acordar. Foi ela que, naturalmente, te impulsionou para o resto de tudo o que aconteceu durante o seu dia. E às vezes nem percebemos, de tão automático, que esta foi a sua primeira decisão importante de muitas que seguirão você pelo seu dia, sua semana e seu mês.

Respirar! Como no diálogo entre o mestre e seu aprendiz.

Observe os movimentos, perceba o quanto as suas ações estão alinhadas com seu objetivo. Não ignore nenhuma delas. Principalmente aquelas que você já nem percebe mais. Passe a percebê-las.

Dê o tempo que você precisa para compreender o seu presente. É ele, o seu presente e o que você faz dele, que definitivamente te levará ao encontro dos seus objetivos.

Se o que você faz hoje não o está direcionando aos seus objetivos, não são os planos que você precisa mudar, mas as ações do presente.

Está na hora de você respirar suas ações e compreender, de fato, se elas estão alinhadas com seus projetos. Seja crítico e verdadeiro consigo mesmo. Se ainda não estão alinhadas, procure fazer com que estejam. Compreenda todos os seus movimentos e perceba que não há um só deles que não te impulsione para algum caminho.

Ser simples e sereno não quer dizer que você precise ser imóvel. Aja acima de tudo.

Dê o primeiro passo em direção aos seus objetivos. E, acima de tudo, compreenda e entenda o agora.

43

Missão de vida

Todos temos uma melhor versão em nosso DNA quando chegamos a este mundo. E para ter uma vida feliz, próspera, com vitalidade, é preciso manter ativa a conexão com essa essência, colocando em prática o nosso propósito, que significa entender o sentido da vida e não mais viver no piloto automático. No processo de *coaching*, você se redescobre, e voltando à essência da natureza, vai descobrir qual seu propósito e, assim, seguir sua missão

Tatiana Denti

Tatiana Denti

Coach Profissional na metodologia comportamental evolutiva, certificada pelo Instituto Edson De Paula. Graduada em Administração de Empresas com Ênfase em Recursos Humanos pela Faculdade de Jaguariúna. *Green Belt* certificada pela Solectron do Brasil, realizando estudos sobre as principais causas do absenteísmo nas empresas. Kaizen Promotion Officer pela TBM Consultoria Multinacional, e atualmente atuando como consultora interna para melhoria de performance de processos e *coach* para formação de líderes de projetos na metodologia de melhoria contínua. Possui 15 anos de experiência em empresas multinacionais na área de desenvolvimento de pessoas e melhoria de processos.

Contatos
www.tatianadenti.com.br
contato@tatianadenti.com.br
(11) 94308 6858

Missão de vida, será que realmente eu tenho uma? Você pode estar se perguntando isso nesse momento. Eu te digo que nosso maior desafio como seres humanos é identificar nossa missão. Desde que nascemos, somos condicionados a "deixar a vida me levar", e assim vamos seguindo, sem planejamento, sem objetivos identificados, muitas vezes copiando os padrões colocados pela sociedade, e em nenhum momento olhamos para dentro de nós e decidimos seguir o que manda nosso coração, nossa intuição, deixamos de viver aquilo que realmente gostamos, para o qual temos dom, aquilo para o qual nascemos.

E aí, chega a um determinado momento da vida em que estamos sem energia, não produzimos mais da mesma forma que antes, contamos os minutos para que o dia termine, ficamos sem direção. Isso me faz lembrar de uma frase: "Se você não sabe para onde ir, qualquer lugar serve, e você acabará em qualquer lugar que não escolheu".

Se olharmos para o dicionário, a definição de missão de vida é: "Um encargo, uma incumbência, um propósito, é uma função específica que se confere a alguém para fazer algo, é um compromisso, um dever, uma obrigação a executar".

É um compromisso com a vida que ganhamos ao nascer. E quando deixamos de cumprir nosso dever, nos sentimos angustiados, desconectados, desmotivados, tristes, muitas vezes depressivos, nada está bom.

O processo de *coaching* na definição da missão de vida

O grande objetivo do processo de *coaching* é proporcionar ao *coachee* o autoconhecimento, proporcionar aquele olhar interior, é fazer com que ele deixe de ser um "ator" e passe a ser o "diretor" dessa grande peça que é a vida. Independentemente de qual seja o objetivo, a grande mudança só ocorrerá quando passarmos a nos entender, a entender o porquê de algumas situações e comportamentos, e a partir daí, gerar mudança. Na metodologia do Instituto Edson De Paula, *Coaching* Comportamental Evolutivo, trabalhamos o modelo CRER – Conscientização, Responsabilidade, Evolução e Resultado. Se eu não me conheço e não me entendo, não vou mudar. O poder vem da ação.

Além de atingir o objetivo proposto, podemos afirmar que alguns benefícios ocorrem ao final do processo:

Desenvolver novas habilidades e comportamentos
Aprender a administrar processos de mudanças
Gerenciar relacionamentos
Ressignificar crenças
Equilibrar vida pessoal e profissional
Construir missão, visão e valores de vida pessoal e profissional
E é sobre este último que estamos falando nesse artigo.
Como eu descubro a minha missão?

Quando crianças, somos um ser puro, ainda não temos nenhuma opinião formada sobre nada, e o que você gostava de fazer quando criança é um grande indicador de sua missão de vida. Se você transformar sua melhor brincadeira de infância em trabalho na vida adulta, vai brincar a vida toda. Nesse momento, gostaria que você respondesse algumas perguntas a si mesmo: o que você faria se dinheiro não fosse necessário? O que você queria ser quando crescesse? E o que você deixou de ser quando cresceu?

No processo de *coaching*, vamos trabalhar aquilo que sabotou a sua missão, o que não te deixou chegar aonde você sonhava: medo, crenças, valores e atitudes, para que ao final você tenha construído sua ponte ao futuro:

Verdade   **Ação (foco da energia)**

↘↗   ↘↗

Onde você esteve no passado?   **Que correções faremos agora? (Presente)**

Finalidade

↘↗

Para onde você vai? (futuro)

No processo, só usamos o passado para nos redescobrir. A sua energia deve sempre ser focada no presente, pois é o único lugar onde você pode agir para realizações futuras. Toda a sua energia deve estar no aqui, no agora. Para isso, primeiro vamos descobrir o estilo comportamental do cliente e depois usamos ferramentas que ajudam o *coachee* a fazer reflexões, como os pontos de equilíbrio da vida, análise de sabotadores e motivadores, análise de crenças, estado atual da felicidade, e muitas outras que podem ajudar nesse caminho. Para cada cliente, serão definidas as melhores ferramentas a serem utilizadas.

Quando a luz se acende

Meu pai faleceu quando eu tinha seis meses e, assim, minha mãe, que tinha somente o primeiro grau, assumiu a vida sozinha comigo e mais duas filhas gêmeas, com nove anos na época. Dessa forma, numa cidade pequena no interior, Jaguariúna, minha mãe saía para trabalhar, e eu quando criança sempre amei brincar de dar aulas, e eu fazia isso todos os dias com uma amiga e vizinha, inclusive somos amigas até hoje e ela se chama Elaine.

Aos 6 anos de idade, ainda no pré-primário, eu terminei meu caderninho de linhas verdes em junho, e a professora disse a minha mãe: "Vou colocá-la para ajudar os coleguinhas". Aos 11 anos de idade, a professora de português chamou minha mãe e disse: "Tenho algumas alunas com dificuldades, e sua filha está bem e eu percebo que ela gosta de ajudar. Você se importa se ela der aulas para essas alunas?" E eu montei uma salinha de aula em casa, com uma pequena lousa e giz, e as minhas amigas chegavam todos os dias às 15h para ter aulas comigo. Aos 17 anos, fui convidada a dar aulas em uma escola de informática, ensinando inglês básico e MS-DOS, e aí eu já recebia por isso.

Quando chegou o momento de decidir uma carreira, chegou o grande dia das limitações: sempre gostando de ensinar e ajudar pessoas, eu queria fazer psicologia para atuar com desenvolvimento de pessoas e treinamentos. Eu não fiz. Na época, esse curso era integral e eu precisava trabalhar para pagá-lo e não deu. Consegui uma maneira, fiz Administração de Empresas com ênfase em Recursos Humanos e fui chamada para minha entrevista ao primeiro estágio, para uma vaga de logística, e eu dizia o tempo todo na entrevista: eu quero muito fazer esse estágio, mas meu sonho é trabalhar em Recursos Humanos. E o que aconteceu? Quem me entrevistava era a psicóloga da empresa e ela me encaminhou à supervisora e ao gerente de recursos humanos, e no mesmo momento me disseram que tinham uma vaga de RH e que se eu quisesse era minha.

Foi lá que minha carreira começou em Recrutamento e Seleção. Após ser efetivada, iniciei o maior sonho que era ser instrutora de treinamentos e, junto com isso, colegas me convidavam a fazer palestras nos colégios técnicos. Eu ia e estava realizada. Era como se tudo fluísse de forma que eu nem percebia o tempo passar. Foi quando a empresa em que trabalhava foi vendida e me mudei de cidade e de área.

Aí, saí do rumo da minha missão (que eu nem sabia na época que era a minha missão), pois novamente o medo de ficar desempregada me sabotou. Porém, ok, vamos lá, nessa mudança acabei trocando de empresa para novamente conseguir atuar com desenvolvimento de pessoas, junto a minha nova profissão de *coach* de projetos e assim seguia a carreira. Até que em um determinado momento da vida, eu estava, como escrevi lá em cima, um pouco sem energia, não produzia mais da mesma forma, e passei por um processo de autoconhecimento em um treinamento, onde preenchi uma ferramenta de *coaching* que me fazia pensar nos instantes que mais me trouxeram realização e felicidade. E qual o único momento que apareceu?

O dia em que eu consegui meu estágio em RH. Foi aí que eu percebi: eu não estava mais no fluxo, resolvi pensar em maneiras de voltar a fazer o que me trazia grande felicidade, e decidi me formar *coach*, porque minha paixão é desenvolver pessoas e ajudá-las a serem mais e melhores. E foi lá, durante a minha formação, que tudo ficou claro, pois descobri o meu propósito nessa vida: ser comunicativa e positiva, para ensinar e transformar, com o objetivo de mostrar a todos que passarem por mim e a todos que me buscam que eles podem conseguir o que quiserem em suas vidas, por meio do amor, da gratidão, do autoconhecimento e de suas escolhas.

Amor e gratidão

É isso que você passa a sentir todos os dias quando se descobre, quando faz o que ama, e dessa forma tudo flui, e a satisfação chega todos os dias. Com a sua finalidade e clareza bem definidas, os desafios não deixam de acontecer, porém, você vai encará-los de uma forma mais tranquila e saberá o que fazer com eles e como direcionar sua energia para transformá-los em oportunidades. Conhecer sua missão vai te trazer êxito na navegação de sua vida e na correção do curso quando necessário.

Responda a si mesmo mais algumas perguntas: que legado você quer deixar? Como deseja que as pessoas descrevam você? O que deseja fazer, ter ou ser? Como define sucesso na sua vida? O que faz sua vida valer a pena? Para quem e para que você acorda todos os dias?

Eu o desafio a fazer parte dessa jornada maravilhosa que é a vida. Foi quando eu tive respostas para todas essas perguntas que o sentido da minha vida ficou claro, e eu passei a viver de bem com ela e sempre em busca de alcançar o que é sucesso para mim.

44

Transformando suas paixões em um negócio lucrativo

Alguma vez você já se perguntou como seria a sua vida se pudesse ter um negócio alinhado ao seu estilo de vida, paixões e habilidades? Neste capítulo, eu vou te ajudar a construir uma nova rota para a realização pessoal e profissional por meio do empreendedorismo. Aperte o cinto e embarque comigo em um caminho que passará pela via do autoconhecimento, mudanças de mentalidade, planejamento e ação

Vanessa Ribeiro

Vanessa Ribeiro

Graduada em Administração de Empresas pela UMESP, pós-graduada em Gestão de Negócios pela UFBA, especializada em Gestão de Projetos com base na metodologia PMI pela Disnmore Association, e *Master Coach* Cognitivo Comportamental pela Openmind Coaching. Aprendiz de PNL, física quântica, terapias holísticas e neurociência. Empreendedora Digital, Palestrante e Criadora da Comunidade e do Programa Mamãe de Sucesso, já ajudou centenas de mães a empreenderem suas paixões e terem mais tempo de qualidade com seus filhos. Atuou como Gerente de Projetos por mais de 15 anos em grandes empresas como The PAC Group, Ford, UOLDiveo, Disoft, Net Serviços, e Orizon.

Contatos
www.vanessaribeiro.me
www.programamamaedesucesso.com.br
www.mamaedesucesso.com
vanessa@mamaedesucesso.com
YouTube: vanessaribeiromamaedesucesso
Facebook: mamaedesucesso
(11) 99143-8488

O que você vai ser quando crescer? Esta é uma pergunta que permeia o nosso ser desde a primeira infância.

Naquela época, ousávamos imaginar: "Quero ser bombeiro", "Quero ser bailarina", "Quero ser astronauta".

Certo dia, Joãozinho disse à sua mãe: "Mamãe, eu quero mesmo é ser motorista do caminhão de lixo". No começo, a mãe deu risada levando na brincadeira, mas o menino insistia diariamente vibrando com a ideia de ser o motorista do caminhão de lixo. Preocupada com o futuro do menino, a mãe o chamou para conversar e explicou que não seria bacana ser motorista do caminhão de lixo, pois com o salário que ele ganharia não conseguiria fazer a sonhada viagem para a Disney. Disse ainda que ele deveria estudar para se formar e ter uma profissão com um salário que lhe permita comprar a casa própria, pagar as escolas dos filhos e ter uma vida confortável. No dia seguinte, o menino viu o caminhão de lixo passando, se lembrou do que a mãe havia dito e reprimiu a emoção que sentia sempre ao vê-lo passar.

Com o passar do tempo, ele deixou de sonhar e se esqueceu do porquê ele se emocionava ao ver o caminhão de lixo passando. Na época do vestibular, Joãozinho teve dificuldade para escolher a profissão, pois havia se esquecido de seus talentos e emoções. O que ele sabia era que deveria escolher um curso que proporcionasse oportunidade de crescer profissionalmente no mercado de trabalho e ser bem remunerado para conquistar tudo o que ele desejasse ter.

Essa encenação representa o que naturalmente acontece com a maioria de nós. Ao longo da nossa infância e adolescência, somos bombardeados com crenças oriundas de uma sociedade com uma história sofrida.

Assumimos essas crenças como verdade absoluta, bloqueando a nossa criatividade e nos esquecendo de quem realmente somos. Isso nos frustra e nos faz buscar no consumismo, na balada, no álcool e nas pessoas a felicidade que deveria vir de dentro de nós. A grande dificuldade de criarmos um negócio alinhado às nossas paixões e habilidades é não sabermos exatamente quais são as nossas paixões e habilidades e, mais do que isso, não acreditarmos que somos capazes e merecedores do sucesso.

Se você fosse aquela mãe, o que teria dito ao Joãozinho?

As perguntas são as melhores respostas! Fazer as perguntas certas faz com que o nosso cérebro busque as respostas e ative o nosso poder de criação. No caso do Joãozinho, a atitude mais sábia seria perguntar por que ele gostaria de ser o motorista do caminhão de lixo.

Essa pergunta o instigaria a buscar no coração as emoções que vibrava ao ver aquele caminhão passando. Com o tempo, perceberia que o maior desejo não era ser o motorista, mas sim experimentar aquela emoção. Se você teve dificuldade na escolha da profissão ou não se sente realizado no trabalho, você faz parte de 80% da população. Chegou a hora de puxar as rédeas da sua vida e construir um trabalho alinhado à sua essência e ao estilo de vida que você sempre sonhou. No decorrer deste capítulo, eu vou te cutucar com algumas perguntas e te convido a anotá-las em um caderno e permitir que a sua imaginação flua. Perguntas poderosas são a verdadeira arte do *coaching*!

O que significa empreender?

Empreender é identificar oportunidades, agarrá-las e buscar recursos para transformá-las em resultados. Empreender também é inovar. É fazer algo diferente de como era feito antes, e não necessariamente criar algo nunca visto antes. Foi a partir de um telefone móvel comum que a *Apple* criou o *iPhone*. Se você é o tipo de pessoa que está em constante observação do que pode ser melhorado em seu local de trabalho, você é um intraempreendedor. Se você veste a camisa da empresa, é bem provável que seja um excelente empreendedor. Quando foi a última vez que você entregou mais do que prometeu? Que trabalho foi esse? O que te motivou a trabalhar duro nisso?

Algumas pessoas possuem um perfil empreendedor nato. São visionárias e com uma capacidade incrível de criar em sua mente um futuro melhor. O que te deixa mais preocupado com relação às gerações futuras? Como seria para você o futuro ideal? Você acredita que isso é possível? Como você poderia colaborar para isso? A física quântica revela que é possível criar no mundo físico tudo aquilo que foi concebido em nossa mente.

O grande ladrão de sonhos

Ao me preparar para ter a minha primeira filha, eu decidi que era hora de empreender. Participei de todos os cursos do SEBRAE, fiz alguns planos de negócios, porém não tive coragem de arriscar e voltei para o mercado de trabalho. E se der errado? E se eu perder dinheiro? Será que darei conta do recado? Será que serei reconhecida?

O medo roubou o meu sonho de empreender em busca de ser uma mãe mais presente e de realizar um antigo sonho, que era ter um negócio próprio.

Sete anos depois tive gêmeos. Eu trabalhava no ramo de TI, e a carga de trabalho era muito pesada. Raramente chegava antes das oito da noite, e no pouco de tempo que eu tinha com os meus filhos eu estava sempre estressada e brigando por qualquer coisa.

Havia madrugadas nas quais eu estava no telefone com o cliente de um lado e amamentando do outro. A minha vida estava um verdadeiro caos. O que me segurava no mundo era saber que meus filhos precisavam de mim. A gota d'água foi o dia em que fui chamada na escola da minha filha mais velha, e a professora disse que estava muito estressada e depressiva. O que ela levava para a escola era um sintoma do que vivenciava em casa. Naquele momento, decidi que era hora de correr atrás do meu sonho, porque a única maneira de ensinar nossos filhos a serem felizes é sendo feliz.

Pela dor ou pelo amor

O que aconteceu comigo é o que acontece com a maioria das pessoas.

As pessoas só mudam quando a dor de continuar na mesma situação é maior do que a dor de mudar. O que está acontecendo na sua vida agora? Você também está esperando a água subir para começar a nadar? Quais medos estão te sufocando? Há dois caminhos para empreender, pela necessidade ou oportunidade. É um grande risco empreender apenas por falta de oportunidade no mercado de trabalho, com as emoções à flor da pele as chances de errar aumentam. O grande desafio de quem empreende por falta de alternativa é transformar essa necessidade em oportunidade.

Descobrindo o seu grande por quê

O que motiva as pessoas a empreender é dar vida a um sonho ou satisfazer necessidades que não estão sendo supridas no mercado de trabalho. Por que você quer empreender? Quais são as necessidades que te motivam a empreender? Será que você busca liberdade? Realização pessoal e profissional? Flexibilidade de tempo? Para escolher o negócio mais adequado ao seu perfil pessoal e estilo de vida, além de entender quais são as necessidades que você busca atender, é fundamental identificar os seus valores. Valores é aquilo que é mais importante na sua vida. Estudos mostram que os nossos cinco principais valores norteiam toda a nossa vida.

Para ajudá-lo a descobrir quais são os seus principais valores, eu quero que você responda a si mesmo. Qual é o seu maior objetivo hoje? Qual é o seu maior objetivo na vida? Por quê? O porquê do seu objetivo certamente está relacionado aos seus valores.

Reconhecer o porquê dos nossos objetivos nos faz avaliar se estamos no caminho certo e encontrar alternativas. Quando temos clareza dos nossos valores tomamos decisões muito mais assertivas, conscientes do que estamos ganhando e do que estamos perdendo.

A intersecção do sucesso

Criar um negócio vai muito além de ter um espaço físico, com entrega de um produto e acompanhar o balancete da empresa. Até porque um negócio não precisa necessariamente ter um espaço físico.

John Howkins, escritor do livro *The creative economy*, fala que empreendedorismo criativo são pessoas que usam a criatividade para gerar riqueza a partir de si mesmas. São pessoas que ganham dinheiro fazendo aquilo que amam e que dá prazer, tendo como ponto de partida tudo aquilo que já tem e que está escondido dentro de cada um de nós. O primeiro passo para transformar as suas paixões em um negócio lucrativo é mapeá-las da seguinte forma:

Paixões	Interesses	Experiências	Habilidades
O que você mais ama fazer? O que não vive sem?	Quais são os seus temas favoritos? (em rodas de amigos, na internet, na livraria)	O que você já fez até hoje? O que aprendeu?	Em que as pessoas te pedem ajuda?

Depois disso, comece a observar o que as pessoas estão precisando e como você poderia ajudá-las integrando suas qualidades em um produto ou serviço, pelo qual existam pessoas dispostas a pagar.

Transformar as suas paixões em um negócio lucrativo está na congruência do que você ama fazer, faz bem feito, o mundo precisa e as pessoas pagam por isso. Se você não amar o seu negócio, ele não resistirá aos momentos difíceis que toda empresa passa.

Quem você pensa que é?

Pode ser que a esta altura você esteja preocupado por não encontrar uma solução. Acredita que não é possível empreender com as suas atuais experiências, e duvida que seja possível ganhar dinheiro fazendo aquilo que você ama.

Talvez você nem saiba ao certo o que realmente faz seus olhos brilharem.

Se você se identificou, é porque o seu ego travou uma batalha profunda com o seu eu interior, te aprisionando no medo e te impedindo de viver o amor.

A forma como você enxerga o mundo hoje está diretamente relacionada à forma como o seu cérebro foi programado até agora, mas principalmente na primeira infância.

A boa notícia é que você pode reprogramar o seu cérebro e usar a sua mente a seu favor. O primeiro passo é identificar quais são as crenças que te aprisionam. Você tem medo de quê?

Para ressignificá-las, você precisará escolher uma perspectiva mais amorosa. Ao invés de "E se der errado?" Que tal, "e se der certo?"

Sempre que um pensamento negativo invadir a mente, pratique o mantra: "Eu escolho o amor em vez disso".

Importante salientar que essa reprogramação não acontece da noite para o dia. É um trabalho contínuo e que demanda dedicação.

O grande segredo é estar em constante observação do seu pensamento automático, trazendo para o momento presente a sua mente que teima em fugir para o futuro ou para o passado. A coisa mais importante para o seu negócio é usar o poder da sua mente a seu favor!

Planejamento estratégico do negócio

Segundo o PMI, 80% dos projetos fracassam por falha no planejamento.

Eu vejo muita gente começando um negócio sem saber apresentar o seu serviço ou produto. Essas pessoas ficam dando volta em círculos e acabam desistindo por não conseguirem clientes.

A grande maioria nunca construiu um plano de negócio. Se você não tem um plano de negócio, como você pode traçar uma estratégia de vendas?

Se você não souber atrair as pessoas certas para o seu negócio e vender a sua ideia para estas pessoas, você dificilmente conseguirá ter bons resultados. Você precisará fazer um planejamento estratégico para se posicionar de maneira adequada no mercado.

Como as pessoas podem te procurar se elas não te conhecem? E como elas irão te conhecer se você não souber fazer o seu *marketing*?

O ponto central do planejamento estratégico é encontrar a sua proposta única de valor.

E para definir a sua proposta única de valor você precisa ter clareza de quem você vai ser herói e como salvará o seu público.

Para definir a sua proposta única de valor, o que você precisa é responder a uma simples questão. Por que o seu potencial comprador vai preferir comprar de você e não do seu concorrente?

Antes feito do que perfeito

Se planejamento é importante, ação é fundamental.

Para criar um negócio alinhado às suas paixões você precisará ter coragem e se colocar em movimento independentemente do medo.

Construir um negócio requer dois poderes mágicos:

O poder de iniciar e o poder de finalizar um projeto.

Muitas vezes deixamos de agir por falta de tempo, falta de dinheiro, desorganização, mudanças de prioridade.

Porém há um único fator por de trás de todas essas desculpas: o ladrão de sonhos.

O medo é um mecanismo de defesa do nosso cérebro que precisa ser usado com cautela, avaliando e mitigando os riscos.

Se o seu medo vem de uma hipótese, de algo que ainda não aconteceu, procure uma perspectiva mais amorosa para isso.

Lembre-se de que aquilo que criamos em nossa mente pode se tornar real. O que você escolhe acreditar?

E para finalizar, eu te convido a atrair mais prosperidade por meio da prática da gratidão que eu criei no meu canal do YouTube. Acesse: http://bit.ly/playlist-gratidao. Aproveite e se inscreva.

45

Viva de propósito

Neste artigo, Yuri Utida nos conta sua trajetória saindo de uma vida morna rumo a uma vida de mais propósito, intensidade e plenitude. Entenda como fez essa transição trocando uma suposta carreira bem-sucedida e segura de 14 anos, para seguir uma absoluta paixão e recomeçar do zero. Inspirador e provocativo, o autor traz reflexões que contribuirão com a sua jornada. Boa leitura!

Yuri Utida

Yuri Utida

Business e *Self Coach* formado pelo IBC – Instituto Brasileiro de Coaching e Instituto Edson De Paula de Campinas. É Bacharel em Letras e cursou por três anos Engenharia Civil pela Universidade Mackenzie, período no qual atuou na área, antes de abrir a própria empresa. Foi professor de inglês desde os 17 anos e depois atuou por 14 como sócio-diretor em 4 franquias da rede Wizard em Guarulhos e Campinas. Envolveu-se com o desenvolvimento de equipes, líderes, gestores e sucessores. Hoje é um dos sócios-investidores e dedica-se exclusivamente ao *coaching*. Pela mudança de carreira da Engenharia para o empreendedorismo e da própria empresa para o *coaching*, especializou-se em carreira, propósito e performance. Hoje, dedica-se a transformação das pessoas para que conciliem esses campos com bem-estar e um estilo de vida com lazer, família e prosperidade física e financeira. Compartilha seus conhecimentos por meio de palestras, vídeos nas mídias sociais e do blog CoachSoul.com.

Contatos
yuri@coachsoul.com
(19) 98297-6687

São exatamente 00h57min. do dia 28 de agosto de 2017, horário de Brasília. Encontro-me completamente desperto, otimista, entusiasmado e extremamente produtivo. Moro atualmente em Campinas, porém neste instante encontro-me dentro do avião que me leva a Rio Branco, no Acre. Apesar de cultivar paixão absoluta por viagens, comidas típicas e diferenças culturais, essa viagem seria inimaginável algum tempo atrás. Aliás, pouquíssimo tempo atrás. Estou indo realizar um circuito de cinco palestras em entidades como o Sebrae e em duas das maiores faculdades da região, bem como tenho entrevista marcada nas quatro principais emissoras de TV locais e algumas rádios. Acabo de revisar as cinco apresentações que farei a públicos distintos e em ocasiões bem diferentes. Mas este é o fim, até o momento, da minha "hora da virada". Quero voltar no tempo e te contar como cheguei até aqui e por que acredito, independentemente de em que momento de vida você se encontra agora, que o *coaching*, o autoconhecimento e a consciência em suas decisões têm um *poder* inimaginável em cada um dos nossos dias e podem gerar impactos que vão te conduzir a essa sensação de plenitude, realização e propósito que tento compartilhar com você.

Antes da "virada"

Não sei o quanto nossas vidas podem ser diferentes, mas quero contar essa história mesmo assim, pois em algum ponto creio que elas se conectam e isso faça sentido para você.

Há pouco mais de um ano, em maio de 2016, eu ainda estava "atuante" na administração da minha empresa. "Atuante" assim mesmo, entre aspas, pois eu não estava de fato lá. Estava apenas de corpo presente, mas meu espírito já não era o mesmo que de outras épocas. Meu coração não pulsava e vibrava como antes, e minha paixão pelo que eu fizera nos últimos 14 anos esvaía-se diariamente. Eu sabia que era mais feliz em épocas até menos prósperas comercial e financeiramente falando, mas quando eu ainda tinha propósito no meu dia a dia. Eu estava "presente-ausente", um conceito que vivi na alma quando fui ao Camboja, no Sudeste da Ásia, e que neste momento eu ainda não entendia. Lá, naquele país pequeno e longínquo, a sensação quando a maioria das pessoas te cumprimenta é um tanto intimidadora para nós, ocidentais, no início. Eles nos olham nos olhos, na alma, fixa e curiosamente. Eles estão presentes de corpo e alma: "presente-presente". Mesmo tendo passado por diversas mazelas como ditaduras e genocídios. Diferentemente de muitos de nós, que em vidas pacíficas, tranquilas, nem sequer damos atenção às coisas básicas do cotidiano, eles são gratos pela vida, pela sua presença ali, pela oportunidade de trabalhar. Ainda ignorante desse conceito, as minhas justificativas para "não estar lá" eram inúmeras: culpava diversas circunstâncias, pessoas ou a combinação de ambos. O que eu não enxergava ou relutava em admitir verdadeiramente – por falta de autoconsciência e autorresponsabilidade, conceitos básicos no *coaching* – era a minha parcela nisso tudo e o que eu podia fazer que estava sob meu controle, sem depender, esperar ou ter que implorar a mais ninguém. Tudo era camuflado por um suposto sucesso, cargo de *status* e outros fatores que fariam muita gente permanecer naquele ciclo ou insultar (como me aconteceu) quem ousasse querer algo além daquilo. Mas sentia-me vazio, miserável e algo precisava mudar.

Bem antes da "virada"

Quando iniciei meu primeiro negócio, aos 20 anos, meu maior desejo era ter liberdade – valor, princípio que depois de muito tempo fui compreender que guiava a maioria das minhas decisões de vida. Por liberdade não entenda anarquia, total aversão a regras e processos, por exemplo. No meu mundo, liberdade era não ter que seguir uma hierarquia cegamente ou fazer coisas por fazer. Era poder escolher o que, quando, como e com quem fazer tudo aquilo que eu desejava. Portanto, também se incluía aqui a possibilidade de em algum momento poder realizar os sonhos materiais que eu tinha, mas ainda muito distantes: morar num bom lugar, ter o carro que desejasse, fazer alguma viagem de vez em quando e realizar algumas pequenas autoindulgências que a vida me permitisse. Eventualmente, ao longo dos anos, isso aconteceu por um tempo. Tive isso, mas apenas e somente isso. Vivia por e para mim mesmo. Preenchendo meus desejos egocêntricos, mundanos e absolutamente mais nada. Isso me satisfez por anos, e como diz Oscar Wilde: "A ignorância é uma dádiva". Sem consciência disso e sem qualquer propósito maior, aquilo era completamente cabível, razão de orgulho até. Mas o grande professor chamado tempo aconteceu. Cresci na vida profissional, mas infinitamente mais pessoal e espiritualmente – e não confunda aqui espiritualidade com religião. Tive contato com diversas experiências e pessoas positivas e inspiradoras, viagens, povos, culturas, perspectivas, sonhos compartilhados, filosofias de vida diferentes das minhas. Algumas dessas coisas maravilhosas estavam dentro da minha própria casa e família. Eu apenas era cego e impermeável a muitas delas até então. Tive professores menos nobres também: dores, decepções, traições, mentiras, perdas e frustrações. Com elas, interiorizei um princípio que levo no coração e propago hoje: "Nenhuma desgraça é completa desde que aprendamos a lição". Hoje, vejo que todas essas dores foram o que forjaram meu caráter, me deram força, propulsão para hoje fazer o que faço, ser quem sou, melhor que ontem, buscando ser ainda melhor amanhã. Esses eventos e pessoas me foram contraexemplos do que não quero em minha vida e que tipo de pessoa não quero jamais me tornar.

Assim, olhando para minha vida neste momento, de onde parti e a que ponto tinha chegado, somados todos esses aprendizados, eu tinha cada vez menos orgulho do quadro que eu pintava da minha vida, das histórias que eu poderia contar aos meus filhos no futuro sobre aquele momento que eu vivia. Algumas coisas começavam a incomodar, a não mais se encaixar. Por que razão eu fazia o que fazia? Reconhecimento? Dinheiro? Autoafirmação? Havia provado uma boa dose de tudo isso, mas já não me bastavam. Na tomada de consciência do que profundamente me moveu por muito tempo, percebi que colaborar com os outros, impulsionar o desenvolvimento das minhas equipes, fazer a diferença na vida delas – mais do que simplesmente pagá-las no fim do mês por um serviço – é o que me encantava e preenchia minha alma. Meu propósito de vida começava a se desenhar e senti um vulcão em erupção dentro de mim, quando esbarrei com um pensamento de Mark Twain, não novo para mim, mas que, pela primeira vez, me tocava: "Existem dois grandes dias na vida de um homem: o dia em que ele nasce, e o dia em que ele descobre o porquê!".

A hora da virada

De 2003 até este incômodo que você acabou de ler em 2015, quando por diversas vezes eu me sentia aprisionado e com todas as alternativas esgotadas, passei por três processos de *coaching*. O último deles, com um grande amigo a quem serei sempre grato. Neste momento, eu tinha maturidade para enfrentar diversos dos meus fantasmas e rapidamente vários sonhos e desejos voltaram a se desenhar. Decidi parar de procrastinar a nova pintura que eu queria para o grande quadro que chamava de vida. Precisei estruturar algumas coisas, tomar decisões nada populares e enfrentar conflitos internos e externos, ter planos de contingência, abrir mão de muitas coisas em nome do que eu acreditava mais intimamente. Valeu a pena cada decisão.

Olhando hoje, em retrospecto, perto de pousar em Rio Branco, no extremo oeste do país, a alguns fusos de casa, vejo quanto essa reflexão me gera satisfação em iniciar mais uma semana, uma etapa dessa nova vida que me faz crescer tanto por meio da contribuição e do aprendizado constantes. Vejo que cada sonho e dor me conduziram a isso, a essa plenitude. Obviamente, sua história de vida será muito diferente da minha em diversos aspectos. Outra coisa, contei parte dela. Porém, com certeza, há capítulos de empolgação e planos maravilhosos, bem como receios e frustrações num grande turbilhão muitas vezes difícil de separar com clareza. É aqui que possivelmente nossas histórias se tocam. Quanto dessa falta de clareza te impede de enxergar alternativas melhores e planos realizáveis. Se me permite dizer, após tantas mudanças que vi na minha vida e na de tanta gente que tive a honra de atender como *coach*: hoje acredito até em Papai Noel. Vi pessoas saírem de relacionamentos doentios de anos, libertarem-se do peso da opinião e cobrança dos outros, mudarem de país após dez anos de estagnação e planos que jamais sairiam do papel, outra sair da completa apatia e dívidas para uma empresa bem-sucedida em meses ou simplesmente pessoas que em décadas jamais se permitiram "sentir", abrirem-se ao mundo e enxergarem cor e sabores na vida novamente. Portanto, é meu dever, melhor, minha missão, acreditar que sua vida, emprego, empresa ou até um relacionamento podem dar uma virada. Vou além, talvez, minha missão seja, se você quiser, te ajudar a acreditar tanto quanto eu. Talvez você precise de tempo, do apoio de algumas pessoas, de ajuda e orientação profissional externa. Os meus 50% nisso você já tem. E os seus 50% para sua "Hora da Virada"? Dependem do quê? Qual desculpa você precisa parar de se contar? Que história sua eu poderei ler algum dia? Desejo a você prosperidade e "viradas" positivas. Quem sabe nos encontremos. Até lá, "*coach* comigo!"